Einkommen für alle

Götz W. Werner

Einkommen für alle

Kiepenheuer & Witsch

Mitarbeit: Enrik Lauer, Berlin,
und Regine Müller, Düsseldorf

1. Auflage 2007

© 2007 by Verlag Kiepenheuer & Witsch, Köln
Alle Rechte vorbehalten. Kein Teil des Werkes darf in irgendeiner Form
(durch Fotografie, Mikrofilm oder ein anderes Verfahren) ohne schriftliche
Genehmigung des Verlages reproduziert oder unter Verwendung
elektronischer Systeme verarbeitet, vervielfältigt oder verbreitet werden.
Umschlaggestaltung: Linn-Design, Köln
Autorenfoto: © dm
Gesetzt aus der Minion und Meta
Satz: Buch-Werkstatt GmbH, Bad Aibling
Druck und Bindearbeiten: GGP Media GmbH, Pößneck
ISBN 978-3-462 03775-3

Inhalt

Vorwort 9

Die Drittel-Arbeitsgesellschaft 15
Warum uns in der totalen Fremdversorgung
die Produktionsarbeit ausgeht –
und die Kulturarbeit erst anfängt

Arbeit als Ausnahme 18
Die marmorne »Sockelarbeitslosigkeit« 23
Produktivität frisst Arbeit auf 24
Kurze Geschichte der Arbeitslosigkeit 26
Die Abschaffung des Mangels 30
Gesättigte Märkte 33
Wahre, falsche und neue Bedürfnisse 38
Denken wie Onkel Dagobert 42
Von der Selbstversorgung zur totalen
Fremdversorgung 47
Realeinkommen und Nominaleinkommen 53

Einkommen als Bürgerrecht 57
Warum das bedingungslose Grundeinkommen
die einzige Alternative zum unsinnigen
»Recht auf Arbeit« ist

Arbeit und Einkommen 63
Das »Recht auf Arbeit« und der »Arbeitsmarkt« ... 69
Das Grundeinkommen als Kulturimpuls 74
Der Kulturwandel von alter zu neuer Arbeit 80

Grundeinkommen statt Antrags- und Schnüffel-
bürokratie   90
Auch für Millionäre?   92
»Haben Sie das schon durchgerechnet?«   95
Grundeinkommen und Erwerbseinkommen 100
Niedriglohnsektor, nein danke! 104
Die ewige »Hängematte« 108
Gesundheit und Eigenverantwortung 111

»Zutrauen veredelt den Menschen« 115
Warum die Unternehmenskultur von *dm* ganz
auf Initiative und Eigenverantwortung setzt
Vertrauen ist gut, Kontrolle ist schlechter 120
Es war nur eine Schraube locker 122
Kommunikation und Interesse am Mitmenschen . . 127
Die Mitarbeitereinsatzplanung bei *dm* 130
Wertbildungsrechnung statt Kostenschraube 132
Der Einzelne und die Gemeinschaft 134
Lernen lassen statt belehren 136
Führung für Mündige 139
Strategische Planung bei *dm* 141

Ausgaben- statt Einkommensteuer 145
Warum die ausschließliche Besteuerung
des Konsums wirtschaftlich notwendig
und sozial gerecht ist
Von Heuschrecken und Honigbienen 152
Nomaden der Globalisierung 159
Geld und Gerechtigkeit 163
Steuern als gesellschaftliches Teilungsverhältnis 167
Geld, Kapital, Einkommen und Konsum 172
Arbeit und Kapital als schöpferische Kräfte 177
Ertragsteuern als Knospenfrevel 184
Warum Unternehmen keine Steuern zahlen 188
Von Menschen, Maschinen und Steuern 191
Fiskalischer Kolonialismus 194

Indirekte, direkte und gesamtwirtschaftliche
Besteuerung 198
Konsumsteuer und bedingungsloses
Grundeinkommen 207
Nur Konsumsteuern wären wirklich sozial
gerecht 212

Danksagung 217

Weiterführende Literatur und Weblinks 218

Vorwort

Ob ich ein Träumer bin? Aber natürlich, denn jeder Unternehmer, jeder Mensch, der buchstäblich etwas unternimmt und Dinge bewegen will, träumt zuerst von seinem Ziel. Ohne Träume nimmt niemand etwas in die Hand. Niemand würde versuchen, die Realität kreativ zu gestalten und positiv zu verändern. Ohne Realträume gäbe es keine Erfinder, keine Künstler – und keine Unternehmer.

Unternehmer sind Realträumer. Auch in unserem Unternehmen haben wir aus Träumen greifbare Realitäten gemacht. Ich bin überzeugt davon, dass jeder Mensch aus sich etwas machen kann, wenn man ihm nur die Möglichkeit dazu gibt. Diese Überzeugung ist ein sehr realer Teil meiner Träume, die weit über unser Unternehmen hinausreichen.

Was wäre, wenn es die Agentur für Arbeit in ihrer heutigen Funktion nicht mehr gäbe?

Was wäre, wenn Hartz IV abgeschafft würde?

Was wäre, wenn es keine Lohn- und Einkommensteuer-Erhebungsstellen mehr und viel weniger Finanzbeamte gäbe, die zu Steuerprüfungen ausrücken?

Was wäre, wenn es außer einer Konsumsteuer einfach überhaupt keine Steuern mehr gäbe?

Und was wäre gar, wenn die Existenz eines jeden Bürgers garantiert und bedingungslos durch ein gut ausgestattetes Grundeinkommen gesichert wäre? Wenn es kein so genanntes »Prekariat«, keine »Unterschicht« mehr gäbe?

Ich behaupte, dass wir eigentlich längst in paradiesischen Zeiten leben und auch alle daran teilhaben könnten, wenn wir den gar nicht von mir erfundenen alten Realtraum des bedingungslosen Grundeinkommens endlich in die Tat umsetzen würden.

Und ich habe noch einen Traum: Wir brauchen auch eine grundsätzliche Neuorientierung unserer Steuer- und Finanzpolitik. Wir müssen wegkommen von einer überkommenen Form der Ertrags- und Einkommensbesteuerung, deren Wurzeln noch im Feudalismus liegen. Statt aus unseren Einnahmen sollten wir unser Gemeinwesen aus unserem Konsum, unseren Ausgaben finanzieren.

So würden wir endlich aufhören, wirtschaftliche Initiativen zu ersticken, und wir würden einer Realität gerecht, in der jeder Mensch auf die Leistungen seiner Mitmenschen angewiesen ist. Der Schrecken des Finanzamts würde verblassen, das Gefühl der immer größer werdenden, von allen als ungerecht empfundenen Steuerlast würde gebannt. Die schwindenden Gefühle von Bedrohung und staatlich verordneter Ungerechtigkeit würden fast zwangsläufig neue Energien freisetzen und endlich wieder berechtigte Zuversicht auslösen.

Welche Wirkung allein dies auf das kollektive Lebensgefühl hätte und wie befeuernd sich diese Erleichterung auf die Motivation auswirken würde, kann man sich leicht vorstellen. Dennoch ist die Abschaffung der heute üblichen Steuern und damit vieler entsprechender Behörden nur die Folge meines zentralen ersten Anliegens, des bedingungslosen Grundeinkommens.

Meiner Auffassung nach ist es weit mehr als ein kleiner Schönheitsfehler im System, wenn ein immer größer werdender Teil der Bevölkerung aufgrund seiner finanziellen Situation vom gesellschaftlichen Leben ausgeschlossen wird. Es ist kein Schönheitsfehler, sondern ein Skandal, der Sündenfall eines längst ausgedienten Systems. Hartz IV ist in meinen Augen fast schon offener Strafvollzug in gesellschaftlicher Isolation.

Die vom Statistischen Bundesamt unlängst veröffentlichten Zahlen zur Armutsstatistik – die noch nicht einmal auf aktuellen Daten beruhen – sind alarmierend: Danach waren schon im Jahre 2004 13 Prozent der Bevölkerung armutsgefährdet. Dies entsprach etwa 10,6 Millionen Menschen! In der Mitteilung des Statistischen Bundesamtes hieß es wenig überraschend weiter: »Armutsrisiken sind vor allem Arbeitslosigkeit und fehlende Bildungsabschlüsse.«

Zur Einschätzung, wie tief die Armut in die existenziellen Lebensbereiche der Menschen bereits vorgedrungen ist, mögen die folgenden Angaben der Befragten dienen: 14 Prozent der Menschen aus den gefährdeten Haushalten gaben an, im Winter aus Kostengründen an der Heizung zu sparen. Ein Fünftel der Befragten spart sich gar den Arztbesuch, da sie sich Praxisgebühren und Zuzahlungen nicht leisten können. Angesichts solcher Zustände noch von sozialer Mindestabsicherung durch Hartz IV zu sprechen, mutet fast wie Hohn an.

Erst recht ein von mir gefordertes Kulturminimum muss für solche Menschen unerreichbar erscheinen. Denn es liegt auf der Hand, dass Menschen, die zu Hause die Heizung runterdrehen und ihre Bronchitis nicht auskurieren, wohl kaum eine seriöse Tageszeitung abonnieren, geschweige denn wenigstens ab und zu einmal ins Museum oder Kino gehen. Diesen Menschen ist damit die Teilhabe am gesellschaftlichen Leben verwehrt. In letzter Konsequenz wird es ihnen unmöglich gemacht, ein Leben in Freiheit und Würde zu führen.

Wenn wir uns einmal frei machen von dem ewig relativierenden Denken, das uns umgibt, von pragmatisch klingenden Beschwichtigungen, von »Ja, aber«-Gerede und vom Ducken unter angebliche Sachzwänge, dann drängt sich eine bittere Diagnose auf: Die im Grundgesetz verankerte Gleichheit und Freiheit aller steht nur auf dem Papier. In Zeiten der Fremdversorgung aber – denn wer versorgt sich heute noch selbst mit allem Lebensnotwendigen, zum Beispiel auf dem eigenen Bauernhof? – müssen nicht nur die Freiheit der Person und die Gleichheit aller vor dem Gesetz garantiert werden. Es reicht bei weitem nicht mehr aus, lediglich die Würde des Einzelnen zu schützen, der in der totalen Fremdversorgung nicht die geringste Chance hat, ohne Teilhabe am gesellschaftlichen Leben autonom zu existieren.

Schon um der Wahrung des inneren Friedens willen müssen

wir einen Schritt weitergehen und die Möglichkeit zur Teilnahme an der Gesellschaft als Recht eines jeden im Grundgesetz verankern. Nur so garantieren wir Würde und Freiheit jedes Bürgers, die unsere Verfassung zwar fordern, die aber in der Realität nicht vollständig eingelöst werden. Die Möglichkeit zur Teilnahme kann am besten garantiert werden durch ein bedingungsloses Grundeinkommen. Das Recht darauf gehört ins Grundgesetz.

In ideeller Konsequenz weitergedacht, beinhaltet das Recht auf ein Grundeinkommen den Zugang aller zu den Lebensgrundlagen. Dieser kann jedoch nur verwirklicht werden, wenn wir endlich begreifen, dass auch Steuern und Abgaben nichts als der Ausdruck eines Teilungsprinzips sind, das soziale Gerechtigkeit erst ermöglicht. Das wäre nichts anderes als eine fiskalische »Übersetzung« des alten Ideals der Brüderlichkeit. Dies mag angesichts eines abgewirtschafteten Wohlfahrtsstaates unzeitgemäß oder gar naiv klingen. De facto aber ist in einer Demokratie Gerechtigkeit ohne das Tätigsein aller für alle nicht denkbar. Noch dazu würde die viel zu selten gestellte normative Frage, ob wir wirklich billigen wollen, was Hartz IV mit den Menschen anrichtet, endlich mit einem klaren Nein beantwortet.

Praktizierte Brüderlichkeit und Teilhabe sind nichts anderes als die Konsequenz einer neuen Ethik. Diese Ethik fußt auf kostbaren Werten, deren Pflege jedoch des an- und ausdauernden Engagements bedarf. Keineswegs sind die Wohltaten eines bedingungslosen Grundeinkommens das Tor zu einem Schlaraffenland, das der klassischen Breughel'schen Szenerie entsprechen würde, in der (anno 1567!) dicken Bauern und Handwerkern, die auf der faulen Haut liegen, die gebratenen Täubchen direkt in den Mund fliegen.

Die neue Ethik des Grundeinkommens lautet kurz und bündig: Du bekommst ein Grundeinkommen und hast damit die Möglichkeit, ja die Bringschuld, deine Talente in der Gesellschaft wirksam werden zu lassen. Zeig, was du kannst!

Der große Nachteil in der gegenwärtigen Arbeitswelt ist ja, dass viele Menschen einen Arbeitsplatz zumeist nur als Einkommensplatz suchen und sich nicht eher zu bewegen beginnen, bis alles vorab geklärt und abgesichert ist. Ein unternehmerischer Mensch aber wartet nicht, bis ihn jemand anstellt. Er hat eine Idee und fängt an. Denn ein Unternehmer ist eben Realträumer, er muss wagen und riskieren. Gerade *weil* er sich nicht »von außen« zur Arbeit verpflichtet fühlt, kann er initiativ werden.

Diese viel kreativere, lebendigere Haltung wäre mit dem Grundeinkommen auch für diejenigen greifbar und möglich, die sich heute noch um ihre Grundsicherung sorgen müssen und deshalb oft in Passivität verharren. Wir alle könnten stattdessen mit dem Grundeinkommen »Lebensunternehmer«, neudeutsch »Freelancer«, sein. Diejenigen, die sich nicht von einem Arbeitnehmer zu einem Unternehmer entwickeln, die nicht unternehmerisch denken wollen, werden nur ein bescheidenes Maß an Freiheit für sich nutzen und ihre Ziele in Sichtweite stecken. Das ist ihr gutes Recht. Sie beziehen ihr Grundeinkommen und stocken dies mit einem mäßig anspruchsvollen Beruf auf. Damit können sie zufrieden sein – ohne ständige Angst um den Arbeitsplatz.

Die Entwicklungsmöglichkeiten durch ein Grundeinkommen sind noch gar nicht in Gänze zu überblicken. Gewiss aber ist, dass mehr geleistet würde und damit mehr verteilt werden könnte. Der Kuchen würde größer! Und das Geld würde sinnvoller genutzt. Deutschland würde zum Investitions- und Arbeitsplatzparadies; Furcht vor »Heuschrecken«-Invasionen verflöge. Die Veränderungen durch ein bedingungsloses Grundeinkommen in Verbindung mit einer grundsätzlichen Steuerreform und der Abschaffung der Verteilungsbürokratie würden in alle Lebensbereiche hineinreichen. Was dadurch alles möglich würde – lassen Sie es uns gemeinsam erkunden!

Die Drittel-Arbeitsgesellschaft

Warum uns in der totalen Fremdversorgung die
 Produktionsarbeit ausgeht – und die Kulturarbeit
erst anfängt

Seit Herbst 2006 verbreiten deutsche Ökonomen und Politiker wieder Zuversicht: Der Aufschwung ist da! Die Zahl der Arbeitslosen sank im November im Vergleich zum Vorjahr um über eine halbe Million, im gleichen Zeitraum wurden fast 350 000 neue Stellen geschaffen. Selbst die Mehrwertsteuererhöhung vom 1. Januar 2007 werde die »gesamtwirtschaftliche Erholung« nicht nachhaltig bremsen, so die Prognosen. Kurz vor Weihnachten 2006 sagte der Internationale Währungsfonds der Bundesrepublik für 2007 ein Wirtschaftswachstum von 1,5 Prozent voraus, das Münchner ifo-Institut rechnete mit 1,9 Prozent, die Deutsche Bundesbank gar mit 2,75 Prozent Wachstum. Und weil die Wirtschaft brummt wie seit 2000 nicht mehr, dem Boomjahr der »New Economy«, werde auch die Zahl der Arbeitslosen weiter sinken – nach Meinung besagten ifo-Instituts um 380 000 im Jahre 2007 und um weitere 150 000 im folgenden Jahr. Am 31. Dezember 2008 wären also, wenn Hans-Werner Sinn und seine Forscher recht haben, in Deutschland weniger als 3,5 Millionen Menschen ohne festen Job.

Damit könnte Gerhard Schröder zur nächsten Bundestagswahl noch einmal kandidieren. 1998, die Zahl der Arbeitslosen lag damals bei 4,2 Millionen, hatte er verkündet, seine Regierung verdiene nicht, wiedergewählt zu werden, wenn sie »in vier Jahren die Trendwende am Arbeitsmarkt nicht geschafft« habe. Bekanntlich wurde die rot-grüne Regierung noch einmal wiedergewählt, obwohl 2002 nach kurzzeitigem Rückgang unter diese Marke immer noch vier Millionen Menschen auf der Straße standen. Die berühmt-berüchtigten »Fünf Weisen« hatten deshalb vor jener Wahl dezent kritisiert, »der Beschäftigungsaufbau im Gefolge des derzeitigen Konjunkturzyklus« verlaufe »enttäuschend«.

Denn so soll es ja laut Lehrbuch sein: Wenn die Wirtschaft kräftig wächst, dann werden stets viele neue »Arbeitsplätze geschaffen«. Manchmal dauern die Dinge eben nur etwas länger. Und nach zehn Jahren könnten sich die Erfinder von »Agenda 2010« und Hartz IV Ende 2008 den Arbeitsplatzschaffer-Orden doch noch an die Brust heften. Dumm nur, dass dann nach volkswirtschaftlicher Standardtheorie der »Konjunkturzyklus« fast schon wieder auf dem Höhepunkt, der »Abschwung« mithin in erneuter Sichtweite wäre. Fazit: Irgendwie scheint es nicht einmal zu klappen, die Arbeitslosenzahl in Deutschland dauerhaft unter drei Millionen zu drücken.

Arbeit als Ausnahme

Für die missliche Tatsache, dass es in unserem modernen kapitalistischen Wirtschaftssystem unter jenen, die arbeiten *könnten,* und sogar unter jenen, die arbeiten *wollen,* immer Menschen ohne Arbeit zu geben scheint, benutzen Ökonomen zwei schauerliche Begriffe: den der »Sockelarbeitslosigkeit« oder, noch schlimmer, den der »Bodensatzarbeitslosigkeit«. Diese könne selbst unter günstigsten Konjunkturbedingungen nicht abgebaut werden, heißt es. Warum? Weil es immer, so die Mehrheit der Volkswirte, Menschen gebe, die aufgrund ihrer Qualifikation, ihres Alters oder ihrer Gesundheit, aufgrund ihres Wohnortes oder weil sie einfach keine Lust zum Arbeiten haben, keinen Arbeitsplatz finden – und wenn, dann jedenfalls nicht sofort. Und weil es natürlich auch Menschen gibt, die sich gerade beruflich neu orientieren, weiterbilden oder aus anderen Gründen vorübergehend arbeitslos sind.

Schon aus dieser Definition ersieht man, dass sich kaum sicher sagen lässt, wie hoch oder wie solide ein solcher »Sockel« denn sein müsse. Zumal nicht einmal klar ist, wie viele Menschen in einer gegebenen Volkswirtschaft überhaupt arbeiten *sollten.* International hat man sich lediglich auf ein rein formales Kriterium geeinigt: Man berechnet sowohl das maximale »Erwerbskräftepotenzial« wie auch die faktische Erwerbsquote im Verhältnis zur Zahl der Menschen im Alter zwischen 15 und 64 Jahren. Dank dieser Grenzziehung fallen Kinderarbeit und jobbende Rentner zwar nicht aus der Wirklichkeit, aber immerhin aus der Statistik heraus. Der Schnitt ist nicht frei von Willkür, aber grundsätzlich nachvollziehbar.

Zugleich liegt auf der Hand, dass nur ein Teil dieser Bevölkerung im *theoretisch* arbeitsfähigen Alter auch *praktisch* arbeiten kann. Schickt eine Gesellschaft ihre Kinder länger zur Schule oder lässt sie möglichst viele junge Menschen studieren, dann sinkt natürlich das »Erwerbskräftepotenzial«. So wurden etwa die geburtenstarken Jahrgänge zu großen Teilen an den Unis geparkt, wodurch sie länger dem Arbeitsmarkt fernblieben – sicher kein geplanter, aber im Ergebnis wohl auch kein unerwünschter Effekt. Das Gleiche geschieht, wenn man das lange Zeit beliebte »arbeitsmarktpolitische Instrument« der Frühverrentung einsetzt. Bekanntlich hat die Regierung unter Helmut Kohl, speziell ihr Arbeitsminister Norbert Blüm, mit dieser Methode in den achtziger Jahren faktisch viele Rationalisierungen über die Rentenkassen subventioniert und manche Firmenpleite darüber aufgefangen. Beides zusammen kann im Einzelfall dazu führen, dass ein promovierter Maschinenbauer mit 30 seinen ersten Job antritt und bereits mit 55 einer Firmenpleite zum Opfer fällt. Statt theoretisch 40 hätte er dann faktisch nur 25 Jahre gearbeitet.

Ebenso fallen aus dem »Erwerbskräftepotenzial« viele chronisch Kranke, körperlich oder geistig Behinderte, Menschen ohne jeden Schul- oder Berufsabschluss, aber zum Beispiel auch müßiggängerische Erben oder die makroökonomisch schwer zu taxierende Halb- und Unterwelt heraus. Und eine Menge Menschen, die sehr wohl wichtige Arbeit leisten, dafür aber im volkswirtschaftlichen Sinne nicht entlohnt werden – vornehmlich Hausfrauen, zuweilen auch Hausmänner.

Wie hoch eine angemessene Erwerbsquote sein sollte, lässt sich normativ schlicht nicht entscheiden. Rein theoretisch spricht nichts gegen eine Science-Fiction-Welt, in der alle von den Menschen eines Landes nachgefragten Güter und Dienstleistungen von Maschinen produziert beziehungsweise erbracht werden – und in der sich diese Maschinen auch noch selbst warten. Und nicht nur theoretisch ist ebenso eine Ökonomie vorstellbar, in der alle, vom Kleinkind bis zum halbwegs rüstigen Greis, im Schweiße ihres Angesichts gegen Not und Mangel anschuften. Am Ende bleibt deshalb nur nachzuzählen, wie viele Bürger in einer gegebenen Volkswirtschaft tatsächlich einer bezahlten Erwerbsarbeit nachgehen. Diese Erwerbsquote lässt sich in Beziehung zu anderen Parametern wie etwa der Wertschöpfung oder dem Pro-Kopf-Einkommen setzen. So findet man heraus, wie viel Arbeitsaufwand ein Volk für welchen Wohlstand betreibt.

Um nicht Birnen mit Äpfeln zu vergleichen, also zum Beispiel ein hoch industrialisiertes, bevölkerungsreiches Land wie Deutschland mit einem kleinen, unterentwickelten Agrarland wie Burundi, beschränkt man solche Gegenüberstellungen vernünftigerweise auf entwickelte Volkswirtschaften, etwa die 30 Mitgliedsländer der Organisation für wirtschaftliche Zusammenarbeit und Entwicklung (OECD). Die niedrigsten Beschäftigungsquoten haben hier die Türkei mit 46 und Polen mit 52 Prozent. Erwerbstätigenquoten um die 60 Prozent weisen ein Schwellenland wie Mexiko, ein G-8-Staat wie Frankreich, aber auch eines der reichsten Länder der Welt, nämlich Luxemburg, auf. Auch haben nach OECD-Rechnung die Tschechische Republik und Deutschland fast gleich hohe Erwerbsquoten: 64,2 beziehungsweise 65,5 Prozent. Dagegen gehen bei den OECD-Spitzenreitern mehr als drei Viertel der Menschen einer Erwerbsarbeit nach: Im kleinen Island sind es 82,8 Prozent, in der Schweiz 77,4 Prozent und in Dänemark 76,0 Prozent. Im Schnitt liegt die Quote in den 30 OECD-Staaten bei 65 Prozent (alle Zahlen für 2004).

Fazit: Selbst in Ländern mit sehr hohen Erwerbsquoten verdingt sich ein Fünftel bis ein Viertel aller grundsätzlich arbeitsfähigen Menschen nicht gegen Lohn oder Gehalt, in den meisten Industrieländern bleibt, salopp gesprochen, ein Viertel bis ein Drittel der Leute zwischen 15 und 64 zu Hause. Bezogen auf die Gesamtbevölkerung bedeutet das für die Bundesrepublik, dass von allen Einwohnern vom Säugling bis zum Greis nur knapp

die Hälfte arbeitet. Jedenfalls dann, wenn man unter »Arbeit«
eine bezahlte Tätigkeit versteht.

Einer bezahlten, sozialversicherungspflichtigen und weisungsgebundenen Vollzeitarbeit geht von diesen rund 40 Millionen
Bundesbürgern jedoch wiederum nur ein Teil nach. 1970 betrug die Quote solcher »Normarbeitsverhältnisse« noch deutlich
mehr als 80 Prozent, heute liegt sie nur noch bei knapp zwei
Dritteln. Im Gegenzug hat der Anteil befristet, geringfügig oder
in Teilzeit Beschäftigter, der Kurz-, Heim- und Leiharbeiter oder
der Menschen in allerlei unsinnigen »Beschäftigungsprogram-
men« kontinuierlich zugenommen.

Nach Angaben des Statistischen Bundesamtes stieg die Zahl
der Erwerbstätigen im Oktober 2006 auf 39,68 Millionen. Die
Zahl der sozialversicherungspflichtig Beschäftigten dagegen lag
bei 26,88 Millionen. Das ist ein knappes Drittel unserer Bevölkerung. Man übertreibt also nicht, wenn man feststellt: Erwerbsarbeit ist längst die Ausnahme, nicht die Regel. Sehr viele Menschen können sehr wohl essen, ohne zu arbeiten.

Man muss sich dieses Szenario in aller Konsequenz vor Augen halten: Ständig produzieren wir immer mehr Güter und
Dienstleistungen, im Grunde mehr, als wir überhaupt verbrauchen können. Dafür müssen jedoch immer weniger Leute einer
von anderen organisierten und bezahlten Arbeit nachgehen. Unser Problem ist bloß, dass wir das für ein Problem halten. Denn
der große Menschheitstraum war immer, gefährliche, körperlich
schwere, unangenehme oder monotone, sinnentleerte Arbeit abzuschaffen. Heute gelingt uns das dank der Maschinen und dank
optimierter Arbeitsprozesse immer besser – und wir jammern
darüber, statt uns zu freuen, dass nun endlich Zeit für erfreuli-
che, sinnstiftende Tätigkeiten bleibt, die es uns erlauben, uns als
ganze Menschen und nicht bloß als Arbeitssklaven und als Konsumenten zu entfalten.

Natürlich sind auch die übrigen zwei Drittel der Gesellschaft
mehrheitlich in der einen oder anderen Weise produktiv oder
sozial nützlich tätig. Neben den über vier Millionen Selbststän-
digen und den 2,2 Millionen Beamtinnen und Beamten sind

das vor allem jene Menschen, die Familienarbeit leisten. Dazu gehören etwa die – laut Mikrozensus 2004 – 2,1 Millionen alleinerziehenden Mütter und fast 400 000 alleinerziehenden Väter, von denen viele sogar Beruf und Erziehung unter einen Hut bringen müssen. Knapp 5,5 Millionen Menschen – davon interessanterweise 94 Prozent Frauen – wiederum gaben an, dass sie ihren Lebensunterhalt überwiegend durch Leistungen von Angehörigen bestreiten. Und drei Viertel von ihnen kümmern sich um Kinder unter 15 Jahren. Wer wollte behaupten, dass diese Menschen nicht arbeiten? Ebenso die knapp fünf Millionen über 15, die zur Schule gehen oder studieren. Damit leisten sie die vielleicht wichtigste Zukunftsarbeit überhaupt – sie generieren und gewinnen Bildung, Wissen und Qualifikation. Und von den rund 18,4 Millionen Menschen, die ihren Ruhestand genießen, rund ein Fünftel von ihnen übrigens jünger als 64 Jahre, leisten viele einen Beitrag zu Familienarbeit oder Ehrenamt.

Solange wir jedoch den Arbeitsbegriff in unseren Köpfen auf den einer bezahlten, weisungsgebundenen, sozialversicherungspflichtigen Vollzeitarbeit beschränken, werfen wir zwei von drei Bürgern aus unserer volkswirtschaftlichen Gesamtbetrachtung menschlicher Arbeit heraus. Das ist offensichtlicher Unsinn.

Umgekehrt müssen wir allerdings auch festhalten: Da ein riesiger Teil der in unserem Lande geleisteten Familien-, Erziehungs- und Pflegearbeit, der Kulturarbeit oder der vielfältigen ehrenamtlichen Tätigkeit, vom privat geleisteten Bauen, Renovieren und Werken ganz zu schweigen, in unserem zum Bruttosozialprodukt geronnenen Wohlstand überhaupt nicht auftaucht, erwirtschaftet tatsächlich ein Drittel der Bundesbürger nahezu sämtliche gehandelten Güter und kommerziellen Dienstleistungen – und ein Erwerbsbürger die Konsumausgaben für sich selbst und zwei weitere Menschen. Vor allem aber muss dieses eine Drittel nahezu sämtliche Renten, die Arbeitslosenversicherung und einen Großteil unseres Gesundheitssystems finanzieren. Resultat: ächzende Sozialsysteme, eine zunehmend ungerechte Einkommensverteilung – und zugleich eine nie dagewesene Fähigkeit, Güter und Dienstleistungen hervorzubringen.

Die marmorne »Sockelarbeitslosigkeit«

Das Versprechen, wenigstens jene grundsätzlich arbeitsfähigen und arbeitswilligen Menschen, die zeitweise oder auf Dauer keinen Normarbeitsplatz finden, wieder »in Lohn und Brot zu bringen« – so die altväterliche Formel der Erwerbsarbeits-Verfechter –, ist nur noch Augenwischerei. Nähme man die Aussage, sozial sei, »was Arbeit schafft«, nur für einen Moment ernst – worauf dürften die Millionen von Arbeitslosen dann heute noch hoffen? Extreme Optimisten unter den Ökonomen halten eine »Sockelarbeitslosigkeit« von drei Prozent für ein erstrebenswertes Ziel. Weniger utopische Gemüter wären schon mit einer Rate von fünf Prozent zufrieden. Das aber würde bedeuten: 1,2 bis 2,1 Millionen Arbeitslose in Deutschland wären selbst unter günstigsten wirtschaftlichen Rahmenbedingungen »normal«.

Und die Realität? Im Durchschnitt aller OECD-Staaten betrug die Arbeitslosenquote 2005 6,5 Prozent, in der Eurozone sogar 8,6 Prozent. Echte »Beschäftigungswunder« haben lediglich Island mit 2,6 Prozent sowie die Schweiz und Irland mit 4,3 beziehungsweise 4,4 Prozent vollbracht – Länder, die strukturell mit der Bundesrepublik kaum oder nur begrenzt vergleichbar sind. England, Holland oder Dänemark, von Propagandisten beherzter »Arbeitsmarktreformen« stets als die besten Vorbilder gepriesen, kommen dagegen schon auf Arbeitslosenraten um die 5 Prozent, das PISA-Wunderland Finnland auf über 8 Prozent. Und auch die »Dynamik« des amerikanischen Arbeitsmarktes, die zu weiten Teilen auf der Zunahme miserabel bezahlter Dienstleistungsjobs beruht, ist 2005 bei 5,1 Prozent Arbeitslosen hängen geblieben. Weniger scheint irgendwie nicht drin zu sein.

Dass es mit der Losung »Wachstum schafft Arbeit« zumindest im Bereich der Industriearbeitsplätze nicht allzu weit her sein kann, belegt auch eine Meldung des Statistischen Bundesamtes aus dem November 2006. Danach ist der Umsatz in Bergbau und verarbeitendem Gewerbe – erfasst werden alle Betriebe mit mehr als zwanzig Beschäftigten – in den ersten neun Monaten des Jahres um 6,5 Prozent gestiegen. Gleichwohl sank die Zahl der Beschäftigten um 0,8 Prozent auf 5,89 Millionen.

Produktivität frisst Arbeit auf

»Wat is'n Dampfmaschin?«, fragt der heitere Professor Bömmel in der »Feuerzangenbowle«. Ebenso könnte man fragen: »Wat is Wachstum?« Und sogar ohne sich ganz dumm zu stellen, darf man sagen, dass wirtschaftliches Wachstum eine Steigerung des Gesamtprodukts einer Volkswirtschaft bedeutet – entweder insgesamt oder pro Kopf. Diese Wirtschaftsleistung eines Landes wiederum, gemeinhin entweder als Bruttosozialprodukt oder als Bruttoinlandsprodukt (BIP) erfasst, kann real im Wesentlichen aus zwei Gründen wachsen. Entweder nimmt das insgesamt geleistete Arbeitsvolumen zu, das heißt es arbeiten mehr Menschen und/oder sie arbeiten länger, oder die Arbeitsproduktivität steigt. Natürlich kann auch beides zusammen geschehen.

Das Phänomen des Produktivitätsfortschritts ist im Kern ebenso leicht zu verstehen. Die Produktivität je Arbeitsstunde ergibt sich einfach dadurch, dass man das reale Bruttoinlandsprodukt durch die Anzahl der Erwerbstätigen mal der Anzahl der von jedem geleisteten Arbeitsstunden teilt.

Ein Beispiel: 100 Arbeiter erwirtschaften im Jahr eins ein BIP von einer Million Euro, und jeder von ihnen hat dafür 1700 Stunden gearbeitet. Dann betrüge der Indexwert für die Produktivität pro Arbeitsstunde rund 5,9. Jetzt verbessern wir ein paar Arbeitsabläufe oder kaufen eine neue Maschine – und plötzlich erwirtschaften 99 Arbeiter im Folgejahr in jeweils 1700 Arbeitsstunden ein BIP von 1,05 Millionen. Wir freuen uns also über ein robustes Wachstum von fünf Prozent und einen Produktivitätswert von rund 6,2. Die Arbeitsproduktivität pro Stunde wäre damit um rund 6 Prozent gestiegen. Man sieht, wenngleich in Bömmel'scher Vereinfachung: Selbst bei starkem Wirtschaftswachstum kann die Zahl der Arbeitsplätze sinken. In unserem Beispiel liegt das am Anstieg der Arbeitsproduktivität.

Es versteht sich, dass dieses Problem umso drängender wird, je mehr der Produktivitätsfortschritt dem Wirtschaftswachstum davoneilt. Und das kann leider auch noch in gegenläufiger Richtung geschehen: Die Wirtschaft kann weniger dynamisch wachsen und die Produktivität pro Kopf oder pro geleisteter Arbeitsstunde gleichwohl zunehmen. Zumindest aber kann mittel- bis langfristig stabiles Wachstum allein durch steigende Arbeitsproduktivität ermöglicht werden, ohne dass irgendeine zusätzliche Nachfrage nach Arbeit entstünde.

Genau das ist in Deutschland in den letzten Jahrzehnten passiert: Das durchschnittliche Wirtschaftswachstum hat sich tendenziell verlangsamt, die Produktivität jedoch ist, mit gewissen Schwankungen, meist stärker gestiegen als das BIP. Ob durch Reorganisation oder Umstrukturierung von Firmen, die Unternehmensberater unter verschiedensten Schlagworten gepredigt und umgesetzt haben, ob durch neue Produkte oder völlig neue Produktionsprozesse und -verfahren – gerade nach wirtschaftlichen Krisen haben von Mitte der siebziger Jahre bis heute mindestens vier große Rationalisierungsschübe zu einem drastischen Abbau des Arbeitsvolumens geführt. Und nur für einige Jahre Anfang der Achtziger hat sich dieser Abbau durch Arbeitszeitverkürzungen vollzogen. Die meiste Arbeit jedoch verschwand, indem Arbeitsplätze komplett verloren gingen. Umgekehrt war Wachstum fast immer »jobless growth« – eine Zunahme der Wirtschaftsleistung, ohne dass neue Arbeitsplätze entstanden wären.

Denn durch überproportional steigende Produktivität stieg zugleich die ominöse »Beschäftigungsschwelle«. Nicht wenige Ökonomen schätzen, dass erst ein länger anhaltendes Wirtschaftswachstum von durchschnittlich 3 Prozent zur Entstehung einer wirklich nennenswerten Zahl neuer Jobs führen würde. Faktisch aber ist, vom Boomjahr 2000 abgesehen, die deutsche Wirtschaft seit 1992 jährlich nur zwischen null und 2,7 Prozent gewachsen, im Schnitt um knapp 1,4 Prozent. Auch das Durchschnittswachstum aller westlichen Industrieländer im 20. Jahrhundert betrug nur 1,5 Prozent pro Jahr. Und in Großbritannien, der Mutter aller Industrienationen, pendelt das Wirtschaftswachstum seit fast 200 Jahren um die 2-Prozent-Marke. Selbst für makroökonomische Optimisten müsste also die Wirtschaft eines durchschnittlich entwickelten Industrielandes langfristig über eine relativ kommode »Beschäftigungsschwelle« von 2 Prozent stolpern. Deutlicher gesagt: In hoch produktiven Industriegesellschaften ist das Entstehen zusätzlicher Arbeitsplätze die Ausnahme, nicht die Regel. Was beinahe ständig wächst, ist der materielle Wohlstand. Und was unter normalen Bedingungen beinahe ständig schrumpft, ist das zu seiner Schaffung nötige Arbeitsvolumen.

Man wüsste dabei nur zu gerne, wo das Problem liegt. Wachsender Wohlstand mit immer weniger Arbeit – das sind doch in Wahrheit paradiesische Zustände! Der Sündenfall hat uns einst zur Arbeit verdammt. Mit der Industrialisierung haben wir nun endlich den Rückweg zum Hintereingang des Paradieses gefunden, doch immer noch glauben wir, wir müssten im Schweiße unseres Angesichts unser Brot verdienen.

Hauptsächlich arbeiten wir für unsere Einkommen. Und da liegt der Hase im Pfeffer: Die letzte Nachwirkung des Sündenfalls ist der Irrglaube, Einkommen könne nur aus Erwerbsarbeit stammen. Dabei bestünde die Erlösung in der Erkenntnis, dass unsere Wirtschaft heute einen Entwicklungsstand erreicht hat, der die Trennung von Arbeit und Einkommen denkbar und möglich macht. Wir müssen das nur endlich denken können – dann finden wir auch Wege, es zu machen.

Kurze Geschichte der Arbeitslosigkeit

1950, ein Jahr nach Gründung der Bundesrepublik und der DDR, waren in Deutschland über zwei Millionen Menschen ohne Arbeit. Selbst die DDR hatte damals offiziell über 300 000 Arbeitslose. Innerhalb von fünfzehn Jahren produzierte dann jedoch das viel beschworene »Wirtschaftswunder« in der Bundesrepublik nicht nur Vollbeschäftigung, sondern massiven Arbeitskräftemangel. 1956 sank die Zahl der Menschen ohne feste Stelle erstmals deutlich unter eine Million, und 1965 erreichte die Zahl der Arbeitslosen mit exakt 147 352 ihren historischen Tiefstand. Zugleich waren 1964 in Westdeutschland rund 600 000 Stellen unbesetzt. Aufgrund des Arbeitskräftemangels vor allem im Bergbau, in der Stahlindustrie und in der Bauwirtschaft hatte die Bundesrepublik zwischen 1955 und 1968 mit Italien, Spanien, Griechenland, der Türkei, Marokko, Portugal, Tunesien und schließlich mit Jugoslawien offizielle Anwerbeabkommen geschlossen. Aufgrund dieser Verträge kamen bis 1967, dem Jahr der ersten bundesdeutschen Konjunkturkrise, rund eineinhalb Millionen ausländische Arbeitnehmer zu uns. Bis 1973, als angesichts der heraufziehenden Öl- und Wirtschaftskrise die Anwerbung endgültig gestoppt wurde, stieg ihre Zahl sogar auf 2,6 Millionen.

Die brummende westdeutsche Wirtschaft absorbierte menschliche Arbeitsleistung wie ein Schwamm. Zwischen 1951 und 1960 wuchs das Bruttoinlandsprodukt (BIP) mit einer durchschnittlichen Rate von über 8 Prozent, 1955 sogar um 12,1 Prozent. Wer allerdings heute noch – wie das durch Nachkriegserfahrungen geprägte Politiker lange taten – empfiehlt, man solle sich an diesen Jahren ein Beispiel nehmen und »die Ärmel hochkrempeln«, der ist entweder grenzenlos einfältig oder er bedient sich billiger Rhetorik. Dabei bedarf es nicht einmal eines minimalen volkswirtschaftlichen Verständnisses, um zu erkennen, dass der Boom der Nachkriegsjahre zunächst eine Folge der immensen Zerstörungen des Krieges und eines fast völligen Zusammenbruchs der Wirtschaft war. Bei Lichte betrachtet war die Bundesrepublik 1949 ökonomisch bestenfalls ein Schwellenland – also konnte sie, zumal die Arbeitskräfte nach damaligen Maßstäben überaus gut qualifiziert waren, auch die für solche Länder üblichen Wachstums- und Beschäftigungsraten aufweisen. Doch ließe sich die Illusion, eine Wiederholung dieses »Wirtschaftswunders« sei möglich, zunächst sehr zynisch vom Tisch fegen: Ja, das wäre möglich – aber dafür müsste man eben auch noch einmal den gesamten Kontinent in Schutt und Asche legen.

Schon Anfang der sechziger Jahre normalisierten sich denn

auch die Wachstumsraten. 1961 wuchs die westdeutsche Wirtschaft nur noch um 4,6 Prozent, 1963 um 2,8 Prozent, 1964 noch einmal um 6,7 Prozent. Dann kam es 1967 zur ersten Rezession: Das BIP schrumpfte um 0,3 Prozent, die Zahl der Arbeitslosen stieg sprungartig auf knapp 460 000. Damals sah man darin quasi ein Zeichen des drohenden Weltuntergangs, heutigen Volkswirten gälte eine Arbeitslosenquote von 0,7 Prozent dagegen nicht als totale Vollbeschäftigung, sondern als Symptom einer irrsinnigen Konjunkturüberhitzung. Bereits im Herbst 1966 war die CDU/FDP-Koalition unter Ludwig Erhard zerbrochen, weil erstmals nach dem Krieg der Bundeshaushalt ein Defizit von anfangs 7, nach Kürzungen immer noch von 4 Milliarden DM aufgewiesen hatte.

Den scheinbar logischen Zusammenhang zwischen Wachstum und Beschäftigung setzte die rein zyklische Krise von 1966/67 allerdings noch nicht außer Kraft. 1968 wuchs die Wirtschaft schon wieder um 5,5 Prozent, 1969 um 7,5 Prozent. Und 1970 erreichte auch die Arbeitslosigkeit mit knapp 150 000 Menschen noch einmal fast den Tiefststand von 1965. In den siebziger Jahren pendelte sich das Wachstum dann bei heute fast schon utopischen 3 bis 4 Prozent ein. Damals bildete sich unter Ökonomen die Meinung heraus, die »Beschäftigungsschwelle«, also die Wachstumsrate, ab der neue Arbeitsplätze entstünden, läge irgendwo zwischen 2 und 3 Prozent. Die tatsächliche Entwicklung freilich verlief nicht nach Lehrbuch.

1974 nahm das Wirtschaftswachstum von 4,8 Prozent im Vorjahr auf 0,9 Prozent ab. Und 1975 kam es zur bis heute schwersten Rezession der Nachkriegszeit. Das BIP ging um rund 1 Prozent zurück, und zwischen 1972 und 1975 verdoppelte sich die Zahl der Unternehmenspleiten. Gleichzeitig stieg die Zahl der Erwerbslosen erstmals über eine Million – der Begriff der »Massenarbeitslosigkeit« kursierte wieder. Und trotz sehr spürbarer wirtschaftlicher Erholung ging die Arbeitslosenzahl in den nächsten Jahren nur um knapp 200 000 zurück. Mit der Rezession von 1974/75 war das Wirtschaftswunder faktisch, vor allem aber im Bewusstsein der Menschen, zu Ende.

Seitdem war zudem klar, dass »Vollbeschäftigung« nie wieder bedeuten würde, dass alle Menschen, die das wollen, eine bezahlte Vollzeitstelle finden könnten. Und die Frage für Mainstream-Volkswirte lautete seitdem nur noch, wie hoch die »Sockelarbeitslosigkeit« in einer gut geölten Marktwirtschaft denn sein müsse.

Schon mit der nächsten Rezession von 1981/82, an der die sozial-liberale Koalition im Wesentlichen zerbrach, schnellte die Arbeitslosigkeit auf 1,8 Millionen, 1983 sogar auf über 2,2 Millionen hoch. Und so blieb es trotz Wachstumsraten zwischen 1,6 (1983) und 3,9 Prozent (1989) bis zur Wiedervereinigung. Lediglich 1989 sank die Zahl der Arbeitslosen noch einmal um 200 000. In drei Konjunkturzyklen hatte sie sich jedoch jeweils verdoppelt.

Dann bescherte die deutsche Einheit der Wirtschaft eine zwiespältige Sonderkonjunktur. Das BIP wuchs 1990 und 1991 um jeweils über 5 Prozent. Und im Westen ging auch die Zahl der Arbeitslosen zwischen 1989 und 1991 um rund 440 000 zurück. Dafür standen in den neuen Bundesländern beinahe über Nacht eine Million Menschen auf der Straße.

Seitdem ist die Zahl der Menschen, die in Deutschland arbeiten wollen und keine Arbeit finden, auf rund 4 Millionen gestiegen. Zwischenzeitlich waren es sogar 5 Millionen. Und zählt man die 1,8 Millionen hinzu, die in allerlei staatlichen und halbstaatlichen »Maßnahmen« geparkt werden, sowie jene, die sich gar nicht erst arbeitslos melden, dann sind bei uns rund 7 Millionen Menschen ohne bezahlten Job, also über 18 Prozent aller potenziell Erwerbstätigen in Deutschland. Anders gesagt: Für knapp jeden fünften arbeitsfähigen, arbeitswilligen Bürger gibt es keinen Arbeitsplatz, oder, wie ich es bezeichnen würde, keinen Einkommensplatz. Und das ist nicht nur ein Problem im wirtschaftlich immer noch weitgehend kahl geschlagenen Osten, sondern ebenso im Westen, wo die Zahl der Arbeitslosen seit der Wiedervereinigung ebenfalls stark, nämlich von 2 auf 2,8 Millionen gestiegen ist.

Die Abschaffung des Mangels

Die immense Steigerung der Produktivität in der industriellen Fertigung ist ein wesentlicher Grund für die abnehmende »Nachfrage« nach menschlicher Arbeit. Zugleich hat dieser Produktivitätsfortschritt zu einem für frühere Generationen kaum vorstellbaren Ausstoß an Gütern aller Art geführt. Wenn wir verstehen wollen, warum wir heute ganz neue Zugänge zur Regelung des Sozialen finden müssen, dann müssen wir uns zwei grundsätzliche, wirklich epochale Veränderungen bewusst machen. Die eine neue Erfahrung ist die Überwindung des Mangels, die andere der Übergang von der überwiegenden Selbstversorgung zur totalen Fremdversorgung. Zum zweiten Punkt komme ich später.

Zwei Bemerkungen vorweg: Auch mir ist schmerzlich bewusst, dass in großen Teilen der Welt bis heute Mangel und Hunger herrschen. Und weder die Idee des Grundeinkommens noch die einer ausschließlichen Konsumbesteuerung sind Allheilmittel zur Lösung aller Weltprobleme – wenngleich ich im letzten Kapitel noch auf die Frage eingehen werde, warum unser Steuersystem bestimmte Formen des industriellen Kolonialismus geradezu fördert. Ebenso weiß ich, dass es auch in unserer Gesellschaft Armut gibt. Aber Armut ist ein finanzielles, kein materielles Problem. Armut ist eine Frage der *Verteilung,* Mangel dagegen eine Frage der *Hervorbringung* gesellschaftlichen Reichtums. Und während Armut nach wie vor politisch *bekämpft* werden muss, wurde der Mangel in unseren Breiten historisch und ökonomisch *überwunden.* Insofern ist es tatsächlich ein neues Phänomen menschlichen Erlebens, dass überhaupt eine Wirtschafts- und Gesellschaftsordnung möglich ist, die keinen Mangel mehr kennt.

Noch die Generation meiner Großeltern hat im Prinzip ständig gegen den Mangel gearbeitet. Wie entbehrungsreich das Leben noch vor einhundert Jahren war, welch ungeheurer Mühen und welcher Umsicht es bedurfte zu verhindern, dass es nicht sogar an Grundnahrungsmitteln und einfachsten Gütern des täglichen Bedarfs mangelte, das hat die staunende Fernsehnation vor einigen Jahren in zwei Dokumentationen erleben können. 2002 lebte eine Berliner Familie für mehrere Wochen im »Schwarzwaldhaus 1902«, und drei Jahre später konnte man in »Abenteuer 1900 – Leben im Gutshaus« auch sehen, dass es den oberen Ständen um die vorletzte Jahrhundertwende dank zahlreichen Personals zwar besser ging als einfachen Bauern, dass aber auch ein preußischer Junker gegen Missernten, todkranke Hühner und verfaulendes Pökelfleisch machtlos war.

Die heutigen Westeuropäer, Nordamerikaner und Japaner bilden im Grunde die erste Generation in der Geschichte der Menschheit, die eine völlig neue Situation erlebt: Was immer an Gütern gegenwärtig hergestellt werden kann, das wird auch hergestellt. Auf der ständigen Suche nach neuen Märkten wird sogar in die Produktion von Gütern und in das Angebot von Dienstleistungen investiert, von denen sich irgendwann herausstellt, dass kaum jemand oder niemand sie braucht. Doch fast alles, was angeboten wird, ist prinzipiell auch für jeden verfügbar, wenngleich nicht unbedingt bezahlbar. Alles ist zudem in ausreichender Menge vorhanden, das meiste sogar im Überfluss. Mehr noch: Was verfügbar ist, das ist auch alles sofort verfügbar. Und noch dazu – im Verhältnis jedenfalls zum Preis – in verlässlicher Qualität.

All das ist ein völlig neues Phänomen. Als wir Anfang der Siebziger die ersten *dm*-Filialen eröffneten, hatten wir regelmäßig zwei Probleme: Würde die Bundespost rechtzeitig einen Telefonanschluss legen können? Und würde der Ladenbauer rechtzeitig alle benötigten Materialien beziehen und unsere Einrichtung deshalb fertig stellen können? Würde heute einer unserer Lieferanten mehr als einmal wochenlange Lieferverzüge in Aussicht stellen, dann bezögen wir seine Art von Ware oder Leistung sehr bald woanders. Damals aber hatte man entweder keine Wahl, oder andere konnten auch nicht schneller liefern. Heute ist es für den Endkunden ebenfalls kaum noch vorstellbar, dass man früher auf viele Dinge wochen-, manchmal monatelang warten musste.

Der Durchschnittsbürger kennt das Warten eigentlich nur noch bei zwei Produktgruppen: bei hochwertigen Polster- oder Designermöbeln, die meist nach etwa sechs Wochen, im obersten Preissegment auch mal nach drei Monaten geliefert werden; und bei exakt nach eigenen Vorstellungen konfigurierten Neuwagen. Doch früher konnte man die Ausstattungsvarianten eines Pkw an zwei Händen abzählen – und wartete trotzdem zwei Jahre auf die Lieferung. Ich selbst habe 1971 einen Dienstwagen bestellt; der hatte damals 24 Monate Lieferzeit! Heute kann man allein bei den Sitzbezügen oder der Lackierung unter Dutzenden von Alternativen wählen. Gleichwohl sollte der Wagen nach zwei bis drei, allerspätestens nach zwölf Wochen vor Ihrer Tür stehen.

Noch vor vierzig Jahren konnte Volkswagen damit werben, das dichteste Werkstattnetz in Deutschland zu besitzen. Wenn Ihre Vertragswerkstatt heute mehr als drei Kilometer entfernt ist, dann wohnen Sie entweder *sehr* ländlich oder Sie fahren einen *sehr* exotischen Wagen. Es hieß »Opel, der Zuverlässige« oder »Volkswagen. Der läuft und läuft und läuft«. Man stelle sich vor, ein Automobilunternehmen würde heute mit der Zuverlässigkeit seiner Fahrzeuge werben. Das ist das Mindeste, was man von einem Auto erwarten kann. Ein großer Anlass zur Heiterkeit wäre sicher auch, wenn Sie in einem Telefonladen einen neuen Handyvertrag abschlössen – und als Werbegeschenk erhielten Sie einen Aufkleber »Fasse dich kurz«. Das aber hat die Deutsche Bundespost bis weit in die siebziger Jahre hinein auf ihren Telefonhäuschen gefordert.

Der größte und zugleich faszinierendste Testfall, den speziell die deutsche Überflussgesellschaft im 20. Jahrhundert erlebt hat, war die Wiedervereinigung. Weil die Verbraucher in Ostdeutschland ihre neue D-Mark zunächst ausschließlich für westliche Konsumgüter ausgeben wollten, verschwand mit der Währungsunion zum 1. Juli 1990 über Nacht praktisch das gesamte DDR-Sortiment aus den Regalen und wurde durch eine breite Palette von Westprodukten ersetzt. Das war schon rein logistisch eine Meisterleistung. Das eigentlich Sensationelle aber war, dass Inflation nicht stattfand: Kein einziges Produkt wurde knapp und damit teurer. Weder Toilettenpapier und Waschmittel noch Zigaretten, Bier oder Cola, weder Damenblusen oder Herrenschuhe noch Steuerratgeber oder Videokassetten wurden zur Mangelware. Innerhalb weniger Monate schossen in den fünf neuen Bundesländern Baumärkte aus dem Boden – und sie waren ebenso wie jene im Westen sofort bis unters Dach mit alldem vollgestopft, was die renovierungshungrigen Neubundesbürger sich nur wünschen konnten. Ein nur auf den ersten Blick besonders absurder Effekt: Kaum ein Jahr nach der Wiedervereinigung brach der Gebrauchtwagenmarkt zusammen – und zwar aufgrund eines massiven Überangebots!

Mit einem Wort: Man staunt bis heute, dass die westdeutsche Wirtschaft über Nacht zusätzlich nahezu den kompletten Güterbedarf der DDR befriedigen konnte. Wenn aber 62,5 Millionen BRD-Bürger weiterhin sich selbst und Knall auf Fall noch weitere 17,5 Millionen DDR-Bürger mit Waren versorgen konnten, dann bedeutet das, zugegeben sehr vereinfacht, dass unsere Wirtschaft damals kurzfristig über riesige Lagerbestände und mittelfristig über rund ein Viertel Überkapazitäten verfügt haben muss. Hätte die Wiedervereinigung bereits 1971 stattgefunden, dann wäre es vermutlich noch zu erheblichen Engpässen, in Einzelfällen vielleicht gar zu Rationierungen gekommen. Daran sieht man, welch neues Phänomen die totale Überflussgesellschaft ist.

Gesättigte Märkte

Die Wirtschaftskrise von 1974/75 lehrt auch, dass der Boom der knapp dreißig Nachkriegsjahre nicht allein vom Wiederaufbau getragen wurde. Rückschläge in der Bau- oder Montanindustrie, eventuell auch im Maschinenbau mögen dessen Ende noch erklären. Doch die Krise traf nicht nur alle Industrieländer zugleich, sie traf sie auch alle gleichermaßen an ihrer empfindlichsten Stelle: der Abhängigkeit von fossiler Energie. Dass Öl vielleicht einmal knapp werden könnte, diese Einsicht schockierte nämlich die Mehrheit der Bürger nur deshalb, weil jeder von uns bis heute täglich beträchtliche Mengen davon verbrennt – und zwar zur eigenen Fortbewegung.

Nicht umsonst war die Depression der Siebziger von der ersten Ölkrise im Herbst 1973 eingeläutet worden. Rein äußerlich wurde diese dadurch ausgelöst, dass die Organisation erdölexportierender Länder (OPEC) einen Nahostkrieg zum Anlass nahm, ihre Fördermengen als politisches Druckmittel einzusetzen. Dadurch stieg der Ölpreis zunächst von – lachen Sie nicht! – rund drei auf mehr als fünf Dollar pro Barrel, im folgenden Jahr gar auf über zwölf Dollar. Symbolisch bescherte uns das im November und Dezember 1973 die Sonntagsfahrverbote, volkswirtschaftlich eine um 17 Milliarden DM erhöhte Ölrechnung, die wesentlich zur Konjunkturkrise beitrug.

Aber: Zwischen 1960 und 1972 kostete der Liter Benzin um die 60 Pfennig. Doch während der Rohölpreis bis 1974 um 170 Prozent gestiegen war, lag der Benzinpreis zwischen 1974 und 1978 bei etwa 85 bis 90 Pfennig, eine Steigerung um »nur« 50 Prozent. Dass die Krise von 1974 vor allem zu Absatzeinbrüchen und infolgedessen zu erheblicher Kurzarbeit in der Automobilindustrie führte, hatte also nur zum geringeren Teil mit dem »Ölpreisschock« zu tun. Die Rezession offenbart in der Rückschau ein viel grundlegenderes Phänomen. Sie markiert nämlich den Höhepunkt einer der größten Konsumexpansionen der modernen Geschichte – der Massenautomobilisierung.

Seit 1975 hat sich die Zahl der Autos auf Deutschlands Straßen zwar noch einmal mehr als verdoppelt. Doch in den 25 Jahren davor stieg sie von praktisch null auf über zwanzig Millionen. Das aber bedeutet, dass Mitte der siebziger Jahre zum ersten Mal fast jeder der damals 23 Millionen Haushalte ein Auto besaß. Damit war der Zeitpunkt zumindest in Sicht, zu dem man den Menschen ein neues Auto nur noch als Ersatz für ein älteres würde verkaufen können. Die Autoindustrie wuchs nach dieser Krise zwar weiter, es entstanden sogar neue Jobs. Doch weil es in wenigen Industrien solche Produktivitätsgewinne gab wie hier, lief der Arbeitskräftebedarf dem Absatz- und Umsatzwachstum der Autobauer immer weiter hinterher. Und die wachsende Zahl von Autos wurde zudem zu immer größeren Teilen im Ausland abgesetzt.

18,7 Prozent des gesamten Umsatzes der deutschen Industrie, 20 Prozent unseres Bruttoinlandsproduktes und rund ein Viertel aller Industrieinvestitionen entfielen im Jahr 2004 auf die Automobilindustrie. Volkswagen, Opel, Ford, Mercedes, BMW & Co. bauen jedes Jahr fünfeinhalb Millionen Kraftfahrzeuge. Nimmt man ihre Fertigung im Ausland hinzu, dann wird jedes dritte Auto in Europa und jedes fünfte weltweit von einem deutschen Automobilkonzern – oder von einer deutschen Tochter ausländischer Konzerne – gebaut. Die Pkw-Branche erwirtschaftet rund 80 Prozent unserer Exportüberschüsse. 5,3 Millionen Jobs, das ist jeder siebte Arbeitsplatz in Deutschland, hängen direkt oder indirekt vom Auto ab. Und während bei Autobauern und Zulieferern zwischen 1994 und 2004 immerhin noch 600 000 Stellen entstanden sind, gingen zur gleichen Zeit in anderen Industriebranchen 1,5 Millionen Arbeitsplätze verloren.

Doch seit zehn Jahren stagniert der Absatz von Pkws in Europa, Amerika und Japan. Die Menschen in diesen Ländern haben heute mehr oder weniger alle ein Auto, kaufen also nur noch ein neues, um ein altes zu ersetzen. Machte der Ersatzbedarf 1970 rund die Hälfte aller Autokäufe aus, so liegt er heute zwischen 90 und 100 Prozent des Gesamtabsatzes. Deshalb sind Umsatzzuwächse eines Herstellers praktisch nur noch auf Kosten anderer möglich. Als einziger deutscher Automobilhersteller hat heute BMW eine Auslastung von über 90 Prozent. Weltweit können von den großen zwölf Herstellern nur Toyota, Honda und Peugeot ihre Werke zu mehr als 80 Prozent auslasten, alle anderen liegen mehr oder weniger deutlich darunter, durchschnittlich bei 78 Prozent. So könnten weltweit zwischen 15 und 20 Millionen Autos zusätzlich gebaut werden – wohlgemerkt ohne ein einziges zusätzliches Fließband einzusetzen und ohne auch nur einen weiteren Arbeiter einzustellen.

Tatsächlich aber stehen schon Millionen Fahrzeuge aus der zwangsweise heruntergefahrenen Produktion auf Halde. So erwartet denn auch einer der besten Kenner der Branche, der frühere Chefvolkswirt von BMW und heutige Leiter des Instituts für Wirtschaftsanalyse und Kommunikation, Helmut Becker, dass in den nächsten Jahren allein bei Produzenten und Zulieferern in Deutschland mindestens 150 000 Jobs verschwinden werden. Und diese Schätzung hält Becker noch für optimistisch.

Ich referiere diese Zahlen so ausführlich, weil die Schlüsselbranche rund ums Auto ein verlässliches Symptom für die Entwicklung der gesamten industriellen Produktion von Massengütern ist. Heute ist praktisch kein einziges langlebiges Konsumgut mehr knapp, die meisten Märkte sind mindestens gesättigt, wenn nicht übersättigt. So gibt es heute weit mehr Kühlschränke als Haushalte, und eine Gefriertruhe steht in drei Viertel aller deutschen Wohnungen. Praktisch jeder Haushalt, nämlich 95 Prozent von ihnen, besitzt eine Waschmaschine, zwei Drittel eine Mikrowelle, 57 Prozent eine Geschirrspülmaschine. Im Schnitt stehen heute in jeder Wohnung 1,5 Fernseher und ebenso viele Radios. 81 Prozent der Haushalte besitzen einen Videorekorder, 32 Prozent ein DVD-Abspielgerät, 85 Prozent eine Hi-Fi-Anlage, fast 90 Prozent einen CD-Player. Unter deutschen Dächern bimmeln im Schnitt 1,2 Telefone und 1,1 Handys, und in 62 Prozent aller Haushalte steht mindestens ein Computer, von denen mittlerweile mehr als die Hälfte auch mit dem Internet verbunden sind.

Noch einmal kurz zu des Deutschen liebstem Kind, dem Auto: Zwei Drittel aller Haushalte besitzen heute mindestens eines, viele auch zwei und mehr. Denn pro 100 deutschen Haushalten sind 102 Autos zugelassen. Von diesen Fahrzeugen sind 40 Prozent neu und 60 Prozent gebraucht gekauft worden. Tröstlich für die Umwelt ist immerhin, dass der deutsche Durchschnittshaushalt auch noch 1,8 Fahrräder sein Eigen nennt.

Es ist zwar keine Erfindung der Nachkriegszeit, dass jede Wohnung über elektrisches Licht und fließendes Wasser verfügt. Doch schon dass automatisch warmes Wasser aus dem Hahn fließt, ist für die Älteren unter uns keine Selbstverständlichkeit. Gasboiler gibt es noch heute in vielen Wohnungen, und mancher erinnert sich wohl auch an Öfen, in denen das Wasser fürs Baden und Duschen rechtzeitig vorgeheizt werden musste. Heute werden zwar über 80 Prozent der Wohnungen zentral beheizt, aber den Charme des Kohleofens kennen selbst viele jüngere Menschen noch aus eigener Erfahrung. Und die letzten Toiletten auf halber Treppe und Wohnungen ohne Bad oder Dusche sind im Wesentlichen auch erst in den späten siebziger und frühen achtziger Jahren verschwunden.

So ist es denn auch kein völliger Zufall, dass Mitte der siebziger Jahre der kometengleiche Aufstieg eines Unternehmens wie IKEA begann. Ungefähr um diese Zeit stand in den meisten Haushalten eine komplette Sammlung hochwertigen Mobiliars. Die letzte Generation, für die ein Sofa oder eine Schrankwand noch eine Anschaffung fürs Leben bedeutete, hatte damals diese Sofas und Schrankwände tatsächlich auch gekauft. Was folgte, das waren die von zu Hause ausziehenden geburtenstarken Jahrgänge, die sich nur noch preiswert und provisorisch einrichten wollten. Erst in den folgenden Jahrzehnten lernten dann auch die Älteren von ihren Kindern und von IKEA & Co., dass man seine Möbel durchaus alle paar Jahre auswechseln kann. Genauso funktionieren denn auch heute viele Gütermärkte: Produkte, die zu Zeiten relativer Knappheit außerordentlich langlebig sein mussten, sind heute derart preiswert geworden, dass ihre Lebenszyklen sich zum Teil dramatisch verkürzt haben. Anders gesagt: Aus Anschaffungen fürs Leben wurden modische Saisonartikel. Auch das ist eine Folge ungeheuerer Produktivitätssteigerungen.

Egal also, ob wir auf unsere Wohnsituation oder auf unsere Mobilität, auf Kommunikation oder Unterhaltung, auf die Güter des täglichen Grundbedarfs, auf Kleidung oder auf die unüberschaubare Menge mehr oder weniger sinnvoller Annehmlichkeiten schauen – der Mangel, die harte Lebensrealität, die historische Erfahrung der Menschheit über weit mehr als 2000 Jahre, ist im Verlauf von ein bis zwei Generationen, eigentlich erst in den letzten 25 bis 30 Jahren, fast völlig verschwunden.

Ich bin noch mit dem Spruch aufgewachsen: »Denk daran,

schaff Vorrat an!« Für meine Generation, ich bin Jahrgang 1944, war das eine realistische Einstellung. Heute, im Zeitalter von »Supply-chain-Management« und »Just-in-time-Produktion« legen nicht einmal mehr Industrieunternehmen Vorrat, sprich Lagerkapazitäten, an. Und für jedes Hemd in der Auslage liegt höchstens ein weiteres, und das nur in den gängigsten Größen, irgendwo hinter den Verkaufsräumen. Alles andere wäre schlichter Blödsinn. Denn schon morgen könnte der Hersteller zwei, zwanzig oder auch zweihundert Hemden in gleicher Qualität und Ausführung liefern. Und wenn ich als Privatmensch daheim etwas bevorrate, dann nicht mehr aus Angst, es könnte morgen nirgendwo verfügbar sein, sondern nur noch, weil ich einen Großeinkauf pro Woche bequemer finde als das tägliche Gelaufe um jeden Kram.

Wahre, falsche und neue Bedürfnisse

Dass wir faktisch keinen Mangel mehr kennen, bedeutet natürlich keineswegs, dass alle unsere Bedürfnisse schon befriedigt wären. Denn erstens ist ein Großteil unserer Bedürfnisse zum Glück überhaupt nicht materieller Natur, durch Konsum von Gütern also gar nicht zu befriedigen. Und auch viele unserer ideellen, ästhetischen, musischen, geistigen, intellektuellen oder spirituellen Bedürfnisse lassen sich gottlob nicht komplett in kommerzielle Waren und Dienstleistungen übersetzen.

Doch man sollte hier vorsichtig sein. Wir haben es nämlich mit ziemlich fließenden Grenzen zu tun. Ein Kostüm oder ein Auto ist bekanntlich mehr als bloß ein Kleidungsstück oder ein Fortbewegungsmittel. Umgekehrt: Je besser sie ihren schieren Gebrauchswert erfüllen, desto mehr bedienen Produkte zugleich immaterielle Dimensionen unseres Erlebens. Kunst, Musik oder Literatur waren dagegen früher Bereiche, die von kommerziellen Überlegungen sehr weitgehend freigehalten wurden. Was immer man nun persönlich davon im Einzelnen halten mag – es ist eine Tatsache, dass aus den sie tragenden geistigen Bedürfnissen große Industrien und Dienstleistungsbranchen entstanden sind. Ebenso mag ein religiöser Christ, Moslem, Jude, Hindu oder Buddhist fest davon überzeugt sein, die spirituellen Sehnsüchte eines Menschen ließen sich nur im Rahmen der Glaubensüberzeugungen und Riten ihrer jeweiligen traditionellen Religion angemessen befriedigen. Doch auch hier muss man immerhin zur Kenntnis nehmen, dass sich mit der Sehnsucht nach dem Höheren durchaus Geld verdienen lässt. Und rein wirtschaftlich gesehen ist es sogar neutral, ob es sich dabei um eine von der Diözese veranstaltete Gebetswoche bei den Franziskanern, um ein halbwegs seriöses Zen-Seminar oder um irgendwelchen pseudoesoterischen Hokuspokus handelt.

Auch dass unsere Behausungen mit Unmengen technischer Geräte vollgestopft sind, bedeutet nicht, wir »hätten schon alles«. Die meisten dieser Geräte gab es vor dreißig Jahren noch gar nicht, und ebenso wenig wissen wir, welche Dinge uns in Zukunft erfreuen werden. Oft werden neue Produkte gewiss einfach Verbesserungen alter Produkte sein – so wie Plasma- oder LCD-Fernseher momentan die Röhrengeräte ersetzen. Vor 1984 empfingen wir drei Programme über Antenne, heute sind es zwischen 50 und 100 via Kabel oder Satellit – und ich *möchte* nicht einmal wissen, wie viele, gar welche Programme die Menschen 2020 aus welchen Leitungen saugen werden. Manchmal werden längst erkannte Bedürfnisse durch gänzlich neue Technologien befriedigt – so wie sich heute die völlige Ablösung des Festnetz- durch das Mobiltelefon deutlich abzeichnet. Und gelegentlich werden auch völlig neue Produkte zur Befriedigung bislang unentdeckter menschlicher Bedürfnisse entstehen.

Die Geschichte der technischen Innovationen ist gepflastert mit falschen Prognosen über deren Sinnfälligkeit, Marktchancen, Risiken und Möglichkeiten. Niemand hätte vor dreißig Jahren geglaubt, dass jeder Mensch einen Computer braucht – damals wettete man lieber auf die glorreiche Zukunft des Bildtelefons. Die Erfinder des Telefons wiederum wollten mit ihren Geräten anfangs Sinfoniekonzerte übertragen, denn sie konnten sich schlicht nicht vorstellen, dass Menschen über größere Distanzen

miteinander reden wollen. Vielleicht sind Nano- oder Biotechno-
logie die nächsten Quantensprünge in der Geschichte der Zivili-
sation. Vielleicht sind sie aber auch bloß die Atomkraftwerke des
21. Jahrhunderts. Also: Besser keine Großprognosen über »Zu-
kunftstechnologien«. Das wird, solange nicht ethische, soziale
oder ökologische Überlegungen ein Eingreifen der Gesellschaft
erforderlich machen, immer der Markt entscheiden – nicht selten anders, als man denkt.

Dass das schmutzige Geheimnis des Kapitalismus in Wahrheit
darin bestehe, dass er bei den Konsumenten nur noch künstliche
Bedürfnisse wecke, ist allerdings ein ebenso falscher wie unaus-
rottbarer Mythos. Hier lese ich ein berühmtes Zitat aus Goethes
Faust einmal ganz moralfrei: »Der Mensch in seinem dunklen
Triebe ist sich des rechten Weges wohl bewusst!« Will sagen: Jeder Mensch hat latente und virulente Bedürfnisse. Das ist eigentlich schon das ganze Geheimnis guten Marketings. Denn Marke-
ting besteht darin, latente Bedürfnisse zu antizipieren und diesen
latenten Bedürfnissen dann ein Angebot gegenüberzustellen, das
sie beim Kunden virulent macht. Sein nur latentes Bedürfnis ist
dem Kunden gar nicht bewusst. Dann kommt plötzlich ein Angebot, und dieses Angebot erst löst den Impuls aus: »Das habe ich
ja immer schon gesucht!«

Ein klassisches Beispiel ist die Erfindung des Mundwassers im
Besonderen und des Markenartikels im Allgemeinen durch Karl
August Lingner (1861–1916). Bevor er 1892 *Odol* auf den Markt
brachte, war das Bedürfnis nach dieser Art von Mundhygiene
und nach »sympathischem Atem« bestenfalls latent. Lingner
griff dann zugleich Erkenntnisse der modernen Bakteriologie
wie das wachsende Bedürfnis der Menschen nach Körperpflege
und Sauberkeit auf – und verdiente damit Millionen.

Ein perfektes Gegenbeispiel ist eben das Bildtelefon. Technisch ist das seit den sechziger Jahren machbar, in den Markt
drücken wollte man diese Technik mehrmals – und bei den Breit-
bandhandys wird es wieder scheitern. Die Leute *wollen* einfach
beim Telefonieren nicht gesehen werden, weder frühmorgens,
noch bei der »wichtigen Sitzung«, noch wenn sie kerngesund,

aber röchelnd eine Verabredung absagen. Das Bedürfnis ist genau umgekehrt: Man möchte oder muss etwas mitteilen, will dabei aber oft gerade *nicht* gesehen werden. Ähnlich wäre es mit »gesundem« Speiseeis. Das glaubt Ihnen kein Mensch. Wenn Sie sich gesund ernähren möchten, dann verzichten Sie lieber auf Eis. Und wenn Sie unbedingt ein Eis wollen, dann gerade deshalb, weil es süß ist und Ihnen schmeckt – selbst wenn es zu fett ist. Jeder Marketing-Flop hat im Kern eben an bloß vermeintlich latente Bedürfnisse der Menschen appelliert. In solchen Fällen stellt sich früher oder später immer heraus, dass die Leute das Produkt oder die Dienstleistung weder brauchen noch wollen – schlicht, weil sie das vermutete Bedürfnis gar nicht haben.

Doch auch wenn ich genauso wenig wie irgendjemand sonst weiß, welche Produkte und Dienstleistungen die Märkte in fünfzig oder hundert Jahren antreiben werden, habe ich doch immerhin zwei prinzipielle Vermutungen. Erstens: Die Innovations- wie die Lebenszyklen neuer Produkte werden auch in absehbarer Zukunft immer kürzer werden, die absolute Neuheit von morgen wird meist schon übermorgen ein billiges Massenprodukt sein. Und auch die Produktivität bei der Erzeugung neuer Güter wird weiterhin dramatisch wachsen. Neue Maschinen werden ganz sicher auch in Zukunft menschliche Arbeit ersetzen. So spricht aus meiner Sicht eher wenig dafür, dass neue Güter, ja nicht einmal dass gänzlich neue Industrien in großem Umfang neue Arbeitsplätze schaffen oder auch nur die »alten« ersetzen werden. Das aber ist ja gerade die zentrale Hoffnung all jener, die zum Beispiel glauben, nach dem Auto werde schon irgendetwas Neues kommen, dessen Produktion nicht nur die meisten der über fünf Millionen Arbeiter dieser schrumpfenden Branche, sondern noch ein paar Millionen zusätzlich beschäftigen wird.

Die zweite Vermutung: »The next big thing« wird überhaupt keine neue »Technologie«, keine neue Erfindung, kein Ding mehr sein. Das »nächste große Ding«, die wahre Triebkraft der Märkte von morgen, ist aller Wahrscheinlichkeit nach der Mensch selbst. Gesundheit, Wohlbefinden, Ernährung, Wissen, Bildung, Kultur, Spiritualität im weitesten Sinne – für die meisten dieser

Bedürfnisbereiche werden wir auch in Zukunft Technologien nutzen und Produkte generieren, gewiss auch solche, von denen wir heute noch nicht einmal träumen. Aber das Entscheidende auf all diesen Feldern, auf denen wir ja zum Teil dramatisch unterversorgt sind, ist die Zuwendung von Menschen zu Menschen. Ganz gleich jedoch, ob sie dafür eine Bezahlung erhalten oder ob sie das, was ich »Kulturarbeit« nenne, ehrenamtlich, in der Familie oder aus purem Vergnügen leisten werden – die Arbeit von Menschen für Menschen wird eines niemals werden können: im industriellen Sinne produktiver. Auf dem Felde des Sozialen und Kulturellen wird immer Arbeit im Übermaß gefragt sein. Wir müssen sie uns bloß leisten wollen.

Denken wie Onkel Dagobert

Noch einmal: Dass die Güterverfügbarkeit prinzipiell nicht mehr begrenzt ist, ist eine historisch völlig neue Erfahrung. Der Überfluss ist Realität, aber diese Realität ist in unserem Bewusstsein noch nicht richtig angekommen. Wir reden zwar alle von »Überflussgesellschaft« oder »Konsumterror«. Aber tief im Inneren sind wir immer noch auf Knappheit geeicht.

Dafür gibt es einen zwar nicht unbedingt simplen, aber auf der Hand liegenden Grund: das Geld. Denn eigentlich sollte Geld volkswirtschaftlich – oder weltwirtschaftlich – bloß die Verfügbarkeit von Gütern und Dienstleistungen widerspiegeln. Und zwar nicht bloß der Dinge, die wir irgendwo im Laden kaufen oder in Anspruch nehmen können, sondern aller Güter vom Rohstoff über Maschinen bis zum letzten Zwischenprodukt sowie aller Dienstleistungen vom Containertransport über die Unternehmensberatung bis hin zum Haarschnitt.

Es ist nur zu logisch, dass in einer Welt allgegenwärtiger »natürlicher« Knappheit Geld im Kern als eine künstlich gesetzte Knappheit verstanden werden musste. Die längste Zeit der Geschichte wurde Geldknappheit denn auch, anders kannte man es schließlich nicht, über natürliche Knappheiten organisiert – über die der Edelmetalle Silber und Gold. Und da sprechen wir nicht nur über das Mittelalter, die Goldgier der spanischen Konquistadoren und der Glücksritter am Klondyke, über den Friedrichstaler oder Kaiser Wilhelms Goldmark, sondern auch noch über die jüngste Vergangenheit.

Gleichwohl erinnern sich heute fast nur noch Experten daran, dass zwischen 1944 und 1973 das globale Währungssystem auf dem Abkommen von Bretton Woods beruhte. Dieses legte fest, dass der Wert des US-Dollars durch einen fixen Goldkurs, nämlich 35 Dollar pro Feinunze, bestimmt war. Die Wechselkurse aller anderen Mitgliedsstaaten dieses Systems wiederum waren in festen Paritäten an den Dollar gebunden, vier D-Mark zum Beispiel waren stets einen Dollar wert. Und die US-Notenbank war durch das Abkommen von Bretton Woods verpflichtet, jeden Dollar auf der Welt, also auch die Währungsreserven anderer Zentralbanken, jederzeit in Gold einzulösen.

Die Hintergründe für den Zusammenbruch dieses starren Systems, von dem uns heute nur noch der Internationale Währungsfonds (IWF) und die Weltbank erhalten geblieben sind, tun hier nichts zur Sache. Der Punkt ist, dass bis vor etwa drei Jahrzehnten alle wichtigen Währungen der Welt zumindest indirekt an die Verfügbarkeit eines einzigen Gutes – Gold – gebunden waren. Doch obwohl die Wechselkurse längst frei, manchmal auch rein spekulativ schwanken, obwohl der Goldpreis heute nur noch ein Rohstoffpreis unter vielen ist und obwohl die Zentralbanken das Problem der Inflation längst durch weit sensiblere Instrumente regulieren, lebt eine Reihe von Mythen aus diesem System hartnäckig weiter.

Irgendwie stellen wir uns nämlich immer noch das Gold in Fort Knox vor. Nach wie vor irritiert es gerade uns Deutsche, denen die Angst vor plötzlicher Geldentwertung fast in den Genen sitzt, wenn Politiker vorschlagen, die Bundesbank solle endlich ihre nutzlos gewordenen Goldreserven auflösen. Und die meisten Menschen, die sich einen Reichen vorstellen, denken als Erstes immer noch an Dagobert Duck, den Milliardär aus Entenhausen, der täglich in seinen Talern badet. Wer viel Geld hat, der hortet es irgendwo, kann also jederzeit auf seine »Reserven« zugreifen und dafür kaufen, was er will. Mit einem Wort: Wir halten den rein nominalen Wert des Geldes für etwas Reales. Entgegen der – in dieser Version leider nicht authentischen – Warnung des Indianerhäuptlings Seattle von 1854 glauben wir irgendwie doch, dass man Geld essen kann.

Mein Vermögen zum Beispiel schätzte das *manager magazin* 2006 auf über eine Milliarde Euro. Damit belege ich auf der Liste der reichsten Deutschen angeblich Platz 77. Aber im Unterschied zu Onkel Dagobert habe ich meine Milliarde noch nie gesehen. Ich besitze sie nicht einmal. Denn die Milliarde, die mich als den Menschen Götz Werner auf eine solche Liste befördert, ist nicht *mein* privates Vermögen, sondern der Wert, auf den *andere* das Unternehmen *dm* schätzen. Doch auch *dm* hat leider kein Geld, sondern – wie jede prosperierende Firma – hauptsächlich Schulden. Auch die Waren in unseren Regalen und die Gehälter unserer Mitarbeiter zahle ich nicht aus einem großen Tresor in Karlsruhe – das alles bezahlen unsere Kunden. Und die tölpelhaften Panzerknacker müssten heute sehr viel von elektronischen Konten und 256-Bit-Verschlüsselung verstehen, wenn sie auch nur einen Bruchteil unserer liquiden Mittel für sich abzweigen wollten. Damit würden sie freilich nicht uns, sondern unsere Hausbank beklauen.

Was aber, wenn mich plötzlich die Lust ergriffe, mein Unternehmen zu verkaufen? Dann wäre ich doch »echt reich« und besäße die Milliarde quasi in bar. Nun, ich wüsste nicht, wie ich das machen sollte. Denn kein Investor will ja das gerade in unseren Läden befindliche Toilettenpapier erwerben. Die Läden selbst aber und alle anderen Firmenimmobilien sind gemietet, ihre Einrichtung meist finanziert. Und unsere Mitarbeiter sind, da die Sklaverei nun mal abgeschafft wurde, schon gar nicht mein Eigentum. Was aber ist *dm*, wenn ich die Ware, die Läden und die Mitarbeiter abziehe? Es ist nicht viel mehr als eine bestimmte Kombination von Ideen und Prinzipien, wohl keine ganz schlechten, aber kaum etwas, wofür ich eine Milliarde bezahlen würde.

Freilich lehrt die Erfahrung, dass man manchmal Dummköpfe findet, die für eine Idee eine Milliarde bezahlen. Geriete nun solch einer zufällig an mich, wäre das eine phantastische Gelegenheit! Aber nicht, um mich zu bereichern, sondern um unser Unternehmen mit einem Schlag zu vernichten. Denn unser Investor, der die Milliarde ja auch nicht in einem Koffer mitbringt, will sein Geld nicht nur innerhalb eines überschaubaren Zeitraums zurückhaben, er muss in dieser Zeit auch die Zinsen auf sein eingesetztes Kapital erwirtschaften. Leider jedoch muss schon *dm* selbst die Zinsen auf sein eingesetztes Kapital erwirtschaften – sonst sind wir nämlich ganz schnell pleite. Man sieht: Wenn ich mein Unternehmen verkaufte, würde ich es in Wahrheit bloß hoffnungslos überschulden, ergo ruinieren. Da kann ich aber nur sagen: Ich bin doch nicht blöd.

Allerdings sind die meisten Investoren auch nicht ganz blöd. Sie wüssten ja, dass sie ihr eingesetztes Kapital plus Zinsen aus dem operativen Geschäft niemals erwirtschaften könnten. Deshalb bliebe ihnen am Ende nichts anderes übrig, als den Laden ganz oder in Teilen weiterzuverkaufen. Wenn sie das mit Gewinn tun wollen, dann müsste der folgende Käufer allerdings noch ein bisschen dümmer sein als sie selbst. Denn er müsste dem Unternehmen schließlich noch mehr Schulden aufhalsen. So etwas machen Unternehmer nicht. Das machen nur Spekulanten.

Neben einer naiven Onkel-Dagobert-Idee von Reichtum hat die Geldillusion freilich noch eine zweite, weit trügerischere Seite: Wir glauben, dass wir »zu wenig Geld« haben oder »über unsere Verhältnisse leben« können. Denn wir stellen uns die unendliche Prozesskette einer Volks- oder der Weltwirtschaft immer noch wie den Vorratsspeicher eines Bauernhofes vor. Ist der vor der nächsten Ernte geplündert, dann wird ja in der Tat gehungert. Und weil es mit dem Einkaufen ebenso schwierig wird, wenn das Gehalt ausgegeben und der Dispo geplatzt ist, scheint es mit unserem privaten Budget nicht viel anders zu sein. Also, denken wir, dürfen auch Unternehmen, »der Staat« oder wir alle nicht mehr ausgeben, als sie beziehungsweise wir einnehmen.

Doch wenn man das wirtschaftliche Geschehen als Gesamtprozess sieht, dann stellen sich die Dinge ganz anders dar. Jedes Gut und jede Leistung ist dann im Prinzip mit Geld hinterlegt und jede Geldsumme umgekehrt mit Gütern oder Leistungen. Gerät diese Relation über längere Zeiträume oder in allzu großem Ausmaß aus den Fugen, dann ist das Ergebnis immer Inflation oder Deflation. Genau deshalb muss die Geldmenge ja mit der Menge der Produkte und Leistungen wachsen. Haus- oder betriebswirtschaftlich gesehen »haben« die einen sehr wohl mehr Geld, andere weniger bis nichts. Insgesamt freilich sind die Schulden der einen immer bloß die Forderungen der anderen. Dabei entstehen gewiss unschöne bis riskante Ungleichgewichte. Doch insgesamt ist immer »genug Geld« da. Und, ein Punkt, auf den ich im letzten Kapitel des Buches noch genauer zu sprechen komme: All dieses Geld löst sich am Ende immer in Einkommen auf – eine Kette, die mit der Vertreibung aus dem Paradies begann und erst mit dem Jüngsten Tage enden wird.

Während es Güterknappheit eigentlich nicht mehr gibt, ist uns also die Geldknappheit zumindest als einzelwirtschaftliches Problem erhalten geblieben. Deshalb leben wir faktisch im Überfluss, meinen aber immer noch, wir lebten in der Knappheit. Erstens ist das eine uralte historische Erfahrung. Zweitens wird diese Erfahrung vom einzelwirtschaftlichen Problem der Geldknappheit am Leben erhalten – die Geldmenge ist eben nicht gleichmäßig an alle verteilt. Und drittens ist das Problem der Knappheit in Wahrheit auch nicht völlig verschwunden. Denn einerseits erleben wir, dass manches, was die Menschen in unseren Breiten nie für knapp gehalten haben – Dinge wie Luft, Wasser, später auch Energie – plötzlich geradezu bedrohlich knapp werden kann. Und andererseits ist Knappheit auch eine Machtfrage. Man kann Dinge künstlich verknappen – so entstehen dann zum Beispiel Luxusgüter. Und man kann so tun, als seien per se überhaupt nicht vermehrbare Dinge, vor allem Grund und Boden, ebenso handelbare Güter wie Bananen oder Nägel. Beim Zugriff auf das eine wie auf das andere werden deshalb bei genauerer Betrachtung auch gar nicht Produkte oder Leistungen, sondern Privilegien und Rechte gehandelt. Wo es aber Privilegien gibt, da entstehen natürlich weiterhin Begehrlichkeiten – und also abermals die Illusion von Knappheit.

Am Ende ist der Umstand, dass wir von der Angst vor dem Mangel nicht lassen wollen, also fast mehr ein kulturhistorisches, ja emotionales und nicht so sehr ein wirtschaftliches Phänomen.

Von der Selbstversorgung zur totalen Fremdversorgung

Dass nicht essen soll, wer nicht arbeitet, dieses Prinzip stammt nicht vom Apostel Paulus, sondern aus einer Gesellschaft, in der die meisten Menschen mehr oder weniger in der Selbstversorgung lebten. Wer seinen Acker nicht bebaut, seinen Garten nicht bestellt und sein Vieh nicht hegt und pflegt, der ist selbst daran schuld, wenn er nichts zu essen hat. Der Selbstversorger muss tätig sein, wenn er nicht zum Schmarotzer werden will. Das genau ist das Prinzip der Selbstversorgung: Alles – oder jedenfalls das meiste –, was ich zum Leben brauche, stelle ich selbst her. Und nur die Überschüsse verkaufe ich oder tausche sie direkt gegen das ein, was ich nicht selbst produzieren kann. In so einer Selbstversorgungsgesellschaft wirtschaften im Prinzip alle ständig gegen den Mangel.

Es gibt heute noch Menschen, die sich daran erinnern können, wie das war mit der Selbstversorgung. Um 1900 lebten in Deutschland noch über 40 Prozent der Bevölkerung in der Landwirtschaft. Heute sind es gerade noch etwas mehr als 1 Prozent aller Einwohner und knapp 2,2 Prozent der Beschäftigten. Selbst in der gesamten EU, in der es noch sehr viel stärker agrarisch geprägte Länder als Deutschland gibt, sind es nur noch knapp 7 Prozent. In vielen unterentwickelten Ländern bildet diese Art der agrarischen Selbstversorgung bis heute die Basis der Volkswirtschaft.

Wenn man damals etwas für den täglichen Gebrauch einkaufte, dann waren das im Wesentlichen zwei Dinge: Salz und

Zucker. Außerdem gab es die so genannten Kolonialwarenläden. Dort kaufte man jene Dinge, mit denen man sich nicht selbst versorgen konnte. Und weil viele Luxusartikel wie Kaffee, Tee, Tabak, Öle oder Gewürze ausschließlich aus Kolonien stammten, hießen die Läden auch so. Mit fast allen anderen Gütern des täglichen Bedarfs versorgte man sich selbst. Letzte Ausläufer dieser Art von Selbstversorgung existierten noch bis weit nach dem Zweiten Weltkrieg.

Ansätze einer arbeitsteiligen Gesellschaft gab es auch schon bei den Griechen und Römern, es gab sie im Grunde bereits, seit der Mensch in der Jungsteinzeit sesshaft zu werden begann. Sonst hätte es überhaupt keinen Handel geben können. Aber die vorherrschende Form des Wirtschaftens, das breite Fundament, auf dem alles ruhte, war immer die Selbstversorgung. Es dominierte eine autonome, fast autarke Lebensform. Bauer zu sein hieß ja nicht, dass man die ganze Zeit auf dem Feld oder der Weide arbeitete. Zwischen Saat und Ernte wurden die verschiedensten anderen Arbeiten verrichtet. Man kümmerte sich ums Vieh, zog nebenbei ein wenig Gemüse; die Frauen spannen, webten und nähten, stellten Wurst, Käse und allerlei »Konserven« her; der Bauer arbeitete außerhalb der besonders arbeitsintensiven Erntezeiten, vor allem im Winter, auch als Schreiner oder Schmied. Faktisch versorgte die übergroße Mehrheit der Menschen sich mit den allermeisten Gütern des täglichen Lebens selbst – auf bescheidenem Niveau. Eine wirklich grundsätzliche Veränderung setzte hier erst mit der Industrialisierung ein.

Heute findet man bei uns praktisch keinen Menschen mehr, der in der Selbstversorgung lebt oder auch nur in der Lage wäre, dies zu tun. Und wenn, dann müsste er dafür entweder einen enormen Aufwand treiben, und zwar schon für einen sehr bescheidenen Lebensstandard, oder aber auf die meisten Dinge, die heute zu einem normalen Lebensstandard gehören, verzichten. Im Grunde – unsere Lebensansprüche vorausgesetzt – haben wir gar keine Wahl mehr. Es ist schlicht eine Tatsache, dass wir in unserer Versorgung völlig auf andere angewiesen sind.

Das heißt: Wir leben mittlerweile in einer Gesellschaft der totalen Fremdversorgung. Immer wenn ich arbeite, arbeite ich für jemand anderen. In einer hochgradig arbeitsteiligen Gesellschaft wie der unseren stellt auch praktisch niemand mehr irgendein Produkt in Gänze her, und niemand kann noch irgendeine sinnvolle Dienstleistung ohne die Zuarbeit von anderen erbringen. So gesehen ist tatsächlich jeder Mensch nur ein kleines Rädchen im Getriebe. Der Trost dafür ist: Das Getriebe ist zugleich so diffizil und anfällig, dass es ohne jeden Einzelnen nicht funktioniert. Und das gilt für die Putzkolonne genauso wie für den Vorstandsvorsitzenden.

In der Folge stellt der moderne Mensch denn auch nichts mehr für sich selbst her, sondern er kauft alles ein. Das aber bedeutet: Wer an dieser Gesellschaft teilnehmen will, ist darauf angewiesen, ein Einkommen zu beziehen. Jeder von uns braucht ein solches Stück Teilhabe. Das kann sehr bescheiden sein – aber ohne das geht nichts. Ich nenne dies das sozio-osmotische Prinzip: Wenn Sie bei der Zuckergewinnung das Wasser nicht mit ein bisschen Zuckerlösung anreichern, können Sie den Zucker nicht aus der Rübe herauslösen. Ohne eine schwache Sättigung passiert gar nichts – Sie müssen erst ein bisschen von dem zusetzen, was Sie am Ende herausbekommen wollen.

In eine gesellschaftliche Dimension übertragen heißt das: Sie können nicht völlig ungesättigt teilhaben. Ohne ein Existenzminimum – besser gesagt: ohne ein Kulturminimum – ist soziale Osmose unmöglich. Ohne schwach gesättigtes Umfeld – keine Teilhabe. Wir vergessen immer, dass wir heute nur von dem leben, was bereits erarbeitet worden ist, und nicht von dem, was wir jetzt gerade, in diesem Moment tun. Unser gegenwärtiges Einkommen wird ermöglicht durch das, was vorher geleistet wurde, was andere zuvor erarbeitet haben. Schon die Arbeiter im Weinberg des Herrn, auf die ich im nächsten Kapitel noch ausführlich zu sprechen komme, hätten nicht arbeiten können, wenn nicht zuvor jemand die Reben gepflanzt, gehegt, beschnitten und gewässert hätte. Der Unterschied ist höchstens: Ein Winzer und seine Knechte konnten das alles noch selbst machen. Doch in unserer vollständig und hochgradig arbeitsteiligen Gesellschaft können wir praktisch nichts mehr selbst machen. Alles wird immer von anderen produziert.

Dass unser Einkommen durch die Leistung anderer ermöglicht wird und dass unsere Arbeit wiederum das Einkommen von anderen ermöglicht, der Blick auf diesen an sich einfachen Zusammenhang wird nur dadurch verstellt, dass wir immer auf das Geld schauen und nicht auf das, was wir mit dem Geld machen. Wir denken: Erst arbeite ich, dafür bekomme ich dann Geld, und für dieses Geld kann ich mir am Ende all das kaufen, was ich selbst nicht produzieren kann. Das ist jedoch die alte Mentalität des Selbstversorgers.

In einer Gesellschaft totaler Fremdversorgung läuft es genau umgekehrt. Weil andere etwas geleistet haben, zum Beispiel Zahnpasta hergestellt, ausgefahren und in unsere Regale eingeräumt haben, können Sie sich damit bedienen und Ihre Zähne putzen. Und dann Ihr blitzend weißes Lächeln anderswo gewinnbringend einsetzen. Nur weil andere Menschen Autos gebaut und ein Autohaus errichtet, Sessel und Kugelschreiber hergestellt, Vertragsformulare gedruckt und Bankkonten geführt haben, können Sie zum Beispiel morgens zur Arbeit gehen und den Leuten Autos verkaufen.

Doch wenn Sie einen Wagen an den Kunden bringen, dann bekommen Sie nicht *dafür* Ihr Gehalt. Indem Sie ein Auto verkaufen, ermöglichen Sie, dass die Arbeiter Ihres Lieferanten ein *neues* Auto bauen können. Das aber heißt: Sie machen es erst möglich, dass diese Arbeiter erneut ein Einkommen erhalten. Umgekehrt erhalten Sie Gehalt oder Prämie nicht als Belohnung für Ihr Verkaufstalent; diese Mittel geben Ihnen vielmehr die Möglichkeit, neue Zahnpasta zu kaufen, einen noch seriöseren Anzug zu tragen, sich auf Gran Canaria zu erholen und zu bräunen oder eine Verkaufsschulung zu besuchen. Kurzum: Ihr Einkommen ermöglicht künftige, bessere, sinnvollere Arbeit. Das alles ist nur hinter dem Geldschleier verborgen.

Auch psychologisch hat die totale Fremdversorgung eine höchst interessante Konsequenz: Der Selbstversorger kann seine eigenen Bedürfnisse befriedigen. Er darf, wenn man so will, ein hemmungsloser Egoist sein. In der Fremdversorgung kommen stattdessen zwei gegenläufige Phänomene zusammen: Auf der einen Seite steht der Konsument, der nach wie vor ein Egoist ist. Ihm gegenüber steht der Produzent, der nur dann ein guter Produzent ist, wenn er auch Altruist ist. Etwas technischer ausgedrückt: Je mehr sich ein Produzent an den Bedürfnissen seiner Kunden und je weniger er sich an seinen eigenen Bedürfnissen orientiert, desto erfolgreicher wird er sein. Egoismus in der Produktion ist so gesehen nichts anderes als Sand im Getriebe. Auf eine handliche Formel gebracht bedeutet Fremdversorgung: Altruisten versorgen Egoisten. Subjektiv ist das nur deshalb nicht immer zu erkennen, weil wir permanent beides zugleich sind.

In der Selbstversorgung fallen die Bewusstseinszustände des Konsumierens und des Produzierens mehr oder weniger zusammen. Denn seine Überschüsse, die er an andere verkauft, produziert der Selbstversorger mit dem Bewusstsein eines Konsumenten. Alles, was er herstellt, könnte er nämlich genauso gut auch selbst verbrauchen, nicht selten muss er das sogar tun. Und die anderen Verbraucher, die er auf dem Markt trifft, sind gleichfalls »wie er«, sie haben im Grundsatz die gleichen Bedürfnisse wie der sich selbst versorgende Produzent. Man handelt sozusagen bloß Weizen gegen Roggen, Erbsen gegen Kartoffeln, Wurst gegen Käse, Leder gegen Wolle. Dagegen gibt es nur ganz wenige spezialisierte Produzenten, die überwiegend oder ausschließlich für andere leisten: etwa den Müller, den Schreiner oder den Schmied, die aber alle sehr lange zumindest im Nebenerwerb bäuerliche Selbstversorger blieben. Denn allein auf die Mühle oder die Nachfrage nach Pflugscharen oder Möbeln zu vertrauen wäre angesichts allgegenwärtiger Knappheit viel zu riskant gewesen. Und es gibt im Wesentlichen auch nur wenige reine »Dienstleistungsberufe«, beispielsweise den Priester, den Arzt, den Barbier. Dazu die herrschenden Eliten, die selbst nicht arbeiten, sondern von einem Teil der natürlichen Überschüsse ihrer Untertanen leben.

Erst mit dem Aufkommen der Städte und einer sich entwickelnden Luxusproduktion wird der Handwerker Stück für Stück zum reinen Produzenten auf der einen, zum reinen Konsumenten auf der anderen Seite. Schließlich gibt er jegliche Selbstversorgung auf und hofft, allein von seinen Leistungen für andere leben, sprich: seine Lebensmittel kaufen zu können. In der Fremdversorgungswirtschaft fallen somit der Produzent und der Konsument in ihren Rollen auseinander. Beides entfernt sich sogar sehr weit voneinander. Denn wenn ich Leistungen anderer Menschen in Anspruch nehme, selbst jedoch in eine ganz andere Richtung produziere, dann vergrößert sich der Abstand zwischen den beiden Perspektiven kontinuierlich.

In der Selbstversorgungswirtschaft produziere ich ziemlich genau so lange, bis meine Bedürfnisse gedeckt sind. Sind Keller und Speicher gefüllt, dann höre ich schlicht auf zu arbeiten – denn ich kann ja nur konsumieren, was ich auch lagern kann. Überschüsse entstehen so im Grunde nur zufällig, beinahe ungewollt: Die Natur meinte es halt besser mit mir, als es zur eigenen Versorgung notwendig gewesen wäre. Diese Überschüsse kann ich dann verkaufen, und der Erlös bildet einen zusätzlichen, unverderblichen Sicherheitsvorrat. Doch solange ich für Geld nicht sehr viel mehr kaufen kann als die Produkte anderer Selbstversorger, wird der Trieb, mich in den Besitz von Geld zu bringen, nie besonders stark sein. Denn Bares ist in der Selbstversorgung nicht viel mehr als eine Versicherung gegen Ernteausfälle. Sich ganz auf Geldeinkommen zu verlassen wäre dagegen wegen des ständig drohenden Mangels sehr unklug, ja sogar hoch riskant. Denn es kann jederzeit passieren, dass niemand in erreichbarer Nähe etwas zu verkaufen hat – die Meinen und ich würden dann auf einem Geldsack liegend verhungern. Der klassische Mythos über dieses Problem ist der von König Midas, unter dessen Händen alles zu Gold wird, und der deshalb erbärmlich zugrunde geht.

Ganz anders in der Fremdversorgungswirtschaft: Da produziere ich etwas, weil ich Bedürfnisse bei anderen Menschen entdecke, die diese nicht selbst befriedigen können. Die Notwendigkeit meiner Arbeit ist umgekehrt gar nicht mehr oder kaum noch in meinen eigenen Bedürfnissen begründet. Der Bäcker isst nur einen Bruchteil seiner Brote, der Schneider näht oft weit teurere Kleider, als er selbst trägt, der Schmied braucht weder Schwerter noch Pflugscharen.

Realeinkommen und Nominaleinkommen

Wenn ich für andere produziere, dann produziere ich natürlich auch in ganz anderem Umfang als der reine Selbstversorger. Schon das zweite oder dritte Stück ist ja Mehrprodukt, Überschuss. Und um leben zu können, *muss* ich jetzt fast alles verkaufen. Je mehr ich für andere produziere, desto weniger kann ich mich aber auch noch um die Kartoffeln im eigenen Garten kümmern. Die Kehrseite der Medaille ist also, dass ich als Fremdversorger jetzt zugleich fast alles kaufen muss, was ich zum Leben brauche.

Mit der Zeit entsteht so ein ganz neuer, sehr fundamentaler Unterschied: der von *Realeinkommen* und *Nominaleinkommen*. (Ich weiche hier bewusst von Definitionen dieser Begriffe in der Volkswirtschaftslehre ab.) In der Selbstversorgungswirtschaft sind nominales und reales Einkommen identisch, denn eigentlich gibt es fast nur Realeinkommen. Der Selbstversorger lebt buchstäblich von den Früchten seiner Arbeit. In der Fremdversorgung fallen dagegen Realeinkommen und Nominaleinkommen vollkommen auseinander. Real lebe ich weder von meinen erzeugten Gütern oder Leistungen, noch von dem Geld, das ich mit ihnen erwirtschafte. Wohl kann der Goldschmied manche Münze zu einem Armreif umschmieden – aber er und seine Familie ernähren sich weder von Schmuck noch von Goldstücken. Mehr noch: Das Realeinkommen des Goldschmieds stammt nicht einmal von jenen, für die er produziert. Denn Brot, Wein und Käse kommen nicht vom Stadtschreiber oder vom Tuchhändler, seinen Kunden. Die bäuerlichen Produzenten wiederum generieren nur in Ausnahmefällen eine Nachfrage nach Schmuck.

Sein Nominaleinkommen erwirtschaftet man also in der Fremdversorgung ausschließlich über Leistungen *für andere,* sein Realeinkommen – das, was man tatsächlich verbraucht – bezieht man dafür ausschließlich *von anderen*. Das aber heißt: Ohne dass andere etwas *für mich* leisten, verhungere ich. Faktisch bin ich völlig von den Leistungen anderer Menschen abhängig. Doch weil ich die Konsumgüter, von denen ich nunmehr ausschließlich lebe, allesamt mit »selbst verdientem Geld« bezahle, ist in meinem Bewusstsein als Einzelner immer noch die Vorstellung verankert, ich würde für mein eigenes Einkommen produzieren.

Unsere Überzeugung, Einkommen könne nur aus Arbeit entspringen, weshalb im Prinzip jeder einen Erwerbsarbeitsplatz brauche, erweist sich somit als das letzte Residuum einer Selbstversorgermentalität, die längst obsolet geworden ist. Ganz pragmatisch wissen wir natürlich, dass man Geld nicht essen kann. Aber ideologisch behandeln wir es immer noch wie ein Realeinkommen, das wir wie die Bauern in die Scheune stopfen wollen.

Noch ein Punkt: Je mehr die Arbeitsteilung sich entwickelt, desto mehr ziehen sich auch die Lieferketten auseinander. Sowohl die Erzeuger als auch die Adressaten aller Leistungen verschwinden im Nebel der Arbeitsteilung. Doch nur wenn ich die Lieferkette meiner Schnitzel oder meiner Turnschuhe wenigstens im Prinzip zurückzuverfolgen in der Lage bin, kann ich zum Beispiel den ökologisch oder ethisch bedenklichen Nebel der Arbeitsteilung – Gammelfleisch, Genmais, Kinderarbeit, Sweatshops in Asien – wieder lichten. Dieses Problem haben wir in den letzten zwanzig bis dreißig Jahren zumindest einigermaßen erkannt, wenn auch noch nicht überall in den Griff bekommen.

Umgekehrt müssen wir den Nebel aber auch aufseiten der Erzeuger von Gütern und Leistungen wieder mental durchdringen. Sonst können wir in der Fremdversorgung – das hat Marx mit dem Begriff der Entfremdung richtig beschrieben – unsere Arbeit nur schwer als sinnvoll erleben. Ich muss mir halt klar machen: Auch wenn ich nur ein kleines Ventil für eine kleine Pumpe herstelle, steht doch ohne dieses Teil alles still. Wir müssen sozusagen die Produktionszusammenhänge wieder sinnfällig machen. Und auch auf einer Metaebene muss jeder Mensch ein Bewusstsein entwickeln, dass er dies oder jenes so und nicht anders für diesen oder jenen produziert beziehungsweise leistet. Alles, was wir physisch und ökonomisch im Arbeitsprozess teilen, müssen wir in unserem Bewusstsein wieder zusammensetzen. Das ist übrigens der Grund, warum die allermeisten Outsourcing-Programme schiefgehen – man versäumt völlig, die zuvor noch erkennbaren, danach aber völlig zerrissenen Zusammenhänge den nunmehr völlig fremdem Menschen auf beiden Seiten wieder bewusst zu machen.

Nichts gegen Geld. Es ist ein höchst effektives Schmiermittel für die Erzeugung und den Austausch von Produkten und Dienstleistungen. Nicht bloß, weil man es im Unterschied zu fast allen Dingen sehr leicht »lagern« und transferieren, sondern auch, weil man es investieren, verleihen, verzinsen – und weil man seine gesamtwirtschaftlich benötigte Menge recht gut steuern kann. Nur eins sollten wir niemals vergessen: Geld an sich ist zunächst nur eine nominelle Größe. Vom ärmsten Schlucker bis zum Multimilliardär hat jeder Mensch nur etwas von seinem Nominaleinkommen, wenn er es früher oder später in Realeinkommen verwandelt, es also konsumiert.

55

Einkommen als Bürgerrecht
Warum das bedingungslose Grundeinkommen
die einzige Alternative zum unsinnigen
»Recht auf Arbeit« ist

Artikel 1 unseres Grundgesetzes sagt: »Die Würde des Menschen ist unantastbar. Sie zu achten und zu schützen ist Verpflichtung aller staatlichen Gewalt.« Und in Artikel 2 heißt es: »Jeder hat das Recht auf Leben und körperliche Unversehrtheit. Die Freiheit der Person ist unverletzlich. In diese Rechte darf nur auf Grund eines Gesetzes eingegriffen werden.«

Die zunächst etwas seltsam klingende Beschränkung am Schluss hat vor allem folgenden Grund: Wer gegen Gesetze verstößt, in dessen Freiheitsrecht darf der Staat auf der Grundlage dieser Gesetze eingreifen. Denn Diebe oder Mörder werden vor ein ordentliches Gericht gestellt, und wenn ihre Schuld erwiesen ist, dann kommen sie ins Gefängnis. Doch ansonsten gibt es keine auch nur denkbare Beschränkung unserer elementarsten Menschenrechte: Würde, Leben, Gesundheit und Freiheit.

Bei etlichen der folgenden Grundrechte spricht unsere Verfassung durchaus von Grenzen und Beschränkungen. So ist etwa das Recht auf freie Entfaltung der Persönlichkeit durch die Rechte anderer, durch die »verfassungsmäßige Ordnung« selbst und durch »das Sittengesetz« beschränkt. Und die Glaubens- und Gewissens-, die Meinungs- und Pressefreiheit, die Freiheit von Kunst und Wissenschaft, die Versammlungsfreiheit oder das Fernmeldegeheimnis stehen zwar nicht grundsätzlich, aber in ihrer konkreten Ausgestaltung unter dem so genannten »Gesetzesvorbehalt«: Jeder darf im Prinzip glauben, sagen, schreiben oder forschen, was er will – und der Staat muss durch Gesetze regeln, in welchen Formen und in welchen Grenzen das geschehen darf.

Noch einmal: Die Würde und das Lebensrecht des Menschen sind in jeder Beziehung »unantastbar«. Auf ihnen gründet alles Übrige. Niemand darf in diese Rechte eingreifen.

Was aber bedeutet das im Hinblick auf den Zusammenhang von Arbeit und Einkommen? Im Grunde ist es ganz einfach. Wer leben, und zwar in menschlicher Würde und in Freiheit leben will, der braucht etwas zu essen, er muss sich kleiden, er benötigt ein Dach über dem Kopf – und er muss in einem angemessenen Rahmen am politischen, gesellschaftlichen und kulturellen Leben teilnehmen können.

Nirgendwo in unserem Grundgesetz aber steht, dass der Mensch dafür arbeiten muss. Unsere elementaren Menschenrechte fußen schlicht und einfach nicht darauf, dass wir im Schweiße unseres Angesichts unser Brot verdienen, sondern einzig darauf, dass wir auf der Welt sind. Außerdem wäre es völlig sinnlos, den Menschen zwar das Recht einzuräumen, die Regierung zu beschimpfen, jede beliebige Zeitung zu drucken, eine Gewerkschaft zu gründen oder Nackte zu malen, die materiellen Grundlagen für die Wahrnehmung dieser Rechte aber an eine Bedingung zu knüpfen. Etwa an die Bedingung, die nicht etwa der notorisch falsch zitierte Apostel Paulus[*], sondern zuletzt sein

---

[*] Im 2. Thessalonicher-Brief, Kapitel 3, Vers 10 steht: »Wer nicht arbeiten *will*, soll auch nicht essen.« Dass der Apostel häufig falsch zitiert wird, scheint wohl Methode zu haben. Freilich ist es theologisch unhaltbar, ausgerechnet ihn zum Kronzeugen eines faktischen Arbeitszwanges zu erheben. Zu diesem Thema schickte mir, da auch ich in der Vergangenheit den Apostel gelegentlich rhetorisch dergestalt missbraucht habe, Benediktus Hardorp eine aufschlussreiche Notiz, die ich hier auszugsweise zitieren möchte:
»Paulus ist ein viel zitierter, aber in Wirklichkeit in seinen zentralen Anliegen kaum richtig verstandener Vertreter des damals weltgeschichtlich neuen Christentums. (…) Eigentlich muss jedem, der sich ein wenig mit seiner Gestalt und seiner Aufgabe befasst hat, das Christentum aus der jüdischen Welt hinaus zu den ›Heiden‹, also zu allen anderen Menschen zu bringen, auffallen, dass gerade Paulus der Apostel des Freiheitsbewusstseins gewesen ist. So heißt es etwa im Galaterbrief, Kapitel 6, Vers 2: ›Zur Freiheit hat uns Christus befreit, lasst Euch nicht wiederum in das Joch der Knechtschaft spannen. (…) Zur Freiheit seid Ihr berufen, liebe Brüder.‹ Gerade Paulus bricht mit allem Gesetzmäßigen der alten jüdischen Welt. Und ausgerechnet er sollte die überholte Forderung nach einem ›harten Anfassen‹ der nicht Erwerbstätigen verkündet haben? Er soll dafür die Strafe des Ausschlusses vom Einkommen (›Essen‹) angeraten haben? (…) Ich habe die Frage, wie das Zitat zu verstehen ist, deshalb im ver-

Jünger Franz Müntefering so formulierte: Wer nicht arbeitet, der soll auch nicht essen.

Dieses – unserer Verfassung völlig angemessene – Verständnis der Grundrechte hat eine simple Konsequenz: Wenn das Recht, in Würde und in Freiheit zu leben, bedingungslos ist, dann muss auch das Recht auf Essen, Trinken, Kleidung, Wohnung und auf grundlegende gesellschaftliche Teilhabe bedingungslos sein.

Es gibt bekanntlich Zeitgenossen, die meinen, so etwas wie das heutige »Arbeitslosengeld II« sei eigentlich eine »soziale Wohltat« des Staates. Harte Sozialdarwinisten würden auf solchen Klimbim sogar am liebsten ganz verzichten. Die Übrigen meinen: Wenn der sorgende Staat »den Schwachen« schon ein Existenzminimum garantiert, dann muss er dieses Zugeständnis an härteste Bedingungen knüpfen. Anders gesagt: Wenn die, die nicht arbeiten, schon essen, dann soll man wenigstens peinlich prüfen, dass sie gerade *wirklich* nicht arbeiten können – koste

---

gangenen Jahr dem Theologen und ausgewiesenen Paulus-Kenner Prof. Eugen Biser gestellt und folgende Antwort erhalten:

›Der inkriminierte Satz (…) richtet sich gegen jene Christen, die in Erwartung der baldigen Wiederkunft Christi ihre Berufstätigkeit aufgegeben haben mit der Begründung, dass diese angesichts des in Bälde zu erwartenden Zeitenendes sinnlos und vergeblich sei. Gegen diese Einstellung, die mit unserer Situation nicht das Geringste zu tun hat, richtet sich der Apostel.‹

Bezogen auf die hinter der Grundeinkommensproblematik liegende Forderung nach der Entkoppelung von Arbeit und Einkommen heißt dies: Das Einkommen ist nicht das Äquivalent des Vergangenen (Lohn), sondern dazu da, dass Initiative in Richtung Zukunft frei entfaltet werden kann. Die Entfaltung der Initiative, ›die Freiheit des Christenmenschen‹, hatte Paulus im Auge. Im Übrigen sagte gerade Paulus von sich, dass er für seine eigene Initiative zur Verbreitung des Christentums nie die Bezahlung anderer in Anspruch genommen, sondern seinen Lebensunterhalt als Handwerker verdient habe. Sein Einkommen als Zeltmacher hat er zur Entfaltung seiner Sendung genutzt. Er hat zudem in den von ihm gegründeten nichtjüdischen Gemeinden der entstehenden Christenheit ›Gaben‹ für die verarmte Jerusalemer Gemeinde gesammelt und das Gesammelte so zur (bedingungslosen) Einkommensbildung der notleidenden jüdischen Glaubensbrüder zur Verfügung gestellt. Paulus ist also im Grunde ein Protagonist der Fragen und Zielsetzungen, die wir jetzt unter der Überschrift ›bedingungsloses Grundeinkommen‹ behandeln.«

es buchstäblich, was es wolle. Und man soll sie unter allen Umständen dazu zwingen, so bald wie möglich wieder zu arbeiten. Wohlgemerkt: nicht eine Arbeit anzunehmen, für die sie qualifiziert sind. Die ihnen liegt. Die ihnen ein auskömmliches Leben ermöglicht. In der sie einen Sinn erkennen. Die ihnen am Ende womöglich Spaß macht. Nein, sie sollen *jede* ihnen »angebotene« Arbeit annehmen. In letzter Konsequenz wäre das Zwangsarbeit. Die ist übrigens verboten – in Artikel 12 unseres Grundgesetzes. Und im Grunde ist diese Denkweise fast noch absurder als das Dreiklassenwahlrecht. Da durften die, die überhaupt nichts hatten, wenigstens ein bisschen wählen.

Wie man sieht, fußt die Forderung nach einem bedingungslosen Grundeinkommen also im Kern auf den Grundlagen jeder freien, demokratisch verfassten Gesellschaft. Wie jedes andere Grundrecht ist auch das Recht auf Einkommen ein Menschen- und Bürgerrecht. Es ist sogar ein ganz elementarer Teil unserer Freiheitsrechte. Denn das Recht auf Freiheit beinhaltet sehr wesentlich das Recht, nein sagen zu können. Es beinhaltet zum Beispiel das Recht, eine bestimmte Arbeit abzulehnen. Es umfasst sogar das Recht, Erwerbsarbeit überhaupt abzulehnen. Der Mensch ist vor allem frei, weil er alles ablehnen kann, was er als Zumutung empfindet. Und kein Staat, kein Gesetzgeber hat das Recht, einem einzelnen Menschen vorzuschreiben, wo er diesbezüglich seine persönliche Grenze zieht.

Die Freiheit, nein zu sagen, hat aber nur der, dessen Existenzminimum gesichert ist. Das allein wäre Grund genug für die Einführung eines bedingungslosen Grundeinkommens. Es ruht auf der zentralen Grundlage unserer Verfassung: Die Würde des Menschen ist unantastbar. Lange bevor man nach volkswirtschaftlichem Nutzen, ökonomischer Machbarkeit oder Finanzierbarkeit eines solchen Grundeinkommens fragt, ist es politisch immer schon begründet. Einkommen ist ein Bürgerrecht.

Wer nun denkt, das sei eine linke, am Ende gar kommunistische Idee, der täuscht sich. Traditionell »links« ist vielmehr die Vorstellung, dass jeder arbeiten muss. Denn wer nicht arbeitet, ist ein »Ausbeuter« oder Rentier, der sich parasitär an die arbeitende

Gesellschaft dranhängt. Linke denken häufig, wie gesagt, ganz unpaulinisch: Wer nicht arbeitet, der soll auch nicht essen. Dass das Grundeinkommen ein Grundrecht ist, kann man dagegen bei dem liberalen Vordenker Lord Ralf Dahrendorf nachlesen. Der schrieb schon 1986 in dem von Thomas Schmid herausgegebenen Band »Befreiung von falscher Arbeit«, Einkommen sei ein »konstitutionelles Anrecht«: »Wenn es nicht zu den Grundrechten jedes Bürgers gehört, dass eine materielle Lebensgrundlage garantiert wird, dann zerfällt die Staatsbürgergesellschaft. Das garantierte Mindesteinkommen ist so notwendig wie die übrigen Bürgerrechte, also die Gleichheit vor dem Gesetz oder das allgemeine, gleiche Wahlrecht.«

Arbeit und Einkommen

Solange es darum geht, Menschen ein Existenzminimum zu garantieren, die partout keine Arbeit finden, bestreitet hierzulande ja niemand ernsthaft, dass es ein Recht auf eine Art Grundeinkommen gibt – wie hoch oder wie niedrig es auch immer sein mag. Wer dauerhaft krank oder gebrechlich ist, wem es körperliche oder geistige Einschränkungen unmöglich machen zu arbeiten, wer aufgrund mangelnder Qualifikation auf dem Arbeitsmarkt als schlechterdings »nicht vermittelbar« gilt oder wer aufgrund seiner Jugend oder seines Alters keine Chancen auf einen Job hat, der bekommt ja zunächst einmal zeitlich unbegrenzt das berüchtigte »Arbeitslosengeld II«. Doch selbst wenn wir von dem menschenunwürdigen Drangsalieren, der gigantischen Bürokratie, der Kontrolle und dem Hinterherschnüffeln rund um Hartz IV für einen Moment absehen, steckt in diesem System ein ganz grundsätzlicher Webfehler: Wir betrachten solche »Sozialtransfers« stets als *Ersatz* für Arbeitslohn. Deshalb reden Politiker ja auch ständig von »Lohnersatzleistungen«. Das ist ein bisschen so, als würde man sagen: Paragraph 1, die Pressefreiheit kommt nur zur Anwendung, wenn die Beschlüsse der Regierung nicht von sich aus weise und gerecht sind und deshalb ein bisschen gegeißelt werden müssen. Paragraph 2: Darüber entscheidet die Regierung.

Weil wir aber grundsätzlich Einkommen an Arbeit knüpfen, machen wir zugleich einen viel dramatischeren Fehler: Wir halten nur *Erwerbsarbeit* für Arbeit. Das ist der allergröbste Unfug. Es gibt eine Staubsaugerwerbung, in der eine typische Karrierefrau auf einer Party zunächst mit ihrem Job prahlt und dann die neben ihr stehende Dame fragt: »Und was machen Sie so?« Daraufhin zeigt der Film die Frau beim Kochen, Waschen, Bügeln, Putzen oder wie sie ihren Kindern bei den Hausaufgaben hilft. Zum Schluss sagt sie: »Ich führe ein sehr erfolgreiches kleines Familienunternehmen.« Das soll auf witzige Weise den Wert und die enorme Vielfalt der Hausarbeit unterstreichen. Doch bei aller guten Absicht funktioniert der Witz natürlich nur deshalb, weil er insgeheim immer noch auf das Vorurteil bauen kann, die Dame sei »nur« Hausfrau.

Tatsächlich gibt es sehr viel mehr Arbeit als Erwerbsarbeit. Neben der eigentlichen »Hausarbeit« sind das etwa Erziehung, Pflege, soziales Engagement, Kulturarbeit, Jugendarbeit, Sport, Brauchtum. In all diesen Bereichen werden immense und völlig unverzichtbare Beiträge zum Funktionieren und Gedeihen unserer Gesellschaft geleistet, die ohne diese Arbeit unter unseren Augen zerfallen würde. Mit anderen Worten: All das leistet einen wesentlichen Beitrag zur gesellschaftlichen Wertschöpfung. Das kann nur jemand nicht für Arbeit halten, der bei Arbeit nur an etwas denkt, was eigentlich eher ein historischer Spezialfall ist: vollzeitige, weisungsgebundene, sozialversicherungspflichtige Erwerbsarbeit.

Wir reden immer davon, dass jemand einen – oder eben keinen – Arbeitsplatz habe. Dabei haben die meisten Menschen bloß einen Einkommensplatz. Das heißt, sie machen ihre Arbeit einzig und allein deshalb, weil sie ein Einkommen brauchen. Aber dieses Einkommen brauchten sie – ich kann es nur immer wieder betonen – ohnehin, auch wenn sie keine Arbeit hätten. Doch zwischen einem erzwungenermaßen wahrgenommenen Einkommensplatz, der nur eingenommen und mehr oder weniger ausgefüllt wird, um das lebensnotwendige Einkommen zu beziehen, und einem Arbeitsplatz, der diesen Namen verdient, besteht ein elementarer Unterschied. Wenn ich einen Arbeitsplatz habe, dann mache ich meine Arbeit, weil ich sie für sinnvoll halte. Ich erlebe, dass meine Tätigkeit meinen Intentionen und meinen Fähigkeiten entspricht – und vor allem, dass sie gebraucht wird. Diese drei Dinge, Lebensintention, Fähigkeit und gesellschaftlicher Nutzen, müssen zusammenkommen, dann wird die Arbeit als sinnvoll erlebt.

Es gibt eine neuere Umfrage des Marktforschungsinstituts Gallup, der zufolge der Anteil der Menschen, die sich emotional überhaupt nicht mit ihrem Unternehmen verbunden fühlen, inzwischen bei 19 Prozent liegt. Dagegen ist der Anteil der Menschen, die sich stark mit ihrem Unternehmen identifizieren, seit der letzten Befragung von 16 auf 13 Prozent gesunken. Demnach haben eigentlich nur 13 Prozent der Menschen in Deutschland einen Arbeitsplatz im wahren Sinne des Wortes, 19 Prozent dagegen eher einen reinen Einkommensplatz. Und nach einer Studie des Personaldienstleisters Kelly Services sind sogar nur 63 Prozent der deutschen Angestellten mit ihrer momentanen Stelle zufrieden oder sogar sehr zufrieden, über ein Drittel also mehr oder weniger unzufrieden.

Wir brauchen Arbeit, weil wir unsere Talente und Fähigkeiten entfalten wollen. Dabei wollen wir in dem, was wir tun, zugleich einen Sinn sehen und eine Befriedigung finden. Ein Einkommen dagegen brauchen wir schlicht, um zu überleben. Im 20. Kapitel des Matthäus-Evangeliums erzählt Jesus das Gleichnis von den Arbeitern im Weinberg. »Das Himmelreich«, sagt Jesus da, gleiche »einem Hausherrn, der in der Frühe gleich herauskam, um für seinen Weinberg Arbeiter anzustellen«. Der Mann vereinbart um sechs Uhr morgens mit den ersten Arbeitern einen Tageslohn von einem Denar. Nach drei Stunden geht er wieder auf den Markt und stellt weitere »Arbeitslose« ein. Und er sagt zu ihnen: »Geht auch ihr in den Weinberg, und was gerecht ist, werde ich euch geben.« Damit nicht genug, offenbar gibt es im Weinberg des Herrn reichlich Arbeit. Denn ebenso stellt er mittags, nachmittags um drei und schließlich sogar noch um fünf Uhr weitere Arbeiter ein.

In unserem heutigen Modell der Vollzeitarbeitsplätze wäre klar, was jetzt kommt: Die Arbeiter, die den ganzen Tag im Weinberg gearbeitet haben, bekommen ihren Denar, den »Teilzeitkräften« wird dagegen ein immer größerer Teil vom Tageslohn abgezogen. Ganz anders in Jesu Gleichnis, dessen Weinbergbesitzer offensichtlich kein Betriebswirt, sondern eher ein Volkswirt ist. Seine Einstellung und ihre Begründung sind so zwingend, dass ich mir erlaube, sie hier in Gänze zu zitieren:

»Als es aber Abend geworden war, sagt der Herr des Weinbergs seinem Verwalter: Ruf die Arbeiter und gib ihnen ihren Lohn. Beginne bei den Letzten bis zu den Ersten. Und als die von der elften Stunde kamen, erhielten sie einen Denar. Und als die Ersten kamen, meinten sie mehr zu erhalten, aber auch sie erhielten je einen Denar. Als sie ihn erhalten hatten, murrten sie gegen den Hausherrn und sagten: Diese Letzten da haben nur eine Stunde gearbeitet, du hast sie uns gleichgestellt, die wir die Last des Tages und die Hitze ausgehalten haben. Er aber antwortete und sagte zu einem von ihnen: Freund, ich tue dir kein Unrecht. Bist du nicht über einen Denar mit mir übereingekommen? Nimm, was dir gehört, und geh. Ich werde diesem Letzten geben wie auch dir. Darf ich von meinem nicht tun, was ich möchte, oder ist dein Auge böse, weil ich gut bin? So werden die Letzten die Ersten sein und die Ersten die Letzten.«

Theologisch will, soweit ich das als Laie beurteilen kann, Jesus mit diesem Gleichnis wohl sagen, dass es im Himmelreich nicht darauf ankommt, wie lange und wie intensiv man sich um sein Seelenheil bemüht. Die Gnade des Herrn wird vielmehr allen in gleicher Weise zuteil, so sie nur seinem Ruf folgen. Vielleicht hat Gott ja sogar eine geheime Neigung zu jenen, die sich etwas weniger plagen und stattdessen etwas länger überlegen, weshalb er die zuletzt Gekommenen zuerst entlohnt.

Mindestens genauso interessant ist allerdings die unausgesprochene ökonomische Wahrheit dieses Gleichnisses. Alle Arbeiter erhalten nämlich aus einem einfachen, leicht nachvollziehbaren Grund den gleichen Lohn: Sie alle brauchen einen Denar, von dem sie am nächsten Tag leben können, völlig unabhängig davon, ob sie nun zwölf Stunden im Weinberg geschuftet oder nur eine Stunde im milden Licht des späten Nachmittags Trauben gelesen haben. So ist es keine grobe Blasphemie zu sagen: Zumindest aus der Sicht des Winzers, vermutlich aber auch aus der Sicht Jesu ist der Denar ein bedingungsloses Grundeinkommen.

Am betriebswirtschaftlich scheinbar so widersinnigen Verhalten des Winzers – explodierende Personalkosten! – sehen wir aber noch etwas anderes. Er bezahlt seine Arbeiter nämlich überhaupt nicht für ihre geleistete Arbeit. Indem er jedem sein Existenzminimum von einem Denar gibt, *ermöglicht* er vielmehr, dass sie auch morgen wieder bei ihm arbeiten können. Denn streng genommen – bevor mich Althistoriker darauf hinweisen – ist ein Denar wohl tatsächlich etwas mehr als ein damaliges Tageseinkommen. So erhielt zum Beispiel ein Legionär einen Tagessold von 10 Assen (1 Denar = 16 Asse), und der römische Schriftsteller Sueton (ca. 70 bis 130/140 n. Chr.) berichtete sogar, dass man mit 2 Assen seinen täglichen Lebensunterhalt bestreiten konnte. Wie auch immer es sich damit verhält, der Besitzer des Weinbergs ist relativ großzügig. Wir wissen natürlich nicht, ob er jeden Tag so gut zahlt. Aber ich finde, dass er im Grunde ein sehr sinnvolles Verständnis von Mitarbeitermotivation hat. Er stellt nämlich keine krude Personalkostenrechnung an (hohe Löhne – teurer Wein – schlechtere Absatzchancen), und er ist auch nicht dem Unfug des Prämienunwesens und anderer rein monetärer Leistungsanreize verfallen.

Stattdessen signalisiert sein Entlohnungsmodell etwas anderes: In der Arbeit im Weinberg sollte man für sich selbst einen gewissen Sinn sehen, ebenso wie in der volkswirtschaftlichen Nützlichkeit des Weinbaus. Umgekehrt ist ihm klar, dass niemand nur für Gotteslohn arbeitet. Und so sorgt er dafür, dass *alle* seine Arbeiter *heute* einigermaßen gut leben können, damit sie *morgen* wieder in den Weinberg gehen. In Wahrheit ist es nämlich nicht so, dass nicht essen soll, wer nicht arbeitet. Umgekehrt: Wer nicht isst, der kann auch nicht arbeiten. Und der Mensch lebt bekanntlich nicht vom Brot allein. Deshalb zahlt der Winzer ja auch ein paar Asse mehr.

Spontan werden viele wohl dennoch dem Einwand der Arbeiter zustimmen, die seit sechs Uhr früh im Weinberg geschwitzt haben: Sie hätten doch, so argumentieren sie, »die Last des Tages und die Hitze ausgehalten«, während die anderen nicht sehr viel für ihren Lohn tun mussten. Das ist doch irgendwie ungerecht, oder? Ist der Winzer nicht doch ein »Ausbeuter«, der sich nur hinter frommen Sprüchen und hinter der Maske des Menschenfreundes versteckt? Verkennt er nicht zumindest, dass jedes firmeninterne – und ebenso jedes gesamtgesellschaftliche – Lohngefüge keine allzu krassen Ungerechtigkeiten aufweisen sollte? Heute würden seine Arbeiter vermutlich fordern: »Gleicher Lohn für gleiche Arbeit!« Andere würden vielleicht etwas marktliberaler formulieren: »Leistung muss sich wieder lohnen.«

Lassen wir es einmal dahingestellt sein, ob die Arbeiter ihren Lohn nicht vorzugsweise entsprechend der geleisteten Arbeitszeit und weniger anhand des erbrachten Resultats bemessen wollen. Ob die zuerst Gekommenen in der Mittagshitze herumgetrödelt haben oder die Letzten vor allem die Trauben gepflückt haben, an die man nicht mehr so leicht herankommt, spielt nämlich gar keine so entscheidende Rolle. Schließlich war ja kein Stücklohn, sondern ein Tageslohn vereinbart. Und außerdem hatten wir schon gesagt, dass der Denar quasi ein Grundeinkommen ist – das, was jeder Arbeiter zum Leben braucht.

Dass das seltsam egalitäre Lohnsystem des Winzers zudem keine Ausbeutung ist und er niemanden übervorteilt, versteht man aber erst, wenn man sich einmal Rudolf Steiners Definition des Begriffs der »Ausbeutung« ansieht: Ausbeutung geschieht immer dann, wenn ich eine Leistung so honoriere, dass sie nicht wiederholt werden kann. Dagegen ist es keine Ausbeutung, wenn ich eine Leistung so bezahle, dass sie erstens erneut erbracht werden kann. Und dass zweitens demjenigen, der die Leistung erbringt, auch noch die Möglichkeit gegeben wird, sich weiterzuentwickeln. Damit ist nicht so sehr gemeint, dass er sich »mehr leisten«, also bloß mehr konsumieren kann, sondern dass ihm dieser zusätzliche Konsum in Zukunft ermöglicht, *mehr zu leisten*. Nicht dass er (oder sie) mehr schuften kann, sondern dass er bessere, höher qualifizierte, sinnvollere oder ihn mehr erfüllende Arbeit leisten kann. Der »Ausbeuter« nimmt eine vergangene Leistung in Anspruch, zahlt – und hält die Sache damit für erledigt. Du nimmst den Denar, ich verdiene am Wein. Wer dagegen Einkommen als etwas betrachtet, das *künftige* Leistung erst *ermöglicht,* der hat nicht so sehr die Arbeit, sondern mehr den Arbeiter im Blick – nämlich seine Bedürfnisse, aber eben auch seine Fähigkeiten und sein *Potenzial*. Auch deshalb zahlt der Winzer mehr als nur den Gegenwert einer warmen Mahlzeit und einer Übernachtung.

Das »Recht auf Arbeit« und der »Arbeitsmarkt«

Die rigide Arbeitsmoral, die die gesamte westliche Welt und vor allem auch uns Deutsche beinahe total beherrscht, ist historisch gesehen eine Erfindung der Neuzeit. Ihre ideologischen Wurzeln müssen in der tendenziell leicht verquälten Haltung des Protestantismus geortet werden. Das Gottgefällige der Arbeit wurde durch den Protestantismus stark in den Mittelpunkt der Heilsbestrebungen gestellt. Viel mehr als »Wer schläft, sündigt nicht« galt seither: »Wer arbeitet, hat wenig Zeit zu sündigen.« Die Umsetzung dieser Maximen wurde indes in zurückliegenden Jahrhunderten noch wesentlich großzügiger interpretiert als heutzutage. Unsere fast zwanghafte Fixierung auf Arbeit – genauer: auf bezahlte Erwerbsarbeit – muss in unserer globalisierten, entzauberten und religiös eher schwerhörigen Welt zudem noch ohne den Trost des Glaubenshintergrunds auskommen.

Selbst der Protestantismus tat sich lange Zeit schwer, die im Mittelalter noch wesentlich größere Zahl römisch-katholischer Feiertage langsam abzubauen. Und diese Feiertage, das machen wir uns viel zu selten klar, waren allesamt Ruhetage. Wenn die

Glocken läuteten, dann war jegliche Arbeit streng untersagt – so wie am Sabbat, an dem ein orthodoxer Jude nicht einmal einen Aufzugknopf betätigen darf. Noch heute sind in den stärker katholisch geprägten romanischen Ländern die Ausläufer einer weit weniger rigiden Arbeitsmoral zu bemerken, und sei es nur in der Tradition der täglichen ausgiebigen Siesta, die allerdings immer stärker von den Arbeitsvorschriften internationaler Konzerne bedroht wird. Und selbst im Mutterland des Protestantismus galt es noch vor wenigen Jahrzehnten als nicht opportun, der Nachbarschaft zu erkennen zu geben, dass man sonntags irgendwelche Hausarbeiten verrichtete. Noch vor dreißig Jahren gab es das Sonntagskleid. Alle Putz- und Einkaufsrituale hatten am Samstag erledigt zu werden, selbst Gartenarbeit und Fensterputzen wurden sonntags als unpassend empfunden.

Zur Zeit des Feudalismus galt es für einen Adligen selbstredend als unfein zu arbeiten. Das führte in jenen Zeiten sogar so weit, dass ein Nobelmann, der ein sichtbares Zeichen von Arbeitsanstrengung, zum Beispiel ein eigenhändig verfasstes Buch, vorzulegen gedachte, dies besser unter Pseudonym tat, um nicht die Regeln des eigenen Standes zu unterlaufen. Dichten, denken, malen oder komponieren, das wurde damals ohnehin nicht im heutigen Sinne bezahlt. Entweder gab es höfliche Komplimente – oder generöse Gegenleistungen. Noch Mozarts Vater stöhnte über die beträchtlichen Kollektionen an wertvollen Uhren, Tabakdosen und edlen Stoffen, die er auf den Tourneen mit seinem genialen Filius einsammelte. Dabei war Mozart einer der ersten freiberuflichen, bürgerlichen Künstler – Bargeld wäre auf den nicht eben billigen Reisen schon weit willkommener gewesen.

Ein Privatier ohne feste Beschäftigung zu sein galt noch im frühen 20. Jahrhundert nicht als ehrenrührig. Mancher kluge Kopf sicherte sich mit Hilfe einer kleinen Erbschaft sein Leben als Privatgelehrter, und Müßiggang galt als eine Disziplin der Lebenskunst und nicht als aller Laster Anfang. Im antiken Griechenland dachte der Bürger der Polis gar nicht daran zu arbeiten, denn für die Verrichtung notwendiger Arbeiten und Dienstleistungen hatte man Sklaven. Die im Vergleich mit den Griechen sehr viel menschlichere Variante der delegierten Arbeit steht uns in der Moderne durch die Maschinenarbeit schon lange zur Verfügung. Maschinen könnten unsere Sklaven sein, wenn wir die Automatisierung, die Mechanisierung, die Digitalisierung, kurzum: alle Segnungen der Rationalisierung von Arbeit endlich zu Ende denken würden.

An einer entscheidenden Stelle nämlich hakt es im vorherrschenden Denksystem. Viele schwere, gefährliche und unangenehme Arbeiten, von denen wir die Menschen entlasten konnten, haben Maschinen übernommen – und machen damit in der Konsequenz die Menschen in der Produktion überflüssig. Daran arbeiten wir seit geraumer Zeit mit ganzer Kraft und klopfen uns auf Industriemessen und in Erfinderforen ob unserer Kreativität in Sachen Rationalisierung gegenseitig auf die Schulter. Think tanks tüfteln an immer weiteren Finessen, und in zukunftsfähigen Unternehmen sind die Abteilungen für Forschung und Entwicklung die gehätschelten Lieblingskinder, die üppig wachsen und gedeihen. Zeitgleich wird in den anderen Abteilungen stetig Personal abgebaut. Jeder kennt diesen Widerspruch, jeder sieht das Ergebnis, aber jeder kennt nur zwei eingespielte Reaktionen auf diesen zutiefst logischen Zusammenhang: Jubel über den Fortschritt und Entsetzen über den Arbeitsplatzabbau. Doch genau hier liegt der Denkfehler im System, der kulturell begründet ist und deshalb wohl nur durch einen neuen kulturellen Impuls um- beziehungsweise neu gedacht werden kann.

Tatsächlich sollte doch beides gleichermaßen bejubelt werden: der Fortschritt durch Rationalisierung und der Abbau von Arbeitsplätzen in der Produktion und in allen weiteren Bereichen maschinell aufrüstbarer Tätigkeit. Denn der eigentliche Sinn der Rationalisierung war doch immer schon das, was wir fortwährend weitertreiben und mehr und mehr perfektionieren: effizienter zu produzieren und Menschen von groben, gefährlichen und öden, monotonen, ergo unterfordernden Arbeiten zu entlasten. In letzter Konsequenz kann, ja muss man sich dem ketzerisch klingenden Satz des Soziologen Ulrich Beck anschließen, der kürzlich als Titelzeile über einem längeren Interview mit ihm stand: »Arbeitslosigkeit ist ein Sieg!«

Dieser Satz klingt nur deshalb für das an gebetsmühlenartiges Sozialpalaver gewöhnte Ohr ketzerisch, weil die Erwerbsarbeit in unserem sozialen und mentalen Weltgefüge eindeutig zu viel leisten und einlösen muss.

Nicht nur ist sie oder soll sie unser Lebensinhalt, unsere sinnstiftende Aufgabe sein, sie soll und muss uns auch ernähren. Und zwar nur sie. Wie aber soll genügend Arbeit da sein in einer Gesellschaft, deren technische und geistige Elite zu großen Teilen nichts anderes tut, als menschliche Arbeit abzuschaffen beziehungsweise durch Maschinen zu ersetzen?

Womit wir uns dem nächsten fundamentalen Denkfehler nähern, der sich zäh in den Köpfen von »Tätern« und »Opfern« gleichermaßen hält: dem zumindest irreführenden Begriff des »Arbeitsmarktes«.

Gehen wir zunächst zurück auf den uralten Begriff des Marktes. Ein Markt bietet mir Waren oder Dienstleistungen an, von billig bis teuer, von schlicht bis exquisit. Er setzt sich zusammen aus einzelnen Händlern, die mir ihre Ware jeweils nach ihrem Geschäftsprinzip feilbieten: Da gibt es den billigen Jakob und den Austernhändler, die Kräuteroma und den fliegenden Händler mit Hehlerware. Es gibt alles, was das Herz begehrt, und der potenzielle Käufer *hat die Wahl*. Er kann kaufen, er kann es aber auch lassen. Denn zu den Grundprinzipien jedes freien Marktes gehört die völlige Wahlfreiheit, und diese umfasst selbstredend auch die Freiheit, ganz auf einen Kauf zu verzichten.

Verzichte ich mehrfach auf einen Einkauf, weil die Ware mir nicht gefällt, weil sie mir zu teuer erscheint oder weil mir bloß das anbiedernde Gehabe des Händlers nicht gefällt, dann wird der Händler etwas ändern müssen an seinem Geschäftsmodell. Andernfalls kaufe ich eben nichts bei ihm. Es steht mir frei zu kaufen, und ihm steht es frei, die Preise zu reduzieren, das Angebot zu verbessern oder was auch immer. Auf einem freien Markt herrscht das freie Spiel der Kräfte, Angebot und Nachfrage kommunizieren, und am Ende muss die Relation stimmen, denn sonst wechselt der Händler seinen Beruf und der Käufer geht woandershin.

Von all dem kann auf dem so genannten Arbeitsmarkt keine Rede sein, zumal nicht in seiner heute vorherrschenden Variante, die in der menschenverachtenden Praxis von Hartz IV und deren Begleiterscheinungen gipfelt. Der »Arbeitsmarkt« ist de facto überhaupt kein Markt im Sinne der Marktwirtschaftslehre, denn die einen können, die anderen müssen arbeiten. Von einem freien Spiel der Kräfte und von der Möglichkeit der Wahl kann keine Rede sein. Einen echten Arbeitsmarkt müsste folgender Grundsatz regeln: Alle können, aber keiner muss arbeiten! Das wäre ein Markt im Wortsinn. So aber haben wir einen künstlich erzeugten Markt, der bekanntlich überhaupt nicht funktioniert und derzeit dabei ist, sich selbst ad absurdum zu führen.

Nur da, wo jeder anbieten oder nachfragen kann, wo aber auch jeder die Freiheit hat, verzichten zu können, erst da entsteht ein Markt. Wenn jeder Teilnehmer, der sich an dem Markt beteiligt, auch verzichten kann, haben wir einen Markt im eigentlichen, unverfälschten Sinne.

Wenn man den unverfälschten »Markt«-Gedanken weiterdenkt, kommt man zwangsläufig zur Aufdeckung weiterer Irrtümer. Wenn die Bürger arbeiten müssen, um leben zu können, haben sie keine Wahl, sondern stecken in einem fatalen Zwangssystem, das sich zudem noch einen falschen Mantel umhängt. Tatsächlich gibt es ja nicht nur eine Pflicht zu arbeiten – was ja mit dem Trachten nach sinnvoller Beschäftigung noch irgendwie zur Deckung zu bringen wäre –, nein, es herrscht in unserer Gesellschaft definitiv der Zwang zu arbeiten; andernfalls rutscht der betroffene Bürger umgehend in die Bedürftigkeit ab. Keine Arbeit, also kein Einkommen, sondern ein Überlebensgeld, genannt Hartz IV, das man wohl eher als Gnadenbrot denn als Existenzsicherung bezeichnen muss.

Das Erstaunlichste an der allgemeinen Diskussion zum Thema Arbeitsmarkt ist jedoch, dass niemand von der Pflicht oder gar dem realen Zwang zur Arbeit spricht, sondern ganz feierlich vom »Recht auf Arbeit« die Rede ist. Aus dem Zwang wird also flugs

73

ein Recht geschmiedet, das faktisch nicht einmal auf dem Papier besteht und in der praktizierten Form nichts anderes bedeutet als eine reale *Entrechtung*. Nämlich eine wesentliche Einschränkung des ersten und elementarsten Grundrechtes auf Freiheit. Dieses so genannte »Recht auf Arbeit« ist also, gelinde gesagt, nicht auf der Höhe der Zeit. Wir brauchen ein ganz anderes Recht, um unsere soziale, wirtschaftliche, gesellschaftliche und mentale Schieflage wieder zu stabilisieren: Wir brauchen ein Recht auf Einkommen. Genauer gesagt, auf ein bedingungsloses Grundeinkommen.

Das Grundeinkommen als Kulturimpuls

Das Grundeinkommen kann und soll weitaus mehr sein als ein Instrument der Versorgung wegrationalisierter Arbeitnehmer. Denn die beschriebenen Probleme, die sich aus dem Widerspruch zwischen Fortschritt und Schwinden der Arbeit ergeben, sind ja auch weit mehr als eine leicht zu korrigierende Fehlsteuerung der Kräfte.

Hinter der Idee des bedingungslosen Grundeinkommens steht nichts weniger als ein gesellschaftlich-sozialer und vor allem kultureller Paradigmenwechsel. Es reicht eben nicht mehr, weiter an den Stellschrauben zu drehen und hier die Kosten herauf- und da die Belastungen herunterzurechnen. Es reicht auch nicht mehr, alle paar Monate neue Prognosen und Rechnungen aufzumachen, die doch nicht kaschieren können, dass etwas Grundsätzliches in unserem System nicht mehr stimmt.

Und genau dieses halb bewusste, diffuse Gefühl von allgemeiner Schieflage und Ohnmacht ist verantwortlich für jene schon oft diagnostizierte und beklagte Depression, die sich im Land breit gemacht hat. Selbst gute Nachrichten können diese allgemeine Stimmung nicht heben, die Lähmung nicht beleben, denn jeder – ob er nun schon »unten« ist oder nur die Bedrohung des Abstiegs verspürt – merkt, dass wir derzeit keine vorübergehende Talsohle durchschreiten, sondern dass das Gefüge unserer Gesellschaft in seinen Grundfesten wackelt.

Auch deswegen ist das Vertrauen in Reformen und Reförm-
chen so gering geworden, auch deswegen wächst die Politikver-
drossenheit ständig, denn jedem ist mehr oder weniger deutlich
klar, dass mit der Tüftelei an den Symptomen nichts mehr zu
erreichen ist. Eigentlich weiß jeder, dass sich etwas Grundsätzliches ändern muss. Und zwar auf der Basis dessen, was unsere
Gesellschaft tatsächlich zusammenhält: unserer Kultur.

Das Vertrauen in das Grundeinkommen – so es das einmal
geben wird – begründet sich nicht auf einem Staatswesen, sondern auf dieser unserer Kultur. Oder genauer gesagt, auf der Leistungsfähigkeit des kulturellen Kontextes, in dem wir leben. Und
darauf, dass der Souverän des demokratisch verfassten Staates
niemand anderer als der Bürger selber ist.

Auf unsere gemeinsame Kultur vertrauen wir alle laufend,
indem wir zum Beispiel in die Rente einzahlen oder eine Lebensversicherung abschließen. Damit vertrauen wir im Prinzip
immer schon auf die nachfolgenden Generationen und deren
Leistungsfähigkeit. Wir bauen also darauf, dass Kinder und
Enkel sich an unsere Verträge, gleich welcher Art, gebunden fühlen, dass die aufeinanderfolgenden Generationen, trotz aller Veränderungen, die die Zukunft immer mit sich bringt, sich ein und
derselben Kultur zugehörig fühlen. Wir alle vertrauen darauf,
dass kommende, heute heranwachsende Generationen daran
interessiert sind, unser wirtschaftlich dann nicht mehr – jedenfalls nicht im vollen Umfang – produktives Dasein mitzutragen
und uns mit Gebrauchsgütern und Dienstleistungen zu versorgen.

Wenn wir unser Geld in eine Unmenge von Versicherungen
und in die Rentenkassen stecken, dann legen wir es letztlich völlig falsch an. Wir glauben, dass wir in Zukunft von diesem Geld
leben würden – dabei werden wir doch in Wahrheit von den
Leistungen leben, die andere morgen und übermorgen erbringen. Doch um dazu fähig zu sein, brauchen diese ständig neues
Wissen und neue Fähigkeiten. Die einzig sinnvolle Investition
in die Zukunft ist gerade nicht die Aufhäufung toten Kapitals,
die wir heute in Form eines individuellen und kollektiven Wett-

sparens veranstalten. Wir müssen unser Geld vielmehr in die Ausbildung und Förderung der jungen Menschen investieren, deren Ideen, Initiativen und Leistungen die Zukunft prägen werden. Dass Kinder die Zukunft sind, haben die Menschen immer gewusst. Der Unterschied ist nur, dass dies heute nicht mehr allein die individuellen Kinder jedes Einzelnen meint. Diese Vorstellung stammt – wie das »Sparen«, die heutige Form des Sammelns von Wintervorrat in der Scheune – noch aus dem Denken unserer Vergangenheit als Selbstversorger. Wir dagegen müssen die Zukunft unserer Jugend als ganze Generation sichern.

Jeder ist in einer arbeitsteiligen Gesellschaft auf den anderen angewiesen – weltweit und über lange Zeiträume. Das Gemeinsame unserer Kultur und das Vertrauen darauf, dass diese Gemeinsamkeit Bestand hat, spielen also in jeder möglichen Form der Zukunftssicherung und -gestaltung eine entscheidende Rolle. Buchstäblich bauen wir alle darauf. Diese Einstellung, dieses Gefühl trügt uns nicht. Wir ziehen daraus aber noch die falschen Schlüsse.

Wenn wir uns noch einmal kurz vergegenwärtigen, in welcher Situation wir gerade in Bezug auf die existenzielle Frage der Versorgung heute leben, drängt sich ein Umdenken in meinen Augen geradezu auf. Wir leben zu hundert Prozent in der Fremdversorgung, wir alle stellen – außer vielleicht Kräuter auf dem Balkon – nichts mehr selbst her, das uns das Überleben aus eigener Kraft sichern könnte. Selbst »Bauern« – das Wort setze ich bewusst in Anführungszeichen – sind ja heute keine Selbstversorger mehr. Sie sind Landwirte, die industriell organisierte Landwirtschaftsbetriebe führen und selbst im Supermarkt einkaufen gehen. In der westlichen Welt ist mit der unerschöpflichen Verfügbarkeit der Güter der Impuls zur Selbstversorgung gegen null gesunken.

Nach dem Fall der Mauer konnte man sehr schön beobachten, wie die zu DDR-Zeiten noch betriebenen Nutzgärten mit Gemüsebeeten und Kleintierzucht sich sehr schnell in reine Lustgärten verwandelten. Rosen statt Rettich. Man konnte ja jetzt jederzeit alles kaufen. Das ist zu den Zeiten des real existierenden Sozialismus weiß Gott noch anders gewesen.

In der Fremdversorgungswirtschaft braucht der Bürger aber statt eines ertragreichen Gartens ein Einkommen, um sich ernähren, um teilnehmen und – ganz wichtig – sich einbringen zu können. Dieses Einkommen muss in der Fremdversorgungsgesellschaft unter allen Umständen gesichert sein, damit die Gesellschaft in dieser Form überhaupt funktionsfähig ist. Der Bürger hat ja keine Alternative mehr! Dieses Einkommen, das die gesellschaftliche Teilhabe erst möglich macht, muss das Grundrecht eines jeden Bürgers sein. Und deshalb muss dieses Einkommen absolut bedingungslos sein. Es muss jedem Menschen, den wir als Gemeinschaft der Bürger, das heißt als Souverän des Staates, in unsere Obhut nehmen wollen, bedingungslos zustehen.

Der Einwand, dass wir nicht Menschen aus der ganzen Welt, die in unser Land einwandern möchten, mit einem Grundeinkommen versorgen können – Stichwort »Zuwanderung in unsere Sozialsysteme« –, verfängt hier übrigens nicht. Denn die Frage, wer deutscher Staatsbürger ist oder wem wir alle damit verbundenen sozialen Rechte zubilligen, hat mit dem Grundeinkommen selbst nichts zu tun. Das ist ein völlig anderes politisches Problem, das sich ohnehin schon längst stellt. Diese Frage muss sicher besser, gerechter und sinnvoller als heute gelöst werden, aber im Rahmen des Zuwanderungs- und Staatsbürgerschaftsrechts, nicht im Zuge der Sozialgesetzgebung.

Die Idee eines bedingungslosen Grundeinkommens hängt mit einer ganzen Reihe politischer, wirtschaftlicher und sozialer Fragen zusammen. Das bedeutet aber weder, dass diese Fragen durch das Grundeinkommen *aufgeworfen* werden, noch, dass die Einführung des Grundeinkommens diese Fragen in einem Aufwasch *mitlöst*. Vielen Einwänden gegen das Konzept lässt sich so begegnen: Hier handelt es sich schlicht um sprichwörtlich andere Baustellen.

Das Grundeinkommen ist sozusagen das Basislager, von dem aus der Bürger startet, um in eigener Absicht und Verantwortung tätig werden zu können. In dieses Basislager kann er sich gegebenenfalls auch für eine gewisse Zeit zurückziehen, weil sein Überleben grundsätzlich gesichert ist.

Das allein hätte schon enorme Auswirkungen auf die Stimmung, die mentale Ausgangslage der Bevölkerung. Noch gravierender wären meiner Ansicht nach die Auswirkungen, die der Rückzug des Staates aus dem alltäglichen Leben bewirken würde. Kein Gängelband mehr, kein Geschnüffel, ob Ansprüche auch wirklich berechtigt sind, keine inquisitorischen Befragungen, keine sinnlosen Meldetermine mehr. Der Staat in Gestalt seiner unzähligen Ämter würde sich zurückziehen aus dem Leben der Bürger, die ihr Leben als Freelancer selbst in die Hand nehmen könnten, ihren Fähigkeiten und Neigungen folgend.

Im Prinzip könnte jeder mit dem Grundeinkommen ausgestattete Bürger ein Unternehmer in eigener Sache werden, der einen Gestaltungsfreiraum hätte, wie er historisch gesehen vollkommen neu wäre.

Die Scheu, die davor besteht, die paradiesischen Zustände, in denen wir ja de facto längst leben, tatsächlich anzunehmen und zu nutzen, muss wohl angeboren oder weitergegeben worden sein. Wir können es noch nicht fassen und wollen es vielleicht auch nicht verstehen, dass erstmalig alles immer verfügbar ist und dass für alle genug da ist: genug zu essen allemal, aber auch genügend Kleider, Autos, Fernseher, Computer, iPods. Und vor allem genug Geld! Fortschritt und Rationalisierung haben uns einen Überfluss beschert, den es in dieser Form noch nie gab. Statt diese Güter aber allen zugänglich zu machen, wird am Zugang zur Teilhabe ein Flaschenhals eingebaut.

Das Grundeinkommen würde nicht ein ganzes Volk zu Millionären machen, aber es würde ein menschenwürdiges Leben und Teilhabe an der Gesellschaft ermöglichen. Natürlich wären mit einem Grundeinkommen finanziell keine großen Sprünge zu machen, geschweige denn ein luxuriöses Leben zu führen. Der zu enge Flaschenhals würde sich durch den Spielraum des Grundeinkommens aber vor allem mental enorm weiten! Sein garantiertes Einkommen würde den Bürger von seinen dringendsten Existenzsorgen befreien – wodurch er erst den nötigen Freiraum bekommt, um etwas für ihn selbst Sinnvolles und für die Gesellschaft Nützliches zu tun.

Jeder Angestellte empfindet normalerweise seine Bezahlung als ungerecht, weil er sie vergleicht mit der des Chefs oder gar der eines millionenschweren Topmanagers – vielleicht aber auch nur mit der seines Bürokollegen. Dieser Leidensdruck würde nachlassen oder ganz verschwinden. Wie nahe der Einzelne seinem persönlichen beruflichen Ziel kommt, liegt dann in der eigenen Verantwortung. Der Arbeitnehmer ohne Grundeinkommen wird immer *für* etwas bezahlt. Dabei bleibt immer ein Gefühl der Ungerechtigkeit, denn der Arbeitnehmer wird nicht ruhen zu argwöhnen, dass der andere besser bezahlt wird.

Noch dazu ist die übliche Entlohnung stets eine Form von Vergangenheitsabwicklung. Ein Grundeinkommen ist dagegen ein Modell der Zukunftsausrichtung. Das Einkommen sollte ein *Auftrag* für die Zukunft sein, nicht ein Abgelten von Vergangenem. Das Grundeinkommen soll einen Freiraum zur Entfaltung von Kreativität eröffnen, um Zukunft denken zu können und zu ermöglichen.

Wenn der Bürger ein Einkommen bekommt, um frei von den dringlichsten Existenzsorgen zu sein, ist er frei, etwas Sinnvolles zu tun. Was jeder aus seinem Leben jenseits der Grundversorgung macht, liegt dann vor allem in der eigenen Verantwortung.

Die vielleicht größte Bedeutung des bedingungslosen Grundeinkommens liegt in der Abschaffung der Opferrolle. Die Leute, die nicht arbeiten wollen, die es in kleiner Zahl immer gab und geben wird, blockieren dann nicht mehr die Arbeitsplätze. Und die Unternehmen müssen sich endlich fragen: Haben wir wirklich interessante Arbeitsplätze? Ein Unternehmen, das keine interessanten Arbeitsplätze bietet, wird sich gezwungen sehen, diesen Mangel durch bessere Bezahlung zu kompensieren. Denn die Freelancer, die wir dann alle sein würden, gehen nur dahin, wo eine interessante Aufgabe oder ein positives Klima locken.

Wenn wir ein Volk von Freelancern mit Grundeinkommen werden, werden wir auf formale Qualifikationen gar nicht mehr in dem Maße abheben müssen wie heute, mit Betonung auf dem Adjektiv »formal«. Man muss nicht mehr wie gebannt auf Zeugnisse und Examina starren, die doch nur eine zweifelhafte Form der Beglaubigung sind, sondern man kann Menschen, die arbeiten wollen, eine Chance geben. Wir werden sagen können: Mach mal, beweise dich, dann hast du den Job, wenn du dich als fähig erweist. So wie es früher in Amerika war und teilweise noch ist. In dem Moment, wo die Bürger Freelancer sind, muss sich auch ein Arbeitgeber nicht mehr in dem Maße an einen Arbeitnehmer gebunden fühlen. Es entsteht also nicht nur aufseiten der Arbeitnehmer eine viel größere Flexibilität, auch die Arbeitgeber können mehr ausprobieren, wagen, denn sie haben den Mitarbeiter ja nicht mehr auf Gedeih und Verderb auf der Gehaltsliste, wenn sie ihn einmal eingestellt haben. Die Beweglichkeit ermöglicht eine andere Spontaneität auf beiden Seiten.

Insgesamt ist die Idee des bedingungslosen Grundeinkommens eine Art Doppelzug: Zum einen würden wir die Arbeit von ihrer heutigen Belastung befreien, die Grundversorgung der Menschen, das heißt ihr notwendiges Existenz- oder Kulturminimum zu garantieren. Wir würden damit die Trennung von Arbeit und Einkommen, die sich in unserer Gesellschaft tatsächlich ja längst vollzieht, endlich anerkennen und menschlich wie sozial gerecht gestalten. Zugleich würden wir menschliche Arbeit, die ja weiterhin bezahlt werden muss, erheblich verbilligen und damit wieder attraktiv machen. In vielen Bereichen, von denen wir heute glauben, sie uns »nicht mehr leisten« zu können, würden wir sie in Zukunft sogar erst ermöglichen.

Der Kulturwandel von alter zu neuer Arbeit

»Sozial ist, was Arbeit schafft.« Unter dieser Maxime versucht die Politik uns immer noch vorzugaukeln, die »fehlenden« Arbeitsplätze ließen sich am Ende wieder herbeizaubern, wenn nur die

»Rahmenbedingungen« endlich wieder stimmen würden. Und dann folgt der seit 25 Jahren immer gleiche Maßnahmenkatalog: Lohnzurückhaltung, Senkung der Lohnnebenkosten, Steuersenkung, Förderung von Innovationen und Investitionen, Privatisierung und Marktöffnung, Abbau von Handelsschranken, Liberalisierung des Kapitalverkehrs. Nebenbei werden unrentable Branchen und Unternehmen mit Subventionen künstlich durchgefüttert – um die dortigen »Arbeitsplätze zu erhalten«. Auf einige dieser Punkte komme ich noch zu sprechen.

Das Hauptproblem ist ein ganz anderes. Wenn Wirtschaft und Politik »Arbeit schaffen« wollen, dann denken sie in erster Linie nicht an Arbeits-, sondern an Einkommensplätze. Und was noch fataler ist, sie schlagen zwei völlig verschiedene Kategorien von Arbeit über einen Leisten: Arbeit an der Natur und Arbeit am Menschen, stoffliche Arbeit und ideelle Arbeit, Produktionsarbeit und Kulturarbeit im weiteren Sinne. Kurz gesagt: Die vorherrschende Denkschule will ständig »alte Arbeit« schaffen, wo doch der eigentliche Mangel an sinnvollen, dringend notwendigen und echten Arbeitsplätzen in den Bereichen herrscht, die ich mit dem Begriff der »neuen Arbeit« zu fassen versuche.

Die alte Arbeit, das ist die Arbeit an den stofflichen, den materiellen Grundlagen unserer Existenz. Alte Arbeit, das ist industrielle und – heute eher randständige – handwerkliche Produktion von Gütern. Insofern wir dabei immer noch, wenn auch über mittlerweile unendlich lange Verwertungsketten, aus natürlichen Rohstoffen veredelte Produkte herstellen, kann man auch sagen, dass alte Arbeit Arbeit an der Natur ist.

Die ganze Logik dieser Arbeit kommt offensichtlich von dort, wo die menschliche Arbeit an der Natur ihren Ausgang genommen hat: aus der agrarischen Produktion, der Herstellung von Lebensmitteln. Man sieht sofort: Das ist die Logik der Selbstversorgung. Die ewige Sorge des Selbstversorgers aber ist der Mangel. Denn auch bei noch so großem persönlichen Fleiß plagt ihn die Natur mit allerlei unberechenbaren Zufällen, Schwierigkeiten und Schicksalsschlägen. Der eine sitzt auf fruchtbarem Boden am sonnenverwöhnten Südhang, der andere muss seine karge

Scholle auf der gegenüberliegenden Seite des Tals beackern. Regen und Trockenheit, brütende Hitze und eisige Kälte, Schnee und Hagel, Ungeziefer und Fäulnis bedrohen potenziell jede Ernte. Stirbt der Ochse an einer Viehseuche, dann steht der Hof nahezu völlig still. Ist der Bauer während der Saatzeit krank, dann kann er nicht säen – und also später auch nicht ernten. Bekommt die Bäuerin zur Erntezeit ein Kind, dann lässt sich die Ernte nicht vollständig einbringen und einlagern. Und selbst wenn bis dahin alles glücklich und gesegnet verläuft, dann können immer noch die Mäuse das Korn, die Käfer die Kartoffeln und der Schimmel das Kraut und den Käse vernichten.

Also: Das ganze Schaffen und Trachten des Selbstversorgers sucht den Mangel zu überwinden. Zunächst versucht er mit der gleichen Menge an Arbeit ein Mehr an Produkten zu gewinnen. Hier zieht ihm die äußere Natur Grenzen. Dann versucht er, durch höheren Arbeitseinsatz sein Ergebnis zu verbessern. Hier muss er bald erkennen, dass seine eigene Natur ebenfalls Grenzen setzt. Schließlich macht die ewige Angst vor der Not den Selbstversorger erfinderisch. Er beginnt zu überlegen, wie er seine Arbeit effektiver gestalten kann. Die längste Zeit der Geschichte vollzieht sich der daraus folgende technische und organisatorische Fortschritt allerdings quälend langsam. Jahrtausende arbeiten die Bauern mit der Hacke, Jahrhunderte mit dem Pflug. Über unendlich viele Generationen ziehen sie diesen Pflug selbst, dann erfindet jemand das Joch, und mit Ochse oder Pferd geht die Arbeit plötzlich leichter und wesentlich effektiver vonstatten. Lange Reihen von Versuch und Irrtum führen dazu, dass die angebauten Pflanzen immer besser gediehen und immer mehr Früchte tragen. Doch nach jedem Entwicklungssprung kommt eine lange Phase der Stagnation. Kriege, Seuchen und Klimawandel werfen ganze Gesellschaften bisweilen wieder um Jahrhunderte zurück.

All das ändert sich schlagartig mit der industriellen Revolution. Wo vorher tierische oder menschliche Muskelkraft, vereinzelt noch Wasser- und Windkraft, die gesamte Arbeit leisten mussten, da wird diese nun zunehmend von Maschinen übernommen. Wo Züchtung und natürliche Ertragssteigerung bisher dem Zufall und der Erfahrung überlassen waren, da machen Vererbungslehre oder Agrochemie plötzlich exorbitante Entwicklungssprünge möglich. Und wo die meisten Güter bisher das Ergebnis von zwei, drei, vielleicht vier Veredelungsschritten waren, da entstehen plötzlich völlig neue Produkte, die durch Dutzende von Händen gegangen sind, bevor ein Mensch sie schließlich verbraucht. Zwar ist auch die Maschinenarbeit zunächst anstrengend und schmutzig. Aufgrund der ungeheuren freigesetzten Kräfte ist sie sogar viel gefährlicher als die alte Hand- und Muskelarbeit. Außerdem zerlegt sie die zuvor komplexe handwerkliche Güterproduktion in immer monotonere Einzelschritte. Und anfangs nimmt die neue Maschinerie dem Menschen nicht einmal Arbeit ab – sie gibt ihm zwar bisher ungeahnte Kräfte, aber der Arbeitstag in der Fabrik wird im Gegenzug bis an die Grenzen des menschlich Erträglichen ausgeweitet. Die Kritik von Marx und Engels am Manchester-Kapitalismus hat dazu alles Nötige gesagt.

Die bisherigen Selbstversorger, die nun die Fabriken bevölkern, weil sie nichts mehr haben als ihre Arbeitskraft, die sie dort anbieten, bleiben im Kern der Mentalität des Selbstversorgers verhaftet. Um den Mangel zu überwinden, kämpfen sie jetzt nicht mehr um bessere Erträge, sondern um bessere Einkommen, und zwar möglichst bei gleicher, besser noch bei sinkender Arbeitszeit. Das ist nur zu verständlich, ist doch das Einkommen das Einzige, was sie noch haben, um sich mit allem Lebensnotwendigen zu versorgen. Aus der Sicht der Arbeiter und Arbeiterinnen in der materiellen Produktion ist die Einkommensmaximierung im Grunde sogar das einzige vernünftige Ziel. Denn je schwerer und unangenehmer, je monotoner und fremdbestimmter diese Arbeit ist, desto weniger wird sie oder er eine intrinsische Motivation in dieser Arbeit erkennen. Also muss die Motivation extrinsisch erfolgen. Dafür gibt es aber nur zwei Möglichkeiten: entweder Zwang, der von einem strikten Kommandosystem über die permanente Drohung eines »hire and fire« bis hin zur höflich, aber bestimmt formulierten Arbeitsanweisung reichen kann. Oder Geld, respektive Einkommenssteigerung, Prämien, Bonuszahlungen und dergleichen mehr.

Doch auch die Fabrikbesitzer bleiben im Geiste Selbstversorger. Ihr Wirtschaften orientiert sich dabei umso mehr an Effizienz und Sparsamkeit. Privat mag es auch ihnen um eine Steigerung ihrer Einkommen gehen – von ihnen selbst wie von ihren Kritikern oft fälschlich im »Profit« verortet. Doch ihr eigentliches Ziel ist es, mit der gleichen Menge eingesetzter menschlicher Arbeit eine immer größere Menge von Gütern zu produzieren (oder die gleiche Menge von Gütern mit immer weniger menschlicher Arbeit). Denn nur so wird das einzelne Produkt, von dem man industriell immer größere Mengen herstellen kann, immer billiger. Und nur so kann man es an immer mehr Menschen verkaufen.

Am Anfang sind die »Kapitalisten«, wie gesagt, noch nicht sonderlich phantasievoll bei der Produktivitätssteigerung. Sie versuchen es sozusagen auf die brutale Tour, indem sie immer mehr Menschen in ihre Fabriken pressen und indem sie deren Löhne möglichst zu drücken sowie deren Arbeitstag möglichst weit auszudehnen versuchen. Das stößt freilich sehr schnell an die physischen – und fast genauso schnell an die politischen – Belastungsgrenzen der »Arbeiterklasse«.

Und so verlegt man das Bestreben schließlich auf die beiden anderen Dimensionen der Industrieproduktion. Auf die Optimierung der Arbeitsmittel, also der Maschinerie, und auf die Optimierung der Arbeitsorganisation, also der Prozesse und Strukturen der Produktion. Maschinen und Prozesse – das ist nach der unbelebten mineralischen Natur, nach den Pflanzen, den Tieren und dem Menschen selbst die »fünfte Schöpfung«. Im Unterschied zu den anderen vier ist sie allein eine Schöpfung des Menschen. Genau wie die natürliche Evolution ist allerdings auch die Evolution der fünften Schöpfung noch in vollem Gange. Ihr Ziel ist wiederum, im Unterschied zu dem der natürlichen Evolution, ziemlich klar: Es gilt, mit Hilfe immer besserer, immer effektiverer Maschinen und in immer effizienteren Prozessen mit immer weniger menschlicher Arbeit immer mehr Güter herzustellen. Wie wir alle sehen, waren wir dabei schon ziemlich erfolgreich.

Und wir werden in Zukunft noch weitaus erfolgreicher sein. Resultat: Plätze für industrielle Arbeit, Arbeit an der Natur, werden knapp und knapper.

Ein ganz wesentlicher Aspekt der »alten Arbeit« an der Natur ist die Tatsache, dass sie weisungsgebunden sein muss. Denn wenn am Ende einer Fertigungsstraße zum Beispiel ein fahrtüchtiges Auto herauskommen soll, dann kann nicht jeder machen, was ihm gerade so einfällt. Er kann nicht nur dann arbeiten, wenn er gerade Lust dazu hat. Und er kann es auch nicht so machen, wie es ihm persönlich am sinnvollsten erscheint. Je arbeitsteiliger ein Produktionsprozess ist, desto wichtiger ist es, dass er von Dritten strukturiert wird, dass die Initiative einzelner Menschen optimal in den Gesamtablauf eingepasst wird und dass alle die vorab geplanten Abläufe beachten sowie die entsprechenden Arbeitsanweisungen befolgen. Im Planungsprozess selbst, in der Verwaltung der Produktion sowie der ganzen Kette vom Einkauf bis zum Vertrieb bildet sich das meist ab in einem fortlaufenden Hin und Her von Plänen, Budgets, Berichten und neuen oder revidierten Planvorgaben. Auch wenn in der modernen industriellen Produktion fast nirgendwo mehr eine einzige Person oder eine klar erkennbare kleine Gruppe jene Anweisungen gibt, die »alles« bestimmen, so ist die alte Arbeit aus der Sicht des Einzelnen doch weitgehend fremdbestimmt, von mir aus auch »entfremdet«.

Für die »neue Arbeit«, für die Arbeit am Menschen, für die Kulturarbeit gilt dagegen in fast allen Punkten das genaue Gegenteil. So lässt sich die Produktivität der Arbeit am Menschen nicht im gleichen Sinne permanent steigern. Man kann in einem Drogeriemarkt natürlich viele Prozesse optimieren, vorzüglich zum Beispiel in der Warenlogistik. Aber da reden wir nicht von Dienstleistungen für den Kunden, also von Arbeit am Menschen, sondern wir reden von der Bewegung von Dingen, ergo von alter Arbeit an der Natur. Man kann im Laden sogar Maschinen einsetzen, zum Beispiel Automaten, an denen die Kunden ihre digitalen Fotos selbst ausdrucken können. Aber da übernimmt der Kunde bloß selbst eine zuvor im Großlabor industriell erledigte Arbeit. Und wenn irgendwann automatische Scannerkassen die Waren in Ihrem Einkaufskorb anhand integrierter Minichips ebenso im Vorbeigehen erfassen wie die Daten auf Ihrer EC- oder Kreditkarte, dann ist einfach eine menschliche Dienstleistung durch effizientere Maschinenarbeit ersetzt worden. Das wäre im Prinzip nichts anderes als die Ersetzung der »Schalterbeamten« in der Bank durch Geldautomaten. Alles alte Arbeit.

Was man dagegen überhaupt nicht produktiver machen kann, das ist die Bedienung im Laden, der Service, die Zuwendung einer Mitarbeiterin oder eines Mitarbeiters zum Kunden. Gewiss, man kann natürlich so wenig Mitarbeiter pro Laden wie möglich beschäftigen. Aber dann schafft man Arbeit am Menschen ab, man macht sie nicht produktiver. Wie jedoch sollte eine Verkäuferin es anstellen, produktiver freundlich zu sein? Effizienter zu beraten? Optimiert ein quengelndes Kind zu beruhigen, während seine Mutter einen neuen Lippenstift sucht? Oder kostengünstiger der Kundin ein Paket Windeln zu bringen, während die schon mal anfängt, dem Baby dieselben zu wechseln?

Noch lächerlicher wäre die Idee, die Produktivität eines Lehrers zu steigern – etwa indem man sie an der Zahl der täglich unterrichteten Kinder, der wöchentlich geschriebenen Diktate oder der jährlich abgelegten Prüfungen bemisst. Wohlgemerkt: nichts gegen Qualitätskontrolle im Bildungswesen. Aber da geht es eben eher darum, wie viele Schüler eine Schulform, eine Schule oder meinetwegen auch ein Lehrer zu einem möglichst guten Abschluss führt. Das jedoch kann gerade zur Voraussetzung haben, dass der einzelne Lehrer seinen Schülern viel mehr Zeit, persönlichen Einsatz, Verständnis und Unterstützung zukommen lässt. Das macht seine Arbeit besser. Aber es macht sie bestimmt nicht produktiver im Sinne der Logik industrieller Produktion.

In dieser Richtung kann man fast beliebig weiter kalauern: Werden die Berliner Philharmoniker produktiver, wenn sie Beethovens Fünfte künftig zehn Minuten schneller spielen? Oder wenn die Hörner vom Band kommen? Vielleicht wären Opernhäuser ja profitabel zu betreiben, wenn man die Bühnenbilder – und mit ihnen die Bühnenarbeiter – einfach weglässt.

86

Maler könnten viel effizienter sein, wenn sie möglichst viele Bilder parallel malen – erst überall die rote, dann die blaue, dann die gelbe Farbe auftragen. In China entstehen so Kopien bekannter Meisterwerke im Akkord, ab vier Dollar pro Stück.

Spaß beiseite. In bestimmten Bereichen entstehen aus der Anwendung einer Logik der Effizienz und der Produktivitätssteigerung auf die Arbeit am Menschen sogar empörende Zustände. Das erleben viele seit Jahren direkt oder indirekt, als Betroffene oder als Angehörige, im Bereich der Altenpflege. Unter permanentem Kostendruck wird hier fast nur noch gefüttert und gesäubert. Diese mehr animalische als menschliche Pflege lässt sich bis zu gewissen Grenzen schneller – und respektloser – erledigen. Und rein betriebswirtschaftlich mag sich das in den Büchern eines privaten Pflegedienstes oder eines Altenheimes, die pro »Fall« ja nur bestimmte Pauschalen kassieren können, sogar als »Produktivitätssteigerung« darstellen. In Wahrheit ist es eine menschliche Bankrotterklärung, ein humanitärer Skandal, für den man die Verantwortlichen, die allerdings eher in der Politik als in den Heimen sitzen, eigentlich vor Gericht stellen müsste.

Man sieht: Bei der Arbeit am Menschen geht es nicht um Produktivität und Effizienz, sondern um mitmenschliche Zuwendung. Weder die Lehrerin noch der Altenpfleger dürfen sparsam sein. Die eine muss geradezu verschwenderisch Wissen vermitteln und Engagement für jeden Schüler zeigen. Und der andere muss den ihm Anvertrauten Sorge, Pflege, Anteilnahme und Aufmerksamkeit im Übermaß und nicht mit kühler Kalkulation zuteil werden lassen.

In der alten Arbeit wird menschliche Tätigkeit, wie wir gesehen haben, notwendig angeleitet. Pädagogik oder Pflege dagegen leben von Geistesgegenwart, Spontaneität und persönlicher Initiative. Der Versuch, unseren Lehrern in Curricula für jedes Fach detailliert vorzuschreiben, wann sie was zu unterrichten und wie sie es zu unterrichten haben, ja sogar zu welchen ganz konkreten Ergebnissen sie dabei kommen sollen, war bekanntlich nicht von durchschlagendem Erfolg gekrönt. Dass die Leistungen unserer Schüler in Deutsch dadurch besser geworden wären, weil in irgendeinem Kultusministerium beschlossen wurde, in Klasse neun sei gefälligst »Kabale und Liebe« oder »Andorra« zu lesen, war jedenfalls nicht das herausragende Ergebnis der PISA-Studie.

Nicht anders in der Pflege. Sich alten, gebrechlichen, behinderten oder schwerkranken Menschen mit einem Pflichtenheft in der Tasche oder im Hinterkopf zuzuwenden, ist nicht bloß unsinnig. Es ist unmenschlich. Denn entweder stehen in einem solchen Pflichtenheft Dinge, von denen selbstverständlich ist, dass sie getan werden müssen. Dann wäre es bloß banal. Oder sein Sinn besteht gerade darin, dass der Pfleger nichts tut, was *nicht* in seinem Pflichtenheft steht. Dann wäre es zynisch. Denn es würde verlangen, gerade das zu unterlassen, was vor allem getan werden muss: dem jeweiligen Menschen individuelle, geduldige und respektvolle Zuwendung entgegenzubringen.

Schließlich, das ist der dritte wichtige Unterschied, geht es in der alten Arbeit im Wesentlichen um Einkommensmaximierung. Denn die industrielle und arbeitsteilige Güterproduktion war ja ursprünglich quasi der »Ersatz« für die Selbstversorgung in der vorherigen Subsistenzwirtschaft. Bei der neuen Arbeit geht es um etwas ganz anderes: Es geht um Sinnmaximierung. Je mehr Sinn zum Beispiel die Lehrerin oder der Lehrer in ihrer Arbeit sehen, desto besser und engagierter werden sie sie verrichten und desto mehr persönliche Befriedigung werden sie aus ihr ziehen – und zwar zunächst ganz unabhängig vom Einkommen, das sie mit dieser Arbeit erzielen können.

Unser Kernproblem ist folgendes: Der Arbeitsmarkt der Zukunft ist eigentlich diese neue Arbeit – die Arbeit am Menschen, die soziale Arbeit, die Kulturarbeit im weitesten Sinne. Von der alten Arbeit sind wir durch unsere fünfte Schöpfung weitgehend entlastet worden, und wir werden uns auch in Zukunft weiter von ihr entlasten. In der Güterproduktion, der stofflichen Arbeit, setzen wir immer mehr Arbeitskraft frei. Zugleich erkennen wir die neue Arbeit in weiten Teilen nicht als »echte« Arbeit an – was man am besten an unserem nach wie vor abwertenden Begriff von Hausarbeit, besser gesagt von Familien- und Erziehungs-arbeit, sieht.

Das wiederum liegt daran, dass wir sie nicht als Erwerbsarbeit erkennen. Denn in dem Sinne, wie wir Arbeit in der Güterpro-duktion bezahlen, nämlich gemessen am Output und an seiner relativen Produktivität, will man soziale und kulturelle Arbeit gar nicht bezahlcn. Sie ist sozusagen das volkswirtschaftliche Opfer unserer ungeheuren Produktivitätsfortschritte in der Gü-terproduktion. Dort wird das einzelne Stück immer billiger. Doch während die einzelne Tube Zahnpasta oder der einzelne Mittelklassewagen eventuelle Produktivitäts- und Kostenvorteile gegenüber den Produkten der Konkurrenz erst allmählich wieder verliert, verliert die nicht rationalisierbare Arbeit am Menschen immer. Denn die besten Maschinen stehen irgendwann bei allen Wettbewerbern. Und dafür, dass früher oder später auch alle die gleichen oder jedenfalls ähnliche optimierte Prozesse anwenden, dafür sorgen schon die Unternehmensberater.

Die neue Arbeit kann nicht mithalten. Denn sie nutzt ja im Wesentlichen keine Maschinen, und ihre Prozesse sind prin-zipiell nicht standardisierbar, können also auch nicht auf pure Effizienz hin ausgerichtet werden. Wo aber Arbeit – im Sinne von Automatisierung und Prozessoptimierung – gar nicht pro-duktiver werden kann, da können auch keine Kostenvorteile entstehen. Der Arbeit am Menschen sind »Lohnstückkosten« völlig wesensfremd. Folge: Ohne Kostenvorteile lassen sich hier natürlich auch keine Preisvorteile erzielen. Im Wettbewerb mit den Preisen für industrielle Güter werden deshalb alle Dienst-leistungen, die sich nicht in Warenpreise einschmuggeln lassen, und noch mehr alle Tätigkeiten, die an sich schon außerhalb rein ökonomischer Kalküle stehen – Bildung, Sozialarbeit, Kunst –, relativ immer teurer.

Die Produktivitätsgewinne der alten Arbeit sind die Kosten-nachteile der neuen Arbeit. Deshalb haben wir den Eindruck, wir könnten uns solche Arbeiten »nicht mehr leisten«. Dabei können wir sie bloß nicht *bezahlen*. Was wir dagegen sehr gut könnten, ist solche Arbeit zu *ermöglichen*. Das ist sogar der wesentliche

Gedanke hinter der Idee eines bedingungslosen Grundeinkommens: Es ermöglicht Arbeit, die man nicht bezahlen kann. Volkswirtschaftlich wirkt es nämlich vor allem als Lohnsubvention für die neue, relativ zur alten zu teure Arbeit. Kulturell dagegen ist das bedingungslose Grundeinkommen vor allem ein Impuls für Freiheit – für die Schaffung von Freiräumen, das zu tun, was einem persönlich am sinnvollsten erscheint. Wenn andere Menschen einen Bedarf an solchen Tätigkeiten haben, dann werden sie sich diese Tätigkeiten, die von der bescheidenen, aber stets sicheren Basis eines Grundeinkommens getragen werden, auch wieder »leisten« können.

Grundeinkommen statt Antrags- und Schnüffel-bürokratie

Kein denkender Mensch bezweifelt, dass alte, kranke oder geistig beziehungsweise körperlich in ihren Möglichkeiten eingeschränkte Menschen Anspruch auf Hilfe, auf materielle Unterstützung und auf die Solidarität der Gesellschaft haben. Im Kern bezweifelt das auch niemand bezüglich derjenigen Menschen, die zeitweise oder längerfristig keine bezahlte Arbeit finden. Doch unser gesamtes heutiges System der sozialen Sicherung fußt auf zwei gedanklichen Säulen. Zum einen sollen nur solche Menschen Leistungen beziehen, die aus irgendeinem Grund kein eigenes Einkommen erzielen können oder die kein eigenes Vermögen besitzen. Weil die Gründe dafür aber sehr vielfältig sein können, folgt aus diesem scheinbar so plausiblen Prinzip eine kaum noch zu überschauende Anzahl an sozialen Transferleistungen. Von Kindergeld und BAFöG über Wohngeld, Arbeitslosen-, Kranken- und Unfallversicherung bis hin zu Rente, Pflegeversicherung und Sterbegeld – über 720 Milliarden Euro, rund 30 Prozent unseres Bruttoinlandsprodukts, schleusen wir Jahr für Jahr durch über hundert verschiedene Kassen und Etats.

Zum Zweiten versuchen wir, vorzugsweise mit dem Argument

der »knappen Kassen«, immer mehr Menschen von dieser wachsenden Zahl an Fleischtöpfen fernzuhalten. Wo Staat und Sozialsysteme immer mehr Geld in Form von Transfers und Steuervergünstigungen verteilen wollen, da scheint es uns angebracht, die Ansprüche an diese Systeme immer penibler und mit immer höherem Aufwand zu prüfen.

Man braucht gar nicht viele und nicht einmal nur schlechte Erfahrungen mit der deutschen Bürokratie gemacht zu haben, um den Eindruck zu gewinnen, dass sie ständig weiterwuchert und nur noch um sich selbst kreist. Dass ihre Strukturen immer undurchschaubarer, ihre Regeln immer kafkaesker und ihr Jargon immer rätselhafter werden, verstärkt nur das Gefühl des Bürgers, dieser Bürokratie ohnmächtig ausgeliefert zu sein. Immer mehr Regeln führen jedoch zu immer größerer Willkür und der überbordende Wunsch, alles zu regeln und zu ordnen, letztlich zum Zusammenbruch des Systems.

Das Bestreben schließlich, mit Gesetzen, Verordnungen und Verwaltungsvorschriften jedem Einzelfall gerecht zu werden, verkehrt sich so in sein Gegenteil: wachsende Ungerechtigkeit. Um zu verhindern, dass Menschen mit ein bisschen Geld auf dem Konto, bescheidenem Wohlstand und einem Lebenspartner, der ein durchschnittliches Einkommen erzielt (»Bedarfsgemeinschaft«!), »der Solidargemeinschaft zur Last fallen«, müssen die Bedürftigen nicht nur entwürdigende, zum Teil intime Verhöre und skandalöse Schnüffeleien über sich ergehen lassen, am Ende müssen sie auch noch ihre kleine Lebensversicherung auflösen und ihr gebrauchtes Auto verkaufen, bevor sie sich endlich in die Schlange der Leistungsempfänger einreihen dürfen.

Das derzeitige Debakel hört auf den Namen eines unter Korruptionsverdacht zurückgetretenen VW-Managers: Hartz IV ist nichts anderes als Kujonierung des Bürgers durch den Staat und in seiner Auswirkung auf den Betroffenen nur vergleichbar mit offenem Strafvollzug. Der Einsatz von Hartz-IV-Empfängern in allen möglichen irrwitzig konstruierten Jobs und Beschäftigungspraktiken ist entwürdigend und bizarr. Auf mich wirkt das plötzlich so geharnischte Vorgehen des einstmals sich sozial nen-

nenden Staates wie ein hilfloser Reflex auf die Unlösbarkeit des Arbeitslosenproblems: Die Vorschläge werden immer abwegiger, demütigender und gemeiner. Insgesamt nehmen wir alarmierend unangemessene, aggressive Reaktionen beziehungsweise Überreaktionen wahr, die die Lage in jeder Hinsicht verschlimmern. Der Staat hat einen kleinen Prozentsatz von Schmarotzern im Auge, die ja vielleicht tatsächlich das System ausnutzen, und verliert die traurige, deprimierte Mehrheit der Betroffenen ganz aus dem Blick. Das ist so etwas wie negative Einzelfallgerechtigkeit im juristischen Sinn: Weil es theoretisch möglich wäre, dass ..., wird gleich mal vorauseilend geknebelt, reguliert, konfisziert und verboten.

Wir sollten uns grundsätzlich fragen, ob wir diese bürokratische Gängelung als freie und eigenverantwortliche Bürger länger hinnehmen wollen. Dann sollten wir uns fragen, wie groß wir die Wand eigentlich noch machen wollen, an die wir die Teufel des »Missbrauchs« und des »Sozialschmarotzers« malen. Wer glaubt, ich übertreibe, der muss sich nur einmal die einschlägigen Reportagen der Privatsender ansehen, in denen die Kameras Sozialdetektive bei ihren Kontrollbesuchen begleiten. Zuletzt sollten wir uns dann auch einmal fragen, wozu wir diesen gigantischen Aufwand eigentlich treiben. Etwa wirklich um zu verhindern, dass ein paar »Besserverdienende« und »Reiche« auf dem Sozialamt um Stütze nachsuchen?

Auch für Millionäre?

Die Sorge, die Falschen zu begünstigen, treibt uns Deutsche besonders heftig um. Deshalb lautet einer der ersten Einwände, der gegen ein bedingungsloses Grundeinkommen erhoben wird: Es könne doch nicht angehen, dass gut bis sehr gut verdienende Mitbürger, Wohlhabende, Reiche, Spekulationsgewinnler, ja selbst Topmanager, Millionäre oder wohlausgestattete Erben in den Genuss desselben kommen sollen. Das erscheint jedoch nur auf den ersten Blick seltsam oder gar sozial ungerecht.

Zunächst einmal kommt hier eine sehr wichtige Grundregel zur Anwendung, nämlich die, dass ein bedingungsloses Grundeinkommen keine Ausnahmen kennt, weil es ganz fundamental auf der Idee der Gleichheit aller Menschen aufbaut. Wenn es, wie ich glaube, aus guten Gründen keine Anspruchsprüfungen für Bedürftige mehr gibt, dann darf es auch keine Prüfungen geben, ob ein Bürger eine bestimmte Vermögensgrenze erreicht und den Anspruch auf ein Grundeinkommen verwirkt hat. Zudem: Fängt man einmal damit an, Ausnahmen zu machen, dann befänden wir uns sehr bald wieder in derselben Misere wie heute.

Man mag ein ungutes Gefühl im Magen haben bei dem Gedanken, dass auch Superreiche und Spitzenverdiener ein Grundeinkommen beziehen würden. Niemand hat aber ein ungutes Gefühl dabei, dass sie schon heute in den Genuss eines Steuerfreibetrags kommen. Das Existenzminimum ist also auch für sie steuerfrei.

Wenn das Grundeinkommen eingeführt werden soll, dann muss sich langfristig auch unser Steuersystem von Grund auf ändern. Wir werden im Kapitel über Ausgaben- und Einkommensteuer auf diese Frage ausführlich zurückkommen. Hier nur so viel: Fallen alle Steuern bis auf die Konsumsteuern weg, könnte man das Grundeinkommen auch als einen bar ausgezahlten Steuerfreibetrag ansehen. Das, was heute Otto Normalverbraucher, der Hartz-IV-Empfänger und der Topmanager nicht versteuern müssen, hat auch der Bezieher des Grundeinkommens steuerfrei zur Verfügung. Für Wohlhabende wäre das Grundeinkommen nichts anderes als ein an andere Stelle verschobener Freibetrag.

Zudem könnten wohlhabende Menschen ihr Grundeinkommen spenden oder Stiftungen und gemeinnützigen Institutionen zukommen lassen. Ein beträchtlicher Teil des Reichtums der Wohlhabenden fließt ja heute schon Nutzen stiftend an die Gesellschaft zurück. Und schließlich würde durch eine Konsumsteuer, die für bestimmte Waren und Dienstleistungen vielleicht sogar erheblich angehoben wird, gerade der Wohlhabende, der sein Grundeinkommen doch lieber verprasst, dieses an den Staat, sprich an die soziale Gemeinschaft zurückgeben. Streng nach der Formel: Wer viel hat und viel konsumiert, der muss auch viel zahlen. Auch für die »Besserverdienenden« und Reichen gäbe es kein Entrinnen vor der Konsumsteuer, denn Steuertricks und Schlupflöcher würden mit der Abschaffung der heutigen Ertragsbesteuerung automatisch verschwinden.

Das Verhältnis zum Mammon dürfte sich durch den Wegfall sozialer Härten nach der Einführung des Grundeinkommens ohnehin merklich entspannen. Die Frage, ob ein Reicher sein Grundeinkommen beziehen sollte oder nicht, wird dann vermutlich viel leidenschaftsloser diskutiert werden. Im Übrigen würde das Ende der Antragsbürokratie weniger den Bessergestellten, sondern vor allem jenen zugute kommen, die heute nach einem endlosen Papierkrieg und nach unzähligen Amtsterminen doch nur erfahren, dass sie auch der kläglichsten Transferleistung nicht für bedürftig genug befunden werden.

Ich habe schon dargelegt, warum in einer Industrie- und Dienstleistungsgesellschaft, die sehr viele Arbeiten mit immer rascher wachsender Produktivität und mit immer weniger Menschen erledigen kann, die klassische Erwerbsarbeit von der Regel zur Ausnahme werden musste. Ebenso habe ich darüber geschrieben, warum in einer hochgradig arbeitsteiligen, auf totaler Fremdversorgung beruhenden Gesellschaft jeder vollständig auf die Leistungen anderer angewiesen ist. Beides zusammen macht – früher oder später – die Einsicht unausweichlich, dass wir Arbeit und Einkommen trennen müssen. Deshalb allein wird jedoch kaum jemand aufhören zu arbeiten, besser gesagt: tätig zu sein und Initiativen zu ergreifen. Und gerade deshalb ist es an der Zeit, die Verteilung der zu minimaler gesellschaftlicher Teilhabe notwendigen Mittel auf eine neue Grundlage zu stellen. Dass einige Menschen diese Mittel zeitweise bitter nötig brauchen, andere dagegen nicht, ist kein wirklicher Einwand. Die Pressefreiheit ist schließlich auch nicht nur für die Journalisten da. Und ebenso finanzieren wir Museen, Theater, Opernhäuser, Bibliotheken oder Universitäten mit guten Gründen aus öffentlichen Mitteln, obwohl nur Teile der Bürgerschaft sie persönlich nutzen.

»Haben Sie das schon durchgerechnet?«

Man kann es nicht oft genug betonen: Das bedingungslose Grundeinkommen ist im genauen Wortsinn bedingungslos: Es gibt keinerlei Bedingungen, die erfüllt werden müssen, um es zu beziehen. Jeder Bürger ist berechtigt, ohne Prüfung seiner wirtschaftlichen Verhältnisse, ohne Daten preisgeben oder Fristen einhalten zu müssen und ohne Konflikte mit den bisher zuständigen Ämtern und Stellen. Diese könnten in aller Ruhe abgebaut werden, die Bundesrepublik könnte nach der »Friedensdividende« am Ende des Kalten Krieges eine ungleich einträglichere Entbürokratisierungsdividende einstreichen. Wie gesagt: Jeder dritte Euro geht hierzulande durch die Hände der Verwalter von Sozialtransfers. Diese Menschen Schritt für Schritt mit Sinnvollerem zu beschäftigen als mit der Durchleuchtung und Schikanierung ihrer Mitbürger, würde Unsummen an Geld sparen und könnte allein schon den Aufschwung neuer Formen von Kultur- und Sozialarbeit befeuern.

Schon um nicht wie eine verkappte Sozialhilfe für alle zu wirken, sollte ein Grundeinkommen mehr garantieren als das pure Existenzminimum heutiger Prägung. In Form unserer Grundfreibeträge und Hartz-IV-Sätze ist dieses ja tatsächlich dem Vegetieren näher ist als einem menschenwürdigen Leben. Der Warenkorb des Statistischen Bundesamtes, auf dem diese Sätze beruhen, ist schon für sich eine Geheimwissenschaft. Und das Verfahren, aus dem schließlich Sätze wie die gegenwärtigen 345 Euro ALG II hervorgehen, ist mehr als zweifelhaft. Denn was kaum jemand weiß: Die amtlichen Sätze kommen als reiner Verwaltungsentscheid im Arbeits- und Sozialministerium sowie im Finanzministerium zustande. Selbst die Experten in den entsprechenden Parlamentsausschüssen kennen die Zahlen nicht im Detail, auf denen die Entscheide angeblich beruhen, die sie Jahr für Jahr durchwinken. Solange sie jedoch ausschließlich nach Kassenlage und nicht nach menschlichen Bedürfnissen sowie der Preis- und Wohlstandsentwicklung gefällt werden, muss es nicht wundern, dass hier etwas völlig aus dem Ruder gelaufen ist. Denn es wird ohne Rücksicht auf die Bedürftigsten bloß passend gemacht, was schon längst nicht mehr passt.

Dagegen sollte ein Grundeinkommen, das diesen Namen verdient, ausdrücklich absichern, was ich als Kulturminimum bezeichne. Dieses Kulturminimum beinhaltet einen Sockelbetrag, der Bewegungsfreiheit erlaubt und, wenn auch im bescheidenen Umfang, Entwicklungsmöglichkeiten absichert. Das Kulturminimum ermöglicht jedem die Teilhabe am öffentlichen und kulturellen Leben, denn der Mensch ist ein Kulturwesen.

Der hinter der Idee des Grundeinkommens stehenden Ethik geht es jedoch nicht nur darum, die nackte Existenz zu sichern. Die Existenzsicherung und das Kulturminimum sind nur das Fundament. Es ermöglicht einem jeden, aus sich und seinen Talenten etwas zu machen. Dazu ist er zwar nicht im rechtlichen Sinne verpflichtet, gar im Sinne einer Arbeitspflicht gezwungen. Aber er hat dazu gegenüber der Gesellschaft eine Bringschuld. Der kategorische Imperativ der Gesellschaft des bedingungslosen Grundeinkommens lautet: Du bekommst ein Grundeinkommen und lässt deine Talente zur Entfaltung kommen. Zeig, was du kannst!

Je deutlicher in den letzten Jahren geworden ist, dass unsere ächzenden Sozialsysteme nur noch um den Preis am Leben erhalten werden können, dass wir die Zahl der Leistungsempfänger möglichst drastisch senken, desto mehr hat die Diskussion um Alternativen an Schwung gewonnen. Diese Debatte ist längst aus dem Ghetto akademischer Zirkel und politischer Sekten ausgebrochen und hat mittlerweile fast alle im Parlament vertretenen Parteien erfasst. Am schwersten mit einer gedanklichen Abkehr vom Sozialstaat alter Prägung tun sich SPD und Gewerkschaften, was insofern nicht wundert, als ihre Geschichte und ihr bedeutender historischer Beitrag zur Herausbildung unserer sozialen Marktwirtschaft besonders eng an die Idee der Erwerbsarbeit als Rückgrat der Gesellschaft geknüpft sind. Doch ob »negative Einkommensteuer«, ursprünglich eine Idee des »neoliberalen« Nobelpreisträgers Milton Friedman, ein »solidarisches Bürgergeld«, wie es der thüringische Ministerpräsident Althaus (CDU) vorschlägt, oder verschiedene Modelle eines bedingungslosen oder nicht ganz so bedingungslosen Grundeinkommens – allerorten wird derzeit diskutiert, wie man die soziale Sicherung der Bürger in Zeiten schwindender Jobs und demographischen Wandels gewährleisten kann. Der Breite und der Lebendigkeit der Debatte tut das nur gut.

Doch je stärker politische Ideen auch die legislative und die exekutive Sphäre erfassen, desto mehr wächst auch der Druck, sie auf ihre »Machbarkeit«, ihre Finanzierbarkeit und schließlich auch auf Wege ihrer gesetzgeberischen und administrativen Umsetzung hin abzuklopfen. Da schwirren dann schnell Zahlen im Raum herum, man erkundigt sich, ob das denn alles schon einmal »durchgerechnet« worden sei, und irgendwann fragen die ersten Politiker spitz, ob man denn schon Gesetzentwürfe in der Schublade habe. Denn das ist ja am Ende immer die Aufgabe der Parlamente und Regierungen: gesellschaftliche Forderungen, Ansprüche oder Konzepte in konkrete Gesetze und Verordnungen zu gießen.

Ich will an dieser Stelle ausdrücklich nicht in die ebenso populäre wie wohlfeile Politikerschelte einstimmen. Im Gegenteil: Wir Bürger erwarten häufig zu viel von unseren Politikern, die selbst viel weniger Macht haben, als wir glauben. Nur weil wir uns an eine Opferrolle gewöhnt haben, gefallen wir uns darin, Politiker als unfähig, korrupt, berechnend und faul zu beschimpfen. Dabei muss man nur verstehen, was die eigentliche Fähigkeit von Politikern ist, um ihr weltveränderndes Potenzial nicht zu überschätzen und den eigenen Anteil an der Verantwortung für das Wohl und Wehe des Ganzen nicht zu gering zu achten.

Politiker – Ausnahmen bestätigen wie immer die Regel – sind im Prinzip keine innovativen, wirklich kreativen Menschen. Politiker sind Segler: Sie spüren, wenn der Wind sich dreht, dann erst ändern sie den Kurs. Neue Trends zu spüren und sie als Erste zu popularisieren, das können erfolgreiche Politiker am besten. Und an entsprechenden Begabungen fehlt es in unserer politischen Klasse keineswegs. Das Problem ist nur, dass in unserer Gesellschaft nicht genügend Wind erzeugt wird. Das liegt gewiss an dem zurzeit verbreiteten Eindruck, gegen die Mächte der Globalisierung und gegen fest zementierte politische und wirtschaftliche Strukturen wenig ausrichten zu können. Aber es liegt auch daran, dass die Gesellschafts- und Wirtschaftswissenschaften nicht innovativ genug sind und sich viel zu oft mit der Anfertigung von Gefälligkeitsgutachten für partikulare Interessen begnügen, statt unabhängig zu agieren und mehr Druck für intellektuelle, gesellschaftliche und politische Innovationen aufzubauen.

Die vielen Menschen, die sich mittlerweile für die Idee eines Grundeinkommens einsetzen, versuchen genau das: Druck für grundlegende Neuerungen aufzubauen und gesellschaftlichen Wind dafür zu erzeugen. Aber der Wind gibt nicht die genaue Route vor, auf der gesegelt wird, sondern nur die Richtung. Und schon gar nicht zeigt der Wind an, wie es am Ziel der Reise genau aussehen wird. Deshalb bin ich vorsichtig mit allzu konkreten Prognosen und Zahlen.

Ich sehe in unseren Vorstellungen zum bedingungslosen Grundeinkommen und zur ausschließlichen Konsumbesteuerung weniger die Bojen, die Route und Ziel markieren, sondern mehr eine Art Fixstern am Horizont einer längeren Regatta. Es wäre mir lieber, wenn möglichst viele die Idee des Grundeinkommens erst einmal denken könnten, bevor die großen Berechnungen angestellt werden. Denn meine Maxime ist: Wenn man etwas machen will, dann muss man es erst einmal denken können. Wenn man es dann wirklich will, findet man auch Wege. Und wenn man es nicht will, findet man Gründe.

Völlig klar ist, dass ein bedingungsloses Grundeinkommen unmöglich übergangs- und stufenlos eingeführt werden kann. Der Anfang müsste mit einem vergleichsweise bescheidenen Sockelbeitrag gemacht werden, der sich schrittweise dem Ziel eines auskömmlichen Kulturminimums nähert. Die konkrete Entwicklung hängt dabei selbstverständlich auch von der wirtschaftlichen Entwicklung ab, die durch Grundeinkommen und Konsumbesteuerung zugleich ganz neue Impulse bekommen wird. Über die Zeiträume und die genauen Schritte einer solchen Einführung kann man sich rechtzeitig genug den Kopf zerbrechen, wenn die Grundidee selbst erst einmal zu Ende gedacht ist.

Die unterste denkbare Grenze des Grundeinkommens ist durch das schon heute als steuerlicher Grundfreibetrag definierte karge Existenzminimum von gerundet 8000 Euro pro Person und Jahr gesetzt. Diesen generellen Steuerfreibetrag für ausnahmslos jeden Bürger hatte auch schon einmal der CDU-Politiker Friedrich Merz im Zusammenhang mit seiner »Bierdeckelsteuer« ins Gespräch gebracht. Würde man die heutigen Sozialtransfers mit einem Teil der eingesparten Kosten unserer Sozialbürokratie zusammenrechnen, dann könnte ein erster Schritt auch schon ein Grundeinkommen von 800 Euro pro Monat und Bürger sein. Und soweit man das von heute aus beurteilen kann, könnte das Fernziel bei monatlich etwa 1500 Euro heutiger Kaufkraft liegen. Für das Grundeinkommen müsste im Übrigen stets ein Pfändungsverbot gelten, sodass auch verschuldeten Menschen ihr Existenz- und Kulturminimum nicht genommen werden kann.

Welcher Betrag auch immer, er verstünde sich ohne Abzüge. Denn die Lohn- und Einkommensteuern sollen ja zugunsten der Konsumsteuer abgeschafft, alle übrigen Sozialleistungen im Prinzip durch das Grundeinkommen ersetzt werden. Ein bedingungsloses Grundeinkommen schließt in meinen Augen ausdrücklich nicht aus, dass es weitere staatliche soziale Leistungen auf der Basis unterschiedlicher Bedürftigkeiten geben kann. Nur sollten die Bedingungen für solche Leistungen nicht finanzieller Natur sein. So wäre es ja zum Beispiel unrealistisch, von schwerstbehinderten Menschen zu verlangen, sie müssten mit dem gleichen Existenzminimum auskommen wie alle anderen.

Ebenso wenig spricht denn auch beim Grundeinkommen selbst etwas gegen gestaffelte Sätze. Vielleicht könnten sie für Babys, Kinder und Jugendliche – wiederum gestaffelt nach Alter – niedriger sein als für Erwachsene. Und für ältere, vor allem pflegebedürftige Menschen müssten sie vermutlich weit höher liegen. Doch all das gehört zu den Details, für deren Klärung noch genug Zeit ist, nachdem der kulturelle Impuls in den Köpfen zu wirken begonnen hat. Klar ist nur: Ein bedingungsloses Grundeinkommen ist nicht allein gebunden an die Zeit im Leben, die für gewöhnlich der Erwerbsarbeit gewidmet ist. Kinder erhalten es genauso wie Rentner. Das Grundeinkommen begleitet jeden Bürger sein Leben lang. Der Anspruch beginnt mit der Geburt und endet mit dem Tod – schon daran kann man ablesen, dass wir es für ein Grundrecht halten.

Grundeinkommen und Erwerbseinkommen

Alle privaten Erwerbs- und Vermögenseinkommen dürfen ebenso wenig auf das Grundeinkommen angerechnet werden wie Ersparnisse, Versicherungsansprüche oder Vermögen selbst. Das Grundeinkommen läuft immer in gleicher Höhe weiter, egal ob man hohe, geringe oder gar keine zusätzlichen Einkünfte hat.

Andersherum kann der Arbeitgeber, der seinerseits keine Sozialabgaben mehr für seine Mitarbeiter aufwenden muss, fortan mit diesen neue, tendenziell niedrigere Gehälter aushandeln. Er kann zum Beispiel vorrechnen: Sie haben jetzt 800 Euro Grundeinkommen, die quasi die Hälfte Ihres bisherigen Monatsgehalts bei mir ausmachen. Wir gehen mit dem Lohn also zum Beispiel von 1600 Euro auf 800 Euro runter. Das ist für mich, zudem auch keine Steuern und Sozialabgaben mehr anfallen, eine erhebliche Entlastung, während Sie netto immer noch 400 Euro mehr als früher auf die Hand bekommen, weil Sie ebenfalls keine Abgaben mehr entrichten müssen.

Wie man an diesem beliebigen Beispiel sehr schön sieht: Mit dem Grundeinkommen gäbe es einen Verhandlungsspielraum für Löhne und Gehälter, der heute undenkbar scheint. Dadurch aber könnte ein wirklicher Arbeitsmarkt überhaupt erst entstehen. Denn endlich müsste auch der Arbeitgeber schauen, wie er seine Konditionen so gestaltet, dass er genügend Mitarbeiter findet. Um es noch einmal ganz klar zu sagen: Während

Einkommen aller Art ausdrücklich *nicht* auf das Grundeinkommen angerechnet würden, würde das Grundeinkommen selbst zum Teil durchaus lohnsubstitutiv wirken. Das heißt: Es würde auf Löhne und Gehälter zwar nicht bürokratisch »angerechnet«, aber sozusagen in die Lohnsumme und in alle Lohn- und Gehaltsverhandlungen zwischen Unternehmen und Mitarbeitern einfließen.

Auf den ersten Blick mag das nach »Lohndrückerei« aussehen – und dieser Vorwurf wird meinem Konzept ja auch tatsächlich hier und da gemacht. Doch in Wahrheit ist das Gegenteil der Fall: Mit dem Grundeinkommen *verbessern* sich die Bedingungen, und zwar vor allem für jene, die heute sehr wenig bis wenig verdienen, wie das obige Beispiel schon zeigt. Die Karten würden bereits an der Basis ganz neu gemischt. Aber auch gesamtgesellschaftlich würden sich rasch neue Konstellationen ergeben. Denn weil menschliche Arbeit endlich wieder erschwinglich würde, könnte die viel beschworene Dienstleistungsgesellschaft endlich kommen! Alle sozialen Berufe würden sehr bald einen Boom erleben, und die Entlastung bei personalintensiven Aufgaben wäre dramatisch.

Das bedingungslose Grundeinkommen hat deshalb auch wenig bis nichts mit den zurzeit so heftig diskutierten Kombilohn-Konzepten zu tun. Wenn überhaupt, dann wäre es ein in die Fläche gedachtes Kombi-Einkommens-Modell. Das bedingungslose Grundeinkommen muss als Teil des gesamten Einkommens eines jeden Bürgers verstanden werden. Es ist so etwas wie ein Sockel, der durch Einkünfte aus Erwerbstätigkeit oder unternehmerischer Initiative beliebig aufgestockt werden kann. Denn um auch das in aller Klarheit zu formulieren: Das bedingungslose Grundeinkommen will die Arbeit keineswegs abschaffen, geschweige denn gut bezahlte Arbeit ersetzen. Das Grundeinkommen will vielmehr den Zwang, einer schlecht bezahlten und zudem unbefriedigenden Arbeit nachzugehen, beseitigen und damit den Menschen die Möglichkeit einräumen, bei Sicherung ihrer existenziellen Grundbedürfnisse einer sinnvollen Arbeit nachzugehen.

101

Hoch qualifizierte und gut bezahlte Arbeit wird es natürlich weiterhin geben – wenngleich sich auch in dieser Hinsicht die Gewichte verschieben dürften. Aber auch diese Arbeit wäre fortan entlastet von Lohnnebenkosten, und auch sie wäre nicht mehr von jenem Arbeitsplatzabbau bedroht, der längst nicht mehr nur einfache und gering qualifizierte Jobs trifft. Es ist durchaus möglich, dass hochqualifizierte und attraktive Arbeit zwar weiterhin gut, aber nicht mehr unverhältnismäßig gut bezahlt würde, da ja ihre Attraktivität, ihr Mehrwert an Sinn als Folge eines Wertewandels deutlicher wahrgenommen und bewertet würde.

Am anderen Ende des Spektrums ist es sehr wahrscheinlich, dass unattraktive Arbeit, die heute schlecht bezahlt und wenig sinnstiftend ist, fortan gut bis sehr gut bezahlt werden müsste, damit sich, angeregt vom guten Verdienst, noch Arbeitnehmer finden, die gewillt sind, diese Arbeiten zu erledigen. Auch das wäre ein Fortschritt. Schlechte Arbeitsbedingungen würden kompensiert durch bessere Bezahlung. Die absehbare Folge wären Rationalisierungen, die schwere, monotone oder unattraktive Arbeit fortan überflüssig machen würden. Denn die Drecksarbeit würde bald von intelligenten Maschinen erledigt, um die hohen Löhne für menschliche Arbeit einzusparen. Die Arbeit würde sich also weiter verbessern. Das ist allerdings nur mit einem funktionierenden »Arbeitsmarkt« mit gleichen Verhandlungsbedingungen auf beiden Seiten zu erreichen, also in einer Gesellschaft mit bedingungslosem Grundeinkommen.

An den Gedanken, als »nieder« geltende Arbeit sehr gut zu bezahlen, kann man sich womöglich nur schwer gewöhnen, weil er dem üblichen Verständnis von den Relationen zwischen Arbeit und Bezahlung zuwiderzulaufen scheint. Dennoch glaube ich, dass es lohnt, ihn zu Ende zu denken, denn er beinhaltet letztlich eine ausgleichende Gerechtigkeit.

Es gibt viele Menschen, die ihren Beruf lieben, ja, ihm leidenschaftlich nachgehen. Es sind dies zumeist Menschen, die sich mit Eigenverantwortung der Lösung schwieriger Probleme widmen, oder aber Menschen, die aus dem ideellen Wert ihrer im humanitären oder kulturellen Bereich angesiedelten Arbeit Befriedigung ziehen.

Ein bevormundeter Erwerbstätiger, der als kleines Rad in einem großen Getriebe rotiert, ohne den Sinn seiner Tätigkeit zu erfahren, liebt seinen Beruf selten, er absolviert ihn eher, um leben zu können. Die Arbeit auf dem Schlachthof, in der Müllentsorgung oder in der Großküche wird vermutlich wenig leidenschaftliche Befürworter haben. Diese Arbeiten sind hart, anstrengend und durch negative Begleitumstände noch zusätzlich belastet. Will man Menschen dafür gewinnen, diese gesellschaftlich nützlichen, aber schweren oder unangenehmen Arbeiten zu übernehmen, dann muss man sie wie beschrieben über ihre Bezahlung attraktiv machen. Oder sie durch den Einsatz modernster Technik automatisieren. Als Grundeinkommensbezieher wäre nur niemand mehr gezwungen, unattraktive, sinnlos erscheinende oder monotone Arbeiten zu verrichten, und es würden sich zu den heutigen Löhnen kaum noch Menschen finden lassen, die diese Arbeiten annehmen würden.

Was aber ist mit dem besessenen Programmierer, der von sich aus nie etwas anderes tun würde, als an seinem Rechner unablässig an besseren EDV-Lösungen zu tüfteln? Könnte dessen Bezahlung (über sein Grundeinkommen hinaus) vielleicht bescheidener ausfallen? Und wäre das nicht ungerecht? Nein, es wäre nicht ungerecht. Die Verschiebung der Gewichte, das Einbeziehen des Sinnfaktors und der Faktoren Selbstverwirklichung, Eigenständigkeit und Befriedigung in das Wertgefüge Arbeit würden Gerechtigkeit sogar erst herstellen.

Erst eine Gesellschaft, deren Grundversorgung garantiert ist, kann andere Werte in den Mittelpunkt stellen als die pure Versorgung mit dem Nötigsten. Über den tieferen Sinn von Arbeit, über Befriedigung und Sinn, über Verantwortung in der Produktion, über die ökologischen Folgewirkungen unseres Tuns oder über nationale wie weltweite Verteilungsgerechtigkeit kann im Grunde erst dann nachgedacht werden, wenn der Kopf dafür frei ist. Das heißt: Wenn die Grundversorgung eines jeden Bürgers geregelt ist.

Und ein erneutes Wachstum, ja sogar ein Aufblühen der Arbeit können nur erreicht werden, wenn die Richtung unserer Bemühungen radikal geändert wird. Ein radikalerer Richtungswechsel als die Einführung eines bedingungslosen Grundeinkommens kann schlechterdings nicht gedacht werden. Denn endlich würde die menschliche Arbeit statt die der Maschinen subventioniert. Sie würde sogar gleich doppelt verbilligt. Durch den Sockel des Grundeinkommens könnten die Gehälter anteilig sinken, denn es müssten ja nur noch frei auszuhandelnde Zusatzeinkommen bereitgestellt werden. Zusätzlich würden die Unternehmen von der Last der Steuern und Lohnnebenkosten befreit, und menschliche Arbeit würde auch dadurch endlich wieder erschwinglich. All das hätte deutliche Auswirkungen: Deutschland würde schlagartig wieder mehr Investitionen anziehen, und zugleich könnten deutlich mehr im Inland produzierte Güter zu günstigeren Bedingungen und zu reduzierten Preisen exportiert werden. Da Deutschland als Exportweltmeister ohnehin über eingespielte Absatzkanäle verfügt, wäre ein exponentielles Exportwachstum zu erwarten.

Niedriglohnsektor, nein danke!

Zu den heiligen Kühen der bundesdeutschen Sozialpartnerschaft gehören die Tarifautonomie und der flächendeckende Tarifvertrag. Die in Kreisen der Wirtschaft verbreitete Schelte dieser Institutionen hat in meinen Augen zugleich etwas Richtiges und etwas ganz Falsches. Richtig ist sie hinsichtlich der lähmenden Wirkungen, die wenig flexible Tarifstrukturen auf Investitionen und unternehmerische Initiative haben. Falsch ist sie hingegen, wenn diese Restriktionen isoliert und ohne jedes historische Bewusstsein gegeißelt werden.

Solange einzig Erwerbseinkommen die Existenz der Menschen sichern, brauchen sie hinsichtlich dieser Einkommen Sicherheit. Und die kann natürlich mittels individueller, durch Angst vor Arbeitsplatz- und Einkommensverlust ständig bedrohter Vereinbarungen nicht garantiert werden. In einer Gesellschaft ohne ein bedingungsloses Grundeinkommen muss die Einkommenssicherheit deshalb durch kollektive Zusammenschlüsse und Vereinbarungen gesichert werden. Dies zu garantieren, nämlich dass Menschen über ein ausreichendes Einkommen verfügen und möglichst gerecht am Erfolg ihrer Unternehmen wie am allgemeinen Wachstum des gesellschaftlichen Wohlstands beteiligt werden, war das historische Verdienst der Gewerkschaften und die unverzichtbare Funktion verbindlicher Flächentarifverträge. Und insofern, als die Sicherheit des Einkommens bis heute nicht für alle Menschen garantiert ist, ist weder das eine noch das andere obsolet. Aber während eine kollektive Interessenvertretung der Arbeitnehmer, sei es über Betriebsräte, sei es in Form der Mitbestimmung oder mittels gewerkschaftlicher Organisationen, gewiss in jeder Wirtschaft notwendig ist, werden sich das Gewicht und die Rolle von Tarifverträgen nach Einführung eines bedingungslosen Grundeinkommens wohl eher relativieren.

In einem Punkt allerdings stehe ich dem allgemeinen Lohnlamento großer Teile der Wirtschaft denkbar fern: Die Arbeit sei zu teuer, heißt es da, die Lohnnebenkosten seien zu hoch. Das ist zwar im Prinzip richtig. Doch leider zieht man aus dieser Diagnose gegenwärtig die falschen Schlüsse. Oder sagen wir besser, deutet man schon die Krankheitssymptome falsch. Denn die Kosten der Arbeit und die Lohnnebenkosten werden völlig isoliert betrachtet, und dann ist man rasch bei der Losung: »Runter mit den Löhnen!«

Aus meiner Sicht ergeben sich die zu hohen Kosten jedoch aus dem Zusammenwirken mehrerer Phänomene. Zum einen ist der so genannte Arbeitsmarkt, der diese viel zu hohen Gesamtkosten produziert, eben tatsächlich alles andere als ein echter Markt. Dort herrscht kein freies Spiel der Kräfte, es gibt keinen echten Dialog, ein Nebel aus Subventionen und falsch erhobenen Steuern trübt den Blick der Dialogpartner.

Dann werden gegenwärtig Steuern vor allem auf die Arbeit bezogen, was diese mehr und mehr belastet. Das ist nicht nur in Bezug auf die Arbeit sinnlos und kontraproduktiv, es läuft auch dem eigentlichen Sinn der Steuer zuwider. Einen großen Teil der Steuerlast so früh in der Wertschöpfungskette anzusetzen ist nicht nur deshalb falsch, weil es die Arbeit und damit letztlich die Inlandsproduktion unnötig verteuert. Diese unsinnigen Kosten schlagen unweigerlich bis in die Preise durch. Ein zirkuläres System, das seine Untauglichkeit längst hinlänglich bewiesen hat.

Aus der oben genannten Binsenweisheit, die Arbeit sei zu teuer, leiten Politik und Arbeitgeber häufig die Forderung nach einem Niedriglohnsektor ab. Meine Antwort und die anderer Befürworter des Grundeinkommens darauf ist ein kategorisches Nein! Wir brauchen keinen Niedriglohnsektor, denn damit würde das Problem, dass viele kein angemessenes Einkommen für ein menschenwürdiges Dasein erhalten, nur noch verschärft. Außerdem ist es pure Augenwischerei zu behaupten, es würden wesentlich mehr Mitarbeiter eingestellt, wenn die Lohnkosten immer weiter sinken. Die Lohnnebenkosten als das eigentliche und längst ausgemachte Problem bleiben uns nämlich erhalten, auch wenn wir einen Niedriglohnsektor einführen.

Der auf sein Unternehmen fixierte Betriebswirt wird an dieser Stelle womöglich einwenden, durch das Grundeinkommen entstünde doch auch so etwas wie ein Niedriglohnsektor. Das ist jedoch zu eng gedacht, nämlich in den Kategorien eines starren Kostenschemas, das neben der Sphäre des Betriebs keine anderen Lebensbereiche kennt.

Die Betriebswirtschaft sieht vor lauter »Kosten« die Volkswirtschaft nicht. Und die Einkommen der Menschen und Haushalte sind sogar ihr größter blinder Fleck. Arbeitskräfte sind für den Betriebswirt tatsächlich nichts anderes als ein Kostenfaktor, sie zählen zu den Betriebsausgaben.

Weiten wir den Blick dagegen in Richtung Volkswirtschaft, so ist es deren vorrangige Aufgabe, die Menschen mit Gütern und mit Einkommen zu versorgen. Mit dieser genuinen Aufgabe begibt sich die Volkswirtschaft zwangsläufig auf Kollisionskurs mit der Betriebswirtschaft.

Noch einmal: Das Grundeinkommen will zuallererst den Bürgern ein menschenwürdiges Dasein ohne Existenzängste ermöglichen. Es hat damit vor allem anderen ein soziales Anliegen. Alle Folgeeffekte, von denen auch die Unternehmen enorm profitieren können, sind zwar wichtig, aber dem Sozialziel nachgeordnet. Solange Unternehmer nur in Relationen von These und Antithese, von Kosten und Nutzen, Gewinn und Verlust denken können, werden sie den eigentlichen Paradigmenwechsel nicht begreifen.

Das erfrorene, erstarrte Denken der Manager und Unternehmer und letztlich von uns allen ist derzeit unser größtes Problem. Die Macher – auch in der Politik – müssen lernen, in Prozessen zu denken, in Metamorphosen und Synthesen, und aufhören, ewig die alte Entweder-oder-Logik durchzudeklinieren. Das lineare Denken hat angesichts der Komplexität unserer Welt ausgedient. In unseren Unternehmen sitzen zu viele Spezialisten. Der Blickwinkel von Controllern und Betriebswirten ist traditionell auf das eigene Metier fokussiert; sie sind selten in der Lage, ihr Spezialwissen mit einem Generalwissen zu kombinieren, das größere Zusammenhänge erfasst.

Dabei müssten wir eigentlich alle Spezialisten fürs Generelle sein. Dafür plädierte bereits Ludwig Erhard, der in den Gründungs- und Wirtschaftswunderjahren der Bundesrepublik erlebt hatte, wozu die schleichende Entmündigung des Bürgers führt: »Wir sollten uns nicht so gebärden, als ob das Erkennen volkswirtschaftlicher Zusammenhänge nur den Gralshütern vorbehalten bliebe, die auf der einen Seite wissenschaftlich, auf der anderen Seite demagogisch ihre verhärteten Standpunkte vortragen. Nein, jeder Bürger unseres Staates muss um die wirtschaftlichen Zusammenhänge wissen und zu einem Urteil befähigt sein, denn es handelt sich hier um Fragen unserer politischen Ordnung, deren Stabilität zu sichern uns aufgegeben ist.«

Freilich: Das fällt in der Praxis oft schwer angesichts des Zerfalls der Gesellschaft in unendlich viele Gruppen und Grüppchen von Experten und Sachverständigen. Dennoch ist in meinen Augen ein Umdenken gerade auch in Hinsicht auf die Verantwortung eines jeden Bürgers nötig. Wir müssen Spezialisten fürs Generelle werden, denn ganz gleich, wie die Dinge sich entwickeln, müssen wir für das eigene Leben in höherem Maße Eigenverantwortung übernehmen, mit oder ohne Grundeinkommen. Wenn das Grundeinkommen kommt, wird manch einer zunächst überfordert sein durch den Freiraum, den es nun zu nutzen, ja zu managen gilt. Freiräume zu nutzen und Eigenverantwortung zu übernehmen ist aber der einzige Weg, wahrhaft zu reifen und zum Menschen zu werden. Denn: Mensch ist man nicht. Mensch wird man. Ein freier Mensch aber kann nicht nur entscheiden, er kann vor allem handeln und initiativ eingreifen in den Lauf der Welt. Der freie Mensch kann und will Verantwortung übernehmen für den Zustand seiner Umwelt – ökonomisch, ökologisch und sozial.

Die ewige »Hängematte«

Spätestens an dieser Stelle werden Skeptiker mit einem Einwand reagieren, der sich aus einem Widerspruch speist, den wir alle kultivieren. Ich meine damit das Phänomen, dass wir, bezogen auf uns selbst, stets anthropologische Optimisten sind, anderen gegenüber aber permanent einen nachtschwarzen Pessimismus pflegen. Ergo lautet ein Haupteinwand gegen die Chancengleichheit, die das Grundeinkommen bieten würde, ungefähr folgendermaßen: Ja, ich würde das Grundeinkommen natürlich optimal nutzen und kreativ damit umgehen, die anderen aber würden das doch nur ausnutzen, herumlungern und das Geld verjubeln. Oder kurz: Ich selbst habe gute Anlagen und Absichten, der andere aber ist faul und ziellos.

Die Diskrepanz zwischen Selbst- und Fremdwahrnehmung einmal beiseite gelassen – man kann recht sicher sein, dass ein überwiegender Teil der von den existenziellen Sorgen befreiten Bürger nicht untätig daheim bleiben wollte.

So äußerte sich doch der durch einen Konflikt mit dem SPD-Vorsitzenden Kurt Beck zu zweifelhafter Berühmtheit gelangte

Henrico F. zu seinem größten Problem sehr eindeutig. (Zur Erinnerung: Beck hatte ihm geraten, seine Frisur und Barttracht zu verändern, dann klappe es auch mit einem Job.) »Für mich geht es nur darum, aus diesem Scheißalltag endlich herauszukommen«, klagte er. »Ich bin es leid, morgens aufzuwachen und nicht zu wissen, was ich machen soll.« Zum Zeitpunkt dieser Äußerung lebte Henrico F. nach eigenen Angaben seit etwa einem Jahr von monatlich 345 Euro Arbeitslosengeld und wohnte in einer zwölf Quadratmeter großen Mietwohnung.

Ich bin fest davon überzeugt, dass die allermeisten Menschen sich sinnvoll beschäftigen wollen. Doch dass man »Faulpelze« durch ein Grundeinkommen subventionieren und in ihrer Haltung noch bestärken würde, ist ein Haupteinwand gegen das Grundeinkommen, der häufig mit heiligem Ernst vorgetragen wird. Die Skeptiker glauben, an dieser Stelle eine große Ungerechtigkeit der Idee entdeckt zu haben. Dazu ist jedoch zu sagen: Antriebslose Menschen hat es immer gegeben und wird es immer geben. Die hat die Gesellschaft immer ertragen und wird sie immer ertragen müssen. Durch keine Macht der Welt machen wir aus einem arbeitsunwilligen, von innerer Lähmung befallenen Menschen einen motivierten Menschen. Das heißt, diese Menschen sind und bleiben unwillig, sich sozial zu bewegen. Sie werden es immer vorziehen, ohne Job zu leben, und wenn man sie in ein Beschäftigungsverhältnis zwingt, dann werden sie ihre Tätigkeit eher sabotieren als ausfüllen.

Mit einem Grundeinkommen, das ist schwerlich zu bezweifeln, bleiben diese Leute dann vermutlich wirklich zu Hause. Doch daran können schon heute die Verschärfung der »Zumutbarkeitskriterien« oder die Kürzung der Bezüge beim Arbeitslosengeld II kaum etwas ändern. In Zukunft würden die echten Faulpelze allerdings auch nicht mehr jene Arbeitsplätze blockieren, auf die man sie in Einzelfällen bislang noch zwingen kann. Und ob es für diese Arbeitsplätze überhaupt einen über die reine Beschäftigungstherapie hinausgehenden gesellschaftlichen Bedarf gibt, wird sich auch dann erst erweisen können.

Dass Menschen überhaupt derart grundsätzliche Motivationsprobleme haben, ist im Kern weder ein Arbeitsmarktproblem noch eine Frage individueller Bosheit oder Verkommenheit. Die chronischen Faulpelze, die mental und emotional Gelähmten, sind ein Kultur- und Bildungsproblem und ein Resultat mangelnder gesellschaftlicher Fürsorge.

Als Antwort auf solche Fälle mangelnder sozialer Integration wäre wieder die Sozial- und Kulturarbeit gefragt, die in unserem System mehr und mehr abgebaut wird und fatalerweise als unbezahlbar gilt. Auch diesem Fürsorgemangel, der ja für die in der Sozialarbeit Tätigen wie für ihre Klienten prekär ist, wäre durch ein Grundeinkommen zu begegnen. Denn sowohl im Bildungs- als auch im Sozialarbeitssektor könnte wieder aufgestockt werden. Man könnte die Menschen dann gezielt dort abholen, wo sie jetzt noch in Ideen- und Motivationslosigkeit dahindämmern. Die Perspektive entmutigter und vom Leben enttäuschter Menschen ließe sich so entscheidend verbessern.

Und das täte bitter not, denn zur Zeit ist unübersehbar, dass das Gefälle täglich steiler wird und dass negative Abgrenzungen immer schärfer gezogen werden. Die absurde Diskrepanz zwischen anthropologischem Optimismus gegenüber der eigenen Person und Pessimismus gegenüber den anderen wächst stetig. Die Optimisten werden sogar deutlich hochmütiger und rechnen sich siegessicher zur Klasse derer, die in dieser Gesellschaft weder verloren haben noch je verlieren können. Umso drastischer wird dafür die Gruppe der Verlierer von den Siegern diskreditiert, herabgewürdigt, abgestempelt. »Unterschicht«, »Prekariat« – das sind Wörter, deren demütigende Verwendung noch vor wenigen Jahren ein Unding gewesen wäre.

Der Hochmut indes ist nicht neu. Für diese Haltung gibt es historische Beispiele, etwa die spätrömische Gesellschaft, die vom »Pöbel« eine ähnlich verächtliche Meinung hegte wie manche heute von der »Unterschicht«. Die stetige Vertiefung der sozialen Kluft bekam dem Römischen Reich bekanntlich schlecht. Das eigentliche Problem in Rom war jedoch nicht, dass die Unterschicht zunehmend verwahrloste und irgendwann unregierbar wurde. Das Problem waren die Hybris und die Dekadenz der

Oberschicht. Ich wage zu behaupten, dass sich das Problem heute wiederholt. Denn auch wir haben in Wahrheit kein Unterschichtenproblem. Wir haben ein Oberschichtenproblem!

Es gibt allerdings unter den zu Arbeit und sinnvoller Beschäftigung Unwilligen nicht nur den ungebildeten Biertrinker auf dem Sofa. Es gibt auch den sehr gut Ausgebildeten aus intaktem sozialen Umfeld, der nichts tut und auch nichts tun will. Doch Menschen, die es in dieser ewigen Hängematte aushalten, zahlen dafür einen hohen Preis. Sie hindern sich selbst an der Entfaltung ihrer Persönlichkeit durch produktive Tätigkeit. Wer seine eigene Leistungsfähigkeit verkümmern lässt, minimiert sich selbst und lässt Chancen der Ich-Entwicklung aus.

Diese Untätigkeit dürfte jedoch nur bei einem kleinen Teil der Betroffenen einer durch und durch zynischen, negativen Haltung entspringen. Beim überwiegenden Teil der aus intaktem Umfeld stammenden, gut ausgebildeten »Rumhänger« entsteht die beschriebene Haltung wohl eher aus einer Art »sozialer Behinderung«. Wer sich nicht sinnvoll beschäftigen kann, steht sozial im Abseits. So wie andere körperlich eingeschränkt und dadurch an einer Tätigkeit gehindert sind, gibt es diese Form von pathologischer Blockade, die die Betroffenen im Übrigen keineswegs genießen. Wer behauptet, dass hier Menschen ein süßes Leben in fröhlichem Nichtstun vertrödeln, irrt. Tatsächlich gehen oft Depressionen, Alkohol- und Drogenmissbrauch sowie aus all dem resultierende Gesundheitsprobleme mit einem derart verbummelten Leben einher.

Gesundheit und Eigenverantwortung

In vielen Diskussionen wird mir stets irgendwann auch die Frage gestellt, wie ich mir nach Einführung eines bedingungslosen Grundeinkommens eigentlich die Finanzierung unseres Gesundheitssystems vorstelle, das ja neben den staatlichen und betrieblichen Renten und weit vor Arbeitslosengeld I und II den größten Teil unserer Sozialbudgets ausmacht. Grundsätzlich denke ich, dass diese Frage unabhängig von der des Grundeinkommens ist und deshalb auch weitgehend unabhängig von ihm gelöst werden muss.

Klar ist nur eines: Krank wird jeder Mensch im Laufe seines Lebens irgendwann einmal. Unser Gesundheitssystem ausschließlich aus Arbeitseinkommen finanzieren zu wollen war deshalb schon immer eine seltsame Idee, die aber so lange leidlich funktionieren konnte, wie die meisten erwerbsfähigen Menschen auch tatsächlich einen lebenslangen Vollzeitarbeitsplatz hatten. Da aber diese Voraussetzung passé ist, ist es mittlerweile fast eine Binsenweisheit, dass wir unser Gesundheitssystem anders, etwa aus Steuermitteln finanzieren müssen. Und so lautet denn auch die vielleicht nächstliegende Antwort auf obige Frage: Im Grundeinkommen muss ein Beitrag zu einer allgemeinen Gesundheitsversicherung enthalten sein, der gesundheitliche Risiken in einem noch zu definierenden Umfang (andere Baustelle!) absichert. Und er muss sinnvollerweise entweder sogleich einbehalten oder von jedem Bürger an eine Versicherung seiner Wahl abgeführt werden. Das heißt: Sich gegen Krankheit zu versichern ist in jedem Fall Pflicht. In welcher Höhe das jedoch zu geschehen hat, und ob es besser im Rahmen einer privaten oder der bisherigen gesetzlichen, oder gar einer staatlichen Versicherung organisiert werden sollte, darüber ist damit noch nichts gesagt.

Dass unser jetziges System beinahe im Koma liegt, wird kein unbefangener Beobachter bestreiten wollen. Ebenso deutlich wurde unlängst, dass jede Reform, die auf dem aktuell gültigen Sozialgefüge aufsetzt, für alle Beteiligten Verschlechterungen in verheerendem Ausmaß nach sich zieht. Umsteuern ist also in diesem heiß diskutierten Teilbereich genauso überfällig wie in den übergeordneten Systemen Arbeit, Steuer und Soziales.

Doch wie beim Grundeinkommen sehe ich die dringend notwendige Initialzündung zur Veränderung auch hier im Kulturellen, im Wandel des allgemeinen Bewusstseins. Ein Teil der Probleme, die das heutige Gesundheitssystem ruiniert haben, wurzelt in jener passiven Versorgungshaltung, die der beschriebenen mangelnden Initiative im Lebensbereich Arbeit entspricht. Der Versorgungsgedanke hat sich total verselbstständigt und absurde Formen angenommen. Die Eigenverantwortung für das Kostbarste, was wir besitzen, nämlich unsere Gesundheit, ist in der Allgemeinheit nur noch schwach ausgeprägt. Hier wurde viel an Eigenbeobachtung, Aufmerksamkeit und verantwortlichem Umgang ans System abgegeben. »Hauptsache, ich werde geholfen« nennt nicht umsonst ein praktizierender Arzt und nebenberuflicher Kabarettist sein Programm, in dem er die Passivität vieler Patienten böse aufs Korn nimmt.

Die Frage »Was zahlt die Kasse?« ist die in deutschen Arztpraxen wohl am häufigsten gestellte Frage überhaupt. Das zeigt, wie sehr der Versorgungsgedanke zum Normalfall geworden ist. »Viel hilft viel« ersetzt im Bewusstsein die Eigenverantwortung. Wenn aber umgekehrt die Kasse nicht zahlt und das eigene Einkommen für Eigenleistungen nicht ausreicht, dann muss weniger reichen. Ich denke, dass auch im Gesundheitssystem gründlich umgedacht werden muss. Die individuelle Krankheitsvorsorge sollte die Sache des Einzelnen sein, so wie ja auch andere Versicherungen in ihrem Umfang frei gewählt werden können. Voll- oder Teilkasko, das ist dann die Frage der eigenen Verantwortung. Was die Gemeinschaft nach wie vor abdecken würde, sind die Grundversorgung und der Bedürftigkeitsfall. Letztendlich ist auch eine Krankenversicherung ein Konstrukt, das uns gegen alle erdenklichen Wechselfälle des Lebens absichern soll, die womöglich nie eintreten.

Des Menschen höchste Sorgfalt sollte eigentlich der Verantwortung für und der Pflege des eigenen Körpers gelten. Was sich dringend ändern muss, ist der Umstand, dass die Menschen sich mit der Bundesliga oder der Formel 1 besser auskennen als mit der eigenen Gesundheit. Das Rundum-sorglos-Paket raubt letztlich jedes Gefühl der Eigenverantwortung. Die Gemeinschaft sollte man dagegen in Zukunft nur dazu verpflichten, die Großrisiken abzudecken. Dafür könnte es zum Beispiel wie in der Schweiz eine Einheitsversicherung geben. Zudem könnte jede Versicherung eine Selbstbeteiligung anbieten, die jeder nach seiner individuellen Leistungsfähigkeit festlegt. Genauso wie er nach

113

seinen persönlichen Präferenzen aus einer Fülle von Angeboten der Privatversicherungen wählt, wogegen er sich versichern will. Nicht jede Spezialität müsste somit von der Gemeinschaft getragen werden.

Natürlich kann das Grundeinkommen nicht alle Probleme lösen, gewiss verwandelt es keinen Zyniker über Nacht in einen Idealisten. Wir können aber die Startbedingungen für alle durch das Grundeinkommen so verändern, dass damit die Weichen für eine andere Art von Wachstum gestellt werden.

Der Skeptiker wird dennoch niemals ruhen, dem Mitmenschen zu unterstellen, dass er mit der Chance der Freiheit nichts anzufangen weiß. Das ist im Kern eine Frage des Menschenbildes. Definiert man den Menschen materialistisch, betrachtet man ihn also aus dem Blickwinkel eines reinen Reiz-Reaktionsschemas als zutiefst determiniertes Wesen, wird man bezweifeln, dass er die Freiheit der Wahl und die Freiheit zur Veränderung hat. Sieht man den Menschen jedoch als ein höchst individuelles und entwicklungsfähiges Lebewesen, stellt sich die Situation ganz anders dar. Dann kommt es nämlich darauf an, wie der Mensch seine biographischen Fäden in der Welt auffinden und in die Hand nehmen kann. Das kann nur er selbst, das kann ihm niemand abnehmen! Die Gesellschaft sollte in der Lage sein, Rahmenbedingungen zu schaffen, die es dem Menschen ermöglichen, seinen Intentionen zu folgen.

Die Konstellationen seines Lebens erfährt der Mensch gemeinhin als das, was ihm möglich scheint beziehungsweise möglich ist. Die Chance, diese Konstellationen als Möglichkeiten und nicht als zu erleidendes Schicksal zu erleben und zugleich in den Möglichkeiten die eigene Intention wiederzufinden oder neu zu entdecken – diese Chance sollte jedem offenstehen. Wenigstens potenziell würde das Grundeinkommen jedem ermöglichen, frei und in Ruhe darüber nachzudenken, wohin sein Weg führen kann, und schließlich den Weg zu gehen, den er für richtig hält. Und keine Gesellschaft der Welt darf einen Menschen darauf verpflichten, dass dieser Weg »gerade« sein muss.

»Zutrauen veredelt den Menschen«
Warum die Unternehmenskultur von *dm*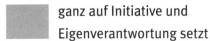
ganz auf Initiative und
Eigenverantwortung setzt

Jedes Unternehmen, das heutzutage etwas auf sich hält, reklamiert für sich eine Philosophie. Das soll Stil und Klasse signalisieren. Dabei sollte man jedoch bedenken, dass sich der Begriff Philosophie in diesem Zusammenhang von seiner ursprünglichen Bedeutung gründlich entfernt hat. Philosophie meint ursprünglich nichts anderes als Liebe zur Weisheit und kann als anspruchsvolle geisteswissenschaftliche Disziplin studiert und als Denkgeschäft in einsamen Gelehrtenklausen ausgeübt werden. Philosophische Denkgebäude und Systeme spiegeln Weltsicht und Werte ihrer Erbauer wider, versuchen, die Welt zu erklären und tiefere Sinnfragen zu lösen. All das wird ein Unternehmen wohl kaum für sich reklamieren wollen.

Zwar ist ein Unternehmen in ökonomische, ökologische, gesellschaftliche und menschliche Zusammenhänge eingebettet, die mit ihm im Dialog stehen. In dieser Kommunikation zwischen Unternehmen und Umwelt teilen sich die Dialogpartner mit und formulieren Wünsche und Ansprüche. Um in diese lebenswichtige Interaktion mit Umwelt und Kunden einzutreten, muss ein Unternehmen also sehr wohl Position beziehen und zunächst sich selbst definieren. Es kommuniziert mittels dieser Selbstdefinition jedoch nicht nur seine Produkte oder Dienstleistungen, sondern auch seine Haltung, seine Geschäftsmoral.

Gleichwohl halte ich den Begriff der Philosophie in diesem Zusammenhang für zu hoch gegriffen. Ich würde mich bezüglich unseres Unternehmens lieber auf den Begriff der Kultur verständigen. Schon allein deshalb, weil damit ein spielerisches Element verbunden ist, das mir wichtig erscheint. Natürlich ist ein Unternehmen geprägt von den sozialen und gesellschaftlichen Grundüberlegungen seiner Leitung. Diese fühlt sich unter Umständen durchaus auch persönlich einer Philosophie und einer Weltsicht verpflichtet. Beides wird ganz unweigerlich Auswirkungen darauf haben, wie das Unternehmen strukturiert und geführt wird. Das Unternehmen aber lebt damit keine Philosophie, sondern leitet aus einer philosophischen Haltung eine Kultur, eine Form des Miteinanders ab.

Aus der Art und Weise, wie in einem Unternehmen Zusammenarbeit generell konstituiert ist, ergibt sich ein Stil der Zusammenarbeit, eine Kultur der Gemeinschaft. Diese Kultur strahlt ganz unwillkürlich nach außen ab und wird sehr deutlich, ja absolut untrügerisch wahrgenommen. Der interne Stil hat also ohne Zweifel direkte Auswirkungen auf das Außen, auf den Kunden. Aus Zwang und Pflichtübung werden sich weder Stil noch Kultur entwickeln. Deshalb gibt es bei *dm* keine Anweisung zur Freundlichkeit, kein mechanisches »keep smiling« und kein einstudiertes Musterverhalten. Es gibt keine Vorstellungskonventionen – wie etwa in manchen Callcentern, wo man gelegentlich gar nicht weiß, ob man gerade mit einer Maschinenstimme verbunden wurde oder mit einem gedrillten Menschen spricht. Wir machen bei *dm* keine Verkaufstrainings, keine Lehrgänge für Zusatzverkäufe, keine Workshops für die freundliche Kassiererin oder Ähnliches.

Das Ergebnis solcher Maßnahmen wäre stets nur ein rein äußerliches Verhalten. Natürlich wollen wir bei *dm,* dass die Mitarbeiter freundlich zu den Kunden sind und sich angemessen verhalten. Wir gehen aber nicht davon aus, dass diese Ziele mittels autoritärer Anweisungen zu erreichen sind. Wir setzen viel früher an und denken darüber nach, wie wir Rahmenbedingungen schaffen, die – vermutlich – diese und jene Auswirkungen haben werden.

Wir begreifen unser Unternehmen als eine moderne Gemeinschaft von Menschen, die wir so wenig hierarchisch wie möglich strukturieren wollen. Je mehr Menschen in einem Unternehmen die Bedürfnisse der Kunden selbst antizipieren können, also selbst und eigenverantwortlich erkennen können, was gefordert ist, desto unternehmerischer denkt und handelt der einzelne

Mitarbeiter und desto unternehmerischer ist das ganze Unternehmen. Je mehr es also gelingt, Menschen durch Schaffen günstiger Rahmenbedingungen in eine Disposition zu bringen, dass sie den Blick auf den Kunden richten statt auf den Vorgesetzten, desto wahrscheinlicher ist es, dass sie sich auch so verhalten.

Denn mit dem Vorgesetzten im Fokus wird sich ein Mitarbeiter immer so verhalten, wie dieser es gern hat, oder zumindest so, wie der Mitarbeiter meint, dass es der Vorgesetzte gerne hätte. Das ist eine ganz natürliche Verhaltensweise. Kommt man aber nur weiter, wenn man es dem Vorgesetzten recht macht, dann stört der Kunde nur. Er stöbert im Regal, stellt überflüssige Fragen, kurz: Er bringt Unruhe in den Laden und stört die Orientierung am Vorgesetzten. Ohne den Kunden sieht der Laden eigentlich immer besser aus. Der Mitarbeiter verliert also den Kunden zwangsläufig aus den Augen, wenn der Vorgesetzte das Ziel der Bemühungen ist.

Das beharrliche Festhalten am Hierarchiedenken ist nicht nur unzeitgemäß, weil es den Bedingungen einer demokratischen, ausdifferenzierten und globalisierten Gesellschaft in keiner Weise mehr gerecht wird. Das überkommene Hierarchiedenken steht sogar im Zentrum der aktuellen Probleme, die sich ökonomisch, sozial, gesellschaftlich und ökologisch stellen. Überall wird noch vertikal gedacht, von oben nach unten. Noch immer lautet die Formel, auf die beinahe jedes Unternehmensorganigramm gebracht werden kann: Oben wird gedacht, unten wird gemacht.

Im Grunde fängt alles mit der Frage an: Spreche ich vom Personal, von unseren Mitarbeitern oder spreche ich von meinen Kollegen? Ist die Kassiererin eine Mitarbeiterin oder eine Kollegin? Für uns bei *dm* ist die Basis der Zusammenarbeit das Vertrauen in den Kollegen. Zutrauen und ein grundsätzlich positives, optimistisches Menschenbild bilden das eigentliche Herz der *dm*-Kultur. Diese Haltung, die wir uns bei *dm* zu leben bemühen, versucht, dem bereits beschriebenen Grundwiderspruch zwischen dem anthropologischen Optimismus sich selbst und Pessimismus dem anderen gegenüber nicht immer wieder aufzusitzen.

Ähnlich gehen wir an unser Verhältnis zum Kunden heran: Wir fragen uns systematisch, wie wir den Laden, das Angebot und den Service für den Kunden optimieren können. Das heißt im Klartext, dass wir uns ständig fragen, was wir noch investieren können. Wir peilen grundsätzlich nie das Minimum, sondern stets das Maximum an.

Die Kostenrechnung spielt also im unternehmerischen Impuls bei dm zunächst eine eher marginale Rolle. Das Minimieren von Möglichkeiten ist generell nicht unser Thema. Haben wir uns einmal entschieden zu expandieren, also einen zusätzlichen Laden zu eröffnen, dann wird dort das Optimum angestrebt, auch mittels großzügiger Investitionen. Gedanken wie »Das reicht doch aus« oder »Das können wir doch einfach weiterverwenden« finden bei uns keinen Raum.

Vertrauen ist gut, Kontrolle ist schlechter

Eine echte, wirklich tiefgreifende und bis in den äußersten Winkel spürbare Unternehmenskultur ist meiner Ansicht nach nichts, was man sich mal eben in einem Crashkurs für Unternehmensführung oder »Soft skills« aneignen kann. Jede Unternehmenskultur ist – gewollt oder ungewollt – das getreue Abbild des im Unternehmen vorherrschenden Menschenbilds. Und dieses Menschenbild hängt mit der Sicht auf die Welt im Ganzen zusammen, ist also aufs engste verknüpft mit Moral und Ethik. Und selbstverständlich mit der Frage nach der bestmöglichen Gestaltung der Welt, dem Realtraum ihrer weiteren Verbesserung.

Mit einem negativen Menschenbild gehen viele Dinge einher, die eine positiv wirksame Unternehmenskultur von vorneherein unmöglich machen. Misstrauen, Pessimismus, Kontrollwahn, Geiz, Ich-Bezogenheit, ja Egoismus erschweren gute Geschäfte. Positive Energien aber kommen nur da wirklich nachhaltig in Fluss, wo keine hemmenden, bremsenden und um sich selbst kreisenden Kräfte am Werk sind. Bin ich als Unternehmer misstrauisch und lebe in ständiger Angst und Sorge, dass man mich betrügt oder übervorteilt, zehrt diese Sorge unendlich viel Energie auf und lässt nur selten etwas im wahrsten Sinne des Wortes glücken. Angst ist für den Unternehmer ein denkbar schlechter Ratgeber.

Ein grundsätzlich positives Menschenbild ermöglicht mir, Menschen nach einem Prinzip zu führen, das Freiherr vom Stein sehr treffend in die folgenden Worte kleidete: »Zutrauen veredelt den Menschen, ewige Vormundschaft hemmt sein Reifen.«

Wer diesen Satz beherzigt und als Unternehmer in der Zusammenarbeit auch lebt, sieht jeden Mitarbeiter als einen Menschen, dem das Recht auf freie Entfaltung seiner Fähigkeiten zusteht. Und vor allem sieht er auch, dass dieser Mensch wie überhaupt jeder Mensch den Wunsch in sich trägt, zu reifen, zu wachsen und eine möglichst gute Leistung zu erbringen. Zutrauen statt Bevormundung bedeutet auch, dass ich den Mitarbeiter – oder besser gesagt, den Kollegen – grundsätzlich erst einmal schätze, dass ich nur das Beste von ihm annehme, dass ich ihn grundsätzlich und ohne Ausnahme so lange für kompetent, loyal und ehrlich halte, bis er mich eines Besseren, genauer gesagt eines Schlechteren, belehrt.

Sollte Letzteres tatsächlich einmal vorkommen, dann darf das nicht zur Folge haben, dass ich mein Weltbild ändere, daraufhin die Daumenschrauben ansetze und die Kontrollen verschärfe. Denn wenn ich damit einmal anfange, beginne ich einen Wettlauf, den ich niemals gewinnen kann. Das verhält sich nämlich genauso wie mit dem vergeblichen Wettlauf von Hase und Igel in der berühmten Fabel: Die Kontrolle kommt immer zu spät, der Mitarbeiter ist immer schon längst woanders.

Es existiert also meiner Ansicht nach keine sinnvolle Alternative dazu, den Kollegen prinzipiell Zutrauen entgegenzubringen, auch wenn manche dieses vermeintlich naive Prinzip für ihre Zwecke nutzen und sich betrügerisch oder destruktiv verhalten.

Wende ich dagegen das Prinzip Misstrauen an, wird alles, was im Unternehmen gedacht, gesagt und getan wird, eine völlig andere Richtung nehmen. Und genau das wird für die Kunden spürbar, denn die sich daraus ergebende beklemmende Stimmung überträgt sich indirekt auch auf sie. Wenn die Mitarbeiter sich unfrei, gezwungen und auf negative Weise bemüht verhalten, kann der Kunde keine entspannte, selbstverständliche Atmosphäre vorfinden.

Ich bin davon überzeugt, dass man – nicht nur im Unternehmen – das positive Menschenbild auch gegen Widerstände und Rückschläge durchhalten muss. Denn diese Fragen der Ethik, der Werte müssen auf lange Sicht gedacht werden. In Sachen Welt- und Menschenbild geht es um Nachhaltigkeit, nicht um kurzlebige Erfolgsmeldungen.

Auch der Unternehmer selbst muss heute, entgegen einer gängigen Auffassung, lupenreiner Altruist sein. Denn je mehr er sich dem Kunden zuwendet und seinen Egoismus ausblendet, desto besser wird das Unternehmen funktionieren und sich entwickeln. Selbstsüchtiges Verhalten ist nichts anderes als Sand im Getriebe.

Nähme ich lediglich die herkömmliche Perspektive des Controllers ein, würde ich sagen: Es kommt an auf »Return on investment«, auf Kapitalverzinsung und Umsatzrendite. Ich kann alles nur unter dem Aspekt der Umsatzrendite betrachten. Aber ich kann es auch so sehen: Sie ist zwar ein wichtiger Erfolgsindikator; in einem ganzheitlich geführten Unternehmen kann aber durchaus auch einmal zu Lasten der Umsatzrendite gewirtschaftet werden, beispielsweise dann, wenn es der Nachhaltigkeit zuträglich ist. Gerade Phasen der Umstrukturierung, der Einführung von Neuerungen, auch von neuen kulturellen Werten können finanzielle Irritationen verursachen, sind aber im Sinne der Nachhaltigkeit unentbehrlich.

Es war nur eine Schraube locker ...

Auch *dm* hat bis zu der Unternehmenskultur, wie sie heute gelebt wird, einen Weg zurückgelegt, der vielleicht nicht steinig war, aber sehr wohl Phasen der radikalen Umstrukturierung, der Einführung neuer Werte und der damit einhergehenden Irritationen durchstehen musste.

Solange wir ein kleines Unternehmen, ein Pionierunternehmen waren, war die Nähe zum Markt ganz selbstverständlich gegeben. Zudem gab es kurze Wege, jeder kannte jeden, es gab einen Chef, und der sagte, wo es langgeht.

Als das Unternehmen größer wurde, kam es ganz automatisch dazu, dass der Chef, der Entscheider, nicht überall gleichzeitig sein konnte. Das war der Moment, als wir anfingen zu differenzieren, Regeln zu schaffen, zu organisieren und zu strukturieren. Ganz von selbst entstanden Hierarchien, die es vorher nicht gab. Die Folge war – und das ist so bei jedem Unternehmen, das entsprechend auf Wachstum reagiert –, dass das Unternehmen sich zunehmend mit sich selbst beschäftigte und den Kunden allmählich aus dem Blick verlor.

In dieser Differenzierungsphase versuchten wir, die Firma immer detaillierter zu strukturieren. Folglich gab es bei *dm* auch immer mehr Hierarchiestufen und immer neue Kontrollinstanzen. Diesen Mechanismus kann man in den meisten Unternehmen beobachten. Die Organisation wird dadurch ständig tiefer, beschäftigt sich immer stärker mit sich selbst und droht allmählich im Chaos zu versinken. Die Furcht davor führt wiederum zu mehr Bürokratie, diese in der Folge zu weiteren Prozeduren, bis schließlich ein echter Teufelskreis eingeleitet ist.

Entscheidet man sich für einen totalen Paradigmenwechsel, dann braucht man in der Phase des Wandels möglichst viele Pioniere im Unternehmen, denn es muss alles transparent gemacht werden, und die Ziele müssen sich herauskristallisieren. Dieser Prozess kann nur gemeinsam bewerkstelligt werden. Nur so entwickelt sich das Unternehmen konsequent weg vom Vorgesetzten.

Mein Schlüsselerlebnis, das mich endgültig davon überzeugte, die Bastionen der Hierarchie zu schleifen, war wie folgt: Wir verkauften damals bei *dm* hochwertige Markendüfte. Für den Verkauf dieser Artikel gab es in jeder Filiale eine eigene kleine

Theke, die klar signalisierte, dass hier keine Selbstbedienung galt. Zudem sollte die Theke mit den dahinter aufgebauten Regalen das Besondere der Produkte unterstreichen. Ich kam also mit einem Bezirksleiter in eine Filiale, unterhielt mich mit ihm und stand lässig an die Theke gelehnt. Während ich so angelehnt stand, schob sich die Theke, die eigentlich hätte fest stehen müssen, langsam nach hinten bis direkt an das Regal. Man kam nun ungehindert an die Parfümflakons heran.

Als ich das Problem monierte, sagte die angesprochene Mitarbeiterin, sie habe dem Bezirksleiter die rutschende Theke schon längst gemeldet. Tatsächlich, der Bezirksleiter war hier zuständig, er hätte Abhilfe schaffen sollen. Bislang war besagter Leiter, aus welchen Gründen auch immer, noch nicht dazu gekommen, sich um die Sache zu kümmern. So hatte sich das Ganze bereits sechs Wochen lang hingezogen, geradezu absurd für eine derart banale Angelegenheit.

Es war überdeutlich, dass unser eigentliches Problem nicht der säumige Bezirksleiter war, sondern die Hierarchie und als deren Folge die mangelnde Eigeninitiative der Mitarbeiter. Warum brauchten wir den Bezirksleiter, um eine wackelige Theke wieder anzuschrauben? Warum mussten umständliche Dienstwege eingehalten werden für eine lächerliche Reparatur? Hätten die Mitarbeiter eigenverantwortlich denken dürfen und können, dann hätten sie längst selbst gehandelt.

Aus dieser Einsicht folgte ganz logisch die Frage: Wie kann man Menschen dazu bringen, im Unternehmen eigenverantwortlich zu denken und zu handeln? Und wie verlagert man im nächsten Schritt möglichst viel Macht – Macht im Sinne von machen – weg aus der Zentrale und hinein in die Filialen, sodass möglichst viel Selbstständigkeit entsteht?

Es wurde klar: Wir müssen völlig umdenken und unsere Organisation zurückbauen. Denn auf vielen Hierarchieebenen werden unaufhörlich Besprechungen abgehalten, es wird Bericht erstattet, ausgetauscht, abgesprochen und vertagt. Und dann geht es in die nächste Runde, um die Ergebnisse der vorigen Runde erneut auszubreiten, aufzumischen und neu zu diskutieren. So geht es immer weiter, und alle sind vor allem mit der nur noch um sich selbst kreisenden Organisation beschäftigt. Ein typischer Fall von Entropie.

Zunächst einmal sparten wir uns alle Bezirksleiter; seitdem gibt es nur noch Gebietsverantwortliche, die mit ihren Aufgaben so ausgefüllt sind, dass sie das Tagesgeschäft »ihrer« einzelnen Filialen überhaupt nicht im Detail kontrollieren können und deshalb ganz auf die Initiative der Filialleiter setzen müssen. Wir haben also die Rahmenbedingungen verändert und damit eine Sogwirkung erreicht, die zwangsläufig dazu führte, dass sich das Verhalten an der Basis, in der Filiale ändern musste.

Ich bin davon überzeugt, dass ein Unternehmen zu führen heute bedeutet, Wasserbauer zu sein. Als Wasserbauer modelliert man das Gelände und nicht das Wasser. Das Wasser fließt nämlich nicht rechtsherum, weil der Wasserbauer dem Wasser sagt, dass es das soll, sondern weil der Wasserbauer das Umfeld so modelliert hat, dass es rechtsherum fließen kann.

Im Management-Denken ist der Paradigmenwechsel vergleichbar mit dem Schritt von *push* zu *pull*. Vollzieht man in der Führung diesen Wandel, bedeutet das, dass man nicht mehr via Anweisung und Autorität Dinge mit Druck durchsetzt, wie es ein typischer Manager üblicherweise macht. Managen bedeutet heute nicht mehr Druck, sondern Sog zu erzeugen.

Ein Manager oder der Leiter eines Unternehmens darf heute kein Direktor im alten Sinne sein. Er sollte vielmehr ein Evokator sein. Der Direktor führte noch mit Anweisungen und hatte auf alle Fragen eine Antwort. Er war in gewissem Sinne eine unantastbare, entfernte Figur, ganz buchstäblich der Vorgesetzte. Als die Dinge noch weniger komplex waren als heute, war diese einfache, vertikale Struktur möglich. Denn sie bildete auch einen Teil der Wirklichkeit getreulich ab. Der Meister wusste damals natürlich mehr als der Lehrling, er wusste es besser und er konnte es auch besser.

Dieses alte Prinzip rumort noch immer im Bewusstsein vieler Menschen, ungeachtet der Tatsache, dass die Welt inzwischen eine ganz andere ist. Das Aufschauen zum Meister, zum Chef, zum Vorgesetzten hat vielfach überdauert.

Tatsächlich haben sich die Dinge inzwischen so enorm verkompliziert, dass die einfache, vertikale Struktur schon längst nicht mehr imstande ist, die Welt abzubilden. Heute ist es fast umgekehrt: Der Vorgesetzte ist der, der am wenigsten weiß und dem unter seiner Regie ablaufenden Prozess am fernsten steht. Genau dies ist das Ergebnis der hochgradigen Arbeitsteilung. Heute kann der Meister oder Chef unmöglich alle am Produktionsprozess beteiligten Arbeitsschritte kennen, denn er kann nicht überall sein. Die Aufgabe des Vorgesetzten ist es heute nicht mehr, Anweisungen bis ins Detail zu geben, sondern strategisch zu denken und notwendige Schritte vorzubereiten. Er modelliert sozusagen das Gelände dafür, wie der erwähnte Wasserbauer.

Mit seinen strategischen Weichenstellungen wird der Manager oder Chef aber wiederum nur etwas erreichen, wenn er das Bewusstsein für Strategie und für Notwendigkeiten bei seinen Mitarbeitern weckt. Wenn die Weichen gestellt sind, kommt es darauf an, dass die Mitarbeiter unternehmerisch mit- und weiterdenken, sonst passiert gar nichts oder nur sehr wenig. Es geht also nicht nur um Menschenführung, sondern um Bewusstseinsführung.

Wie aber entfacht man Bewusstsein? Auch Bewusstsein entsteht nicht durch Anweisung, sondern nur aus sich selbst heraus und freiwillig. Bewusstsein bedeutet, dass der Mitarbeiter eigenverantwortlich und unabhängig denkt. Die Denkbewegung setzt aber nur ein, wenn es Fragen gibt. Gibt man als Vorgesetzter eine Antwort und stellt keine Frage, ist die Sache klar, abgeschlossen und die Anweisung darin schon enthalten. Damit entfache ich kein Bewusstsein und eigenständiges Denken. Denn eine Antwort schließt das Bewusstsein ab. Wenn man als Vorgesetzter dem Mitarbeiter aber eine Frage stellt, ihn mit seiner Meinung und Kompetenz einbezieht, dann fängt der Mitarbeiter an zu suchen. Denn eine Frage löst immer eine Suchbewegung aus. Eine Antwort dagegen löst keine Bewegung aus, sondern wälzt nur die Verantwortung auf den, der die Antwort gegeben und damit etwas postuliert hat. Der Vorgesetzte hat's ja so gesagt.

Als Vorgesetzter in einer flachen Hierarchie habe ich eine andere Perspektive als der Mitarbeiter. Aus ihr heraus stelle ich meine Fragen, auf die der Mitarbeiter womöglich nicht gekommen wäre. Er hat ja seine eigene Perspektive. Wenn der Mitarbeiter dann der Frage nachgeht, findet er für das Problem eine Lösung und erweitert zugleich die eigene Perspektive.

Das Erlebnis mit der rutschenden Dufttheke war zwar die Initialzündung für den nachfolgenden Prozess des Umbaus, die Gedanken dazu lagen bei *dm* aber schon seit geraumer Zeit in der Luft. Wir waren bereits auf dem Weg, die Hierarchien und Strukturen zu überdenken, als die Episode mit der Theke als sprichwörtlich letzter Tropfen das Fass zum Überlaufen brachte. Als handfester Beweis für das, was uns theoretisch schon längst klar war, gab das Ereignis vor Ort den entscheidenden Impuls, endlich ernst zu machen mit unserem Umbau.

Wenn man lange in einem Haus wohnt, kennt man seine kleinen und größeren Mängel. Hier zieht es, dort tropft etwas, hier schließt ein Fenster nicht richtig. Es ist nicht optimal, aber man kann damit leben. Bis dann eines Tages etwas passiert, zum Beispiel ein Wasserrohrbruch. Dann kommt der Fachmann und stellt fest, dass die Leitungen alle rostig und marode sind. Das ist der Moment, in dem man dann sagt, sagen muss: Es wird umgebaut. Ohne den Wasserrohrbruch wäre noch lange nichts geschehen. Hätte aber nicht wegen der Mängel eine latente Unzufriedenheit geherrscht, hätte man womöglich nur die marode Stelle geflickt und sonst nichts. So aber ist der Wasserrohrbruch der Impuls, etwas schon lange Mangelhaftes grundsätzlich zu ändern. Bei *dm* war es kein Wasserrohrbruch, sondern eine rutschende Theke.

Kommunikation und Interesse am Mitmenschen

Weil wir unseren Mitarbeitern grundsätzlich vertrauen, gibt es bei uns keine unangekündigten Kontrollbesuche von Führungskräften in den Filialen. Ich betrachte meine Mitarbeiter als Kollegen, wozu ein überfallartiges Auftauchen nicht passt. Wenn ich zum Beispiel selbst eine Filiale besuche, dann achte ich viel eher darauf, welchen Eindruck der Laden auf unsere Kunden machen könnte. Ich versuche ganz konzentriert den Blick des Kunden und nicht den des Vorgesetzten einzunehmen. Ich versuche zu erfassen, was für eine Atmosphäre in dem Laden herrscht, welche Ausstrahlung die Mitarbeiter haben, wie die Stimmung im Team ist und wie man sich um die Kunden kümmert.

Als Vorgesetzter im klassischen Sinn würde ich auf andere Dinge achten. Ich könnte mich zum Beispiel darüber aufregen, dass an einem umsatzstarken Tag Kassenbons auf dem Boden liegen. Ich könnte dann den Mitarbeitern klarmachen, dass mich das nervt. Daraufhin würde eifriges Zettelsammeln einsetzen, und die Mitarbeiter wären von nun an darauf geeicht, die Bons peinlich genau aufzusammeln. Das würden sie aber nur tun, weil sie wissen, dass ich schlechte Laune bekomme, wenn ich herumfliegende Kassenbons sichte. Und dass sie wiederum diese schlechte Laune zu spüren bekämen.

Solche Rituale bringen dem Unternehmen nichts, sie bescheren den Mitarbeitern bloß das Gefühl von Schikane. Und wenn achzig Kunden im Laden und drei Kassen geöffnet sind, kann ich im Übrigen nicht ernsthaft kritisieren, dass Bons auf dem Boden liegen. In einer Schreinerwerkstatt kann ich mich ja auch nicht darüber beschweren, dass Hobelspäne fliegen.

Fühlt sich ein Mitarbeiter dagegen ernst genommen und gefordert, erfährt er zudem seine Arbeit als erfüllend und sinnstiftend, dann wird er einen unternehmerischen Habitus an den Tag legen. Er wird Verantwortung empfinden und ganz von selbst das Notwendige tun. Der unternehmerische Mitarbeiter braucht weder Befehl noch Drill.

Mich interessiert also vor allem die Atmosphäre, wenn ich eine Filiale besuche. Wenn ich spüre, dass etwas nicht stimmt, dass ungute Schwingungen in der Luft liegen, versuche ich, der Sache auf den Grund zu gehen. Das wiederum geht nur über Gespräche und ausgiebige Kommunikation – auch untereinander. Diese interne Kommunikation aber will in der Regel erst einmal angestoßen werden, von allein kommt sie nicht immer in Gang.

Mich wundert zum Beispiel oft, wie wenig die Leute vor Ort voneinander wissen. Oft kommt es mir so vor, als wäre es meine eigentliche, wichtigste Aufgabe, Gespräche anzustoßen, die aus vielen Individualisten eine zusammenarbeitende Gemeinschaft formen. Die Kommunikation auf allen Ebenen ist dabei von zentraler Bedeutung, wird aber leider immer wieder unterschätzt. Denn das mitmenschliche Interesse ist alles andere als eine Nebensache, es ist vielmehr der Lebensnerv jeder Gemeinschaft, jedes gesellschaftlichen Zusammenhangs. Es ist daher auch eine Frage der Kultur, der Unternehmenskultur, die interne Kommunikation zu fördern und zu pflegen, denn Gleichgültigkeit ist der Anfang des Zerfalls einer Gemeinschaft, die ein erfolgreiches Team ja sein sollte. Wie soll ein Kollege ein aufrichtiges Interesse am Kunden entwickeln, wenn er schon kein mitmenschliches Interesse für den Kollegen aufbringt? Denn wie wir miteinander umgehen, so gehen wir auch mit den Kunden um.

Gelingende Kommunikation im Unternehmen schafft nicht nur ein angenehmes Klima, sondern sie fördert auch die Durchlässigkeit, die Transparenz und ermöglicht damit die Identifikation des Mitarbeiters mit seinem Unternehmen. So verbinden sich auf philantropischer Basis Eigen- und Fremdinteresse höchst pragmatisch und sinnvoll. Denn von Durchlässigkeit und Kommunikation profitieren restlos alle: der Unternehmer, der Kollege, der Zulieferer und last but not least der Kunde. Eine Win-win-Situation wie aus dem Lehrbuch.

Stabilität im Team kommt beim Kunden gut an und gehört zu den Dingen im Unternehmen, die unbedingt zu pflegen sind. Auch Stabilität ist eine Qualität, die sich nicht auf Befehl einstellt. Das Prinzip gilt ohne jede Ausnahme: Alle Eigenschaften, die ein wirklich erfolgreiches und langfristig gesund agierendes Unternehmen auszeichnen, resultieren aus dem guten Geist der Freiwilligkeit und dem umfassenden Interesse. Den hierarchisch abgesicherten Chef interessiert das Wohlergehen seiner Mitarbeiter nicht, und genau das kommt eins zu eins beim Kunden an, der im Laden ständig wechselndes, desinteressiertes Personal vorfindet.

Ein Team lässt sich nicht auf Befehl formieren, es muss gebildet werden, besser gesagt, sich selbst bilden. Und dafür muss der Unternehmer die Voraussetzungen schaffen. Ohne günstige strukturelle Voraussetzungen entsteht niemals ein hochmotiviertes, engagiertes Team.

Die Mitarbeitereinsatzplanung bei *dm*

Bei der täglichen Zusammenarbeit im Team spielen private Aspekte durchaus eine zentrale Rolle, vor allem für die Arbeitszeitplanung. Wenn beispielsweise eine Kassiererin Kinder hat, die sie zum Kindergarten oder zur Schule bringen muss, ist das für die Planung sehr wichtig, damit die Beteiligten die günstigste Lösung für alle finden können. Auch wenn es einen Pflegefall in der Familie gibt, ändert das die Möglichkeiten der Planung. All das sind private Dinge, aber sie bestimmen das Leben und damit auch das Berufsleben.

Das unternehmerische Denken der Mitarbeiter in einer flachen Hierarchiestruktur bildet sich innerhalb der *dm*-Kultur bis hinein in die Planung und unsere technische Infrastruktur ab. Als Beispiel für die Anwendung des Grundgedankens der Eigenverantwortung eines jeden Mitarbeiters soll hier die so genannte Mitarbeitereinsatzplanung – kurz MEP – dienen.

Bei *dm* werden die Mitarbeiter nicht, wie sonst oft im filialisierten Einzelhandel üblich, vom Chef Woche für Woche und meist recht kurzfristig eingeteilt; die Einsatzplanung bleibt also nicht allein seiner subjektiven Beurteilung überlassen. Bei *dm* teilen sich die Mitarbeiter nämlich selbst ein.

Damit ihnen dies sinnvoll und möglichst effizient gelingt, werden die unternehmerisch denkenden Mitarbeiter von einem Computersystem unterstützt, das alle nötigen Bedarfsdaten ermittelt und für die Planung zur Verfügung stellt. Dreh- und Angelpunkt der Datenermittlung ist der Kunde mit seinen Bedürfnissen. Das bedeutet, dass das System aufgrund bereits gesammelter Detaildaten des Vorjahrs beziehungsweise der Vorjahre präzise den Umsatz und damit Waren- und Personalbedarf schätzt und so Richtwerte angibt, an denen sich sowohl das interne Bestellwesen als auch der Personaleinsatzplan orientieren können. Dies ist auch deshalb sehr detailliert möglich, weil das eingesetzte Warenwirtschaftssystem lückenlos und bis hinunter auf die Produktebene arbeitet. Unser Kassensystem dokumentiert nicht nur Warengruppen, sondern jeden Artikel im Einzelnen. Das bedeutet, dass wir jederzeit und ganz genau wissen, von welchem Artikel wir welche Anzahl verkauft haben und wie viele davon noch im Regal stehen. Das System vergleicht den Ist-Bestand mit dem durchschnittlichen Warenbedarf und errechnet so unseren Bestellbedarf ganz selbsttätig, ohne dass Mitarbeiter mit Listen am Regal stehen und Shampooflaschen zählen müssen.

Mit dem voraussichtlichen Umsatz geht der Personalbedarf einher, der zum Beispiel vor Ladenöffnung für die Verräumung besteht. Auch da gibt es Erfahrungswerte, die das System kennt und als Bedarf »meldet«. Will sagen, für eine bestimmte Anzahl von Paletten braucht man eine bestimmte Anzahl von Mitarbeitern, um bis zur Ladenöffnung alles Notwendige zu richten. Bei geöffnetem Laden schwankt der Mitarbeiterbedarf im Laufe des Tages wiederum stark, zudem gibt es typische Einkaufstage, an denen mit mehr Kunden zu rechnen ist, zum Bespiel vor Feiertagen oder samstags.

Der Bedarfsplan »weiß« also zunächst ganz ohne Intervention des Filialleiters über Wochen im Voraus, welcher Personalbedarf in den Bereichen Verräumung, Kasse und Ladenpersonal exakt zu erwarten ist. Die vernünftige Besetzung anhand der ermittelten Notwendigkeiten ist nun vor allem und zuerst Sache der Mitarbeiter. In der Regel erfolgt die Bedarfsplanung mit maximal acht, minimal drei Wochen Vorlauf.

Durch den angemessenen Vorlauf soll es den Mitarbeitern ermöglicht werden, sich in gegenseitiger Absprache selbst einzuteilen und ihre individuellen und privaten Bedürfnisse optimal mit den Bedürfnissen der *dm*-Kunden auf der einen Seite und ihrer Arbeitsgemeinschaft auf der anderen Seite in Einklang zu bringen. Zur sinnvollen und in jeder Hinsicht effizienten Planung ist es daher nötig, dass die Mitarbeiter miteinander gut kommunizieren und dass die jeweils eigenen Bedürfnisse so transparent gemacht werden, dass man sie offen und ehrlich besprechen kann.

Ganz nebenbei entsteht durch diese Praxis der Planung bei unseren Mitarbeitern ein tieferes Verständnis für die Unternehmensabläufe und -zusammenhänge, das durch reine »Fremdsteuerung« undenkbar wäre. Zudem ermuntert die Forderung dieses Planungssystems, untereinander zu kommunizieren, die Mitarbeiter zu ständiger ehrlicher Auseinandersetzung, was zu Folge hat, das sie teamfähiger werden. Anonymes Einzelkämpfertum und gleichgültiges Nebeneinander der Mitarbeiter haben in dieser Organisationsstruktur wenig Chancen.

Da von diesem System alle profitieren, zumal, weil jeder seine individuellen Bedürfnisse in die Planung einbringen kann, ja soll, ist die Akzeptanz sehr hoch. Dem Filialleiter obliegen schließlich die Prüfung und die Freigabe der Planung, sowie Entscheidungen dort, wo die Bedarfsdaten Interpretationsspielraum lassen. Allen Mitarbeitern wiederum sind die Planungsdaten jederzeit zugänglich, unbedingte Transparenz ist auch hier das Schlüsselwort.

Wertbildungsrechnung statt Kostenschraube

Unser Grundprinzip der internen Kundenorientierung drückt sich bei uns auch darin aus, dass wir unsere Leistungen intern *berechnen* und nicht *verrechnen*. Den Letzten beißen also bei uns nicht die Hunde, das heißt, die Kosten werden nicht an das Ende des Wertschöpfungsprozesses abgewälzt, wie es bei der üblichen Kostenrechnung der Fall ist. Die Kosten werden bei uns vielmehr auch innerhalb des Unternehmens berechnet. Folgerichtig gibt es bei *dm* auch keine Kostenstellen und Kostenträger.

Wir nennen dieses Verfahren »Wertbildungsrechnung«. Jede

Einheit bei uns im Unternehmen hat ihren Leistungskatalog. Dieser Katalog bildet intern ein Bewusstsein für Preise. Jede Stelle im Unternehmen muss sich darüber klar sein, was ihr berechnet wird für eine angeforderte Leistung und was die Stelle selbst dem Kunden im Unternehmen für das Geleistete berechnet. Durch das Verfahren der Wertbildungsrechnung wird ein Bewusstsein für den Leistungstausch entwickelt, das schon intern die Entwicklung einer echten Kundenorientierung fördert. Die Kundenorientierung entwickelt sich durch dieses Verfahren zwangsläufig, mit Methode und in alle Richtungen.

Möglichst viele Menschen im Unternehmen sollen ein Bewusstsein dafür entwickeln, wie die Preise entstehen. Jeder Mitarbeiter, der dieses Bewusstsein hat, denkt wie ein Unternehmer, ist also ein Unternehmer im Unternehmen. Und je mehr wir davon haben, desto besser arbeitet das Unternehmen.

Wer als Mitarbeiter unternehmerisch denkt, versteht auch, dass der Gürtel nach jeder Investition erst einmal enger geschnallt werden muss. Es muss hart gearbeitet werden, um die Investition wieder hereinzuholen oder sogar die Kosten langfristig senken zu können. Das bedeutet Rationalisierung durch Investition.

Rationalisierung meint ja letztlich nichts anderes, als Geist auf Arbeit anzuwenden. Je mehr Geist auf Arbeit angewendet wird, desto mehr kann rationalisiert werden. Das bedeutet in der optimalen Konsequenz: Je mehr Menschen ihren Geist, ihren Verstand und ihre Erfahrung auf Arbeit anwenden, desto mehr kann das Unternehmen rationalisiert und in jeder Hinsicht optimiert werden. Um die Arbeit zu hinterfragen, müssen sich also möglichst viele Menschen selbst und gegenseitig dazu befragen und sich möglichst gut untereinander abstimmen.

Wie man sieht, ist auch die Rationalisierung ganz eng an Kommunikation gekoppelt. Rationalisieren heißt aber auch erst investieren, um danach billiger zu werden. Jede Infrastrukturmaßnahme – auch volkswirtschaftlich – kostet zunächst einmal Geld. Wenn die Maßnahme, die Investition dann greift, spart man tatsächlich. Ohne vorherige Investition kein Sparen. Das ist ein ganz existenzieller Zusammenhang, der gerne übersehen wird.

Wer stets nur den Profit im Fokus hat, wird nie investieren, denn die Investition geht unweigerlich vom Profit ab. Irgendwann kommt es aber zwangsläufig zur Umsatzerosion, denn es wurde ja nicht investiert, auch nicht in die Regeneration. Dann kommen als Nächstes die Analysten zum Zug und empfehlen Kostenmanagement. Wird dem beigepflichtet, dann wird vor Ort erst recht nichts mehr investiert. Die hiesige Infrastruktur verkommt dann, es folgt ein weiterer Umsatzeinbruch, und dann wird es ernsthaft problematisch. Wir sägen an dem Ast, auf dem wir sitzen.

Der Einzelne und die Gemeinschaft

Es gibt einen weiteren großen Widerspruch, der unser Verhalten in der Arbeitswelt prägt: unsere gleichzeitige Neigung zur Hierarchie und zum Anarchismus. Man muss diesen letztlich produktiven Widerspruch wohl parallel lesen mit dem bereits ausgeführten Widerspruch von anthropologischem Optimismus und Pessimismus. Wieder geht es um die Perspektive: Der Blick auf die eigene Person fällt wohlwollend und optimistisch aus, während der Mitmensch Gegenstand von Kritik und Verdacht ist.

Das ist ein bisschen wie beim bekannten St.-Florians-Prinzip: »Verschon' mein Haus, zünd's andere an«. Der hierarchisch orientierte Mensch will gerne alles verändern und verändern helfen – bei den anderen. Sich selbst nimmt er grundsätzlich aus. Er sieht dann immer zuerst den Splitter im Auge des anderen – und hat eher Probleme, den Balken im eigenen Auge zu erkennen. Wenn zusätzlich über Abteilungen, Zuständigkeiten oder Hierarchieebenen hinweg mangelhaft kommuniziert wird, ist Betriebsblindheit beinahe vorprogrammiert. Das ist in meinen Augen der Kern des Problems in vielen Unternehmen: mangelnde Selbstwahrnehmung in einem Umfeld stockender Kommunikation.

Flüssige Kommunikation und wache Selbstwahrnehmung im

Zusammenspiel mit dem Kollegen-Kunden und dem Kunden »draußen« sind letztlich die Früchte des eigenständigen Bewusstseins und der Eigeninitiative, die daraus wächst. Damit dieser für jedes Unternehmen unersetzliche Habitus sich bei jedem Kollegen einstellt, bedarf es der richtigen Voraussetzungen und der unablässigen Pflege dieser Kultur. Denn der alte Widerspruch zwischen Hierarchiedenken und dem Hang zur Anarchie sitzt tief in uns allen.

Letztlich hat dieser Widerspruch auch wieder etwas mit dem Übergang von der Selbst- zur Fremdversorgung zu tun. Der Selbstversorger musste sich vor allem um seinen Hof kümmern, musste egoistisch sein und war eben nicht aufs engste vernetzt mit seinem Umfeld. Stimmte die Ernte, war er autonom. Gesellschaftlich und politisch gesehen lebte der strukturelle Egoist und gelegentlich auch Anarchist in einem streng hierarchischen System – ein Widerspruch, aus dem aber noch wenig Reibung entstand. Der Selbstversorger konnte sich autonom am Leben erhalten, ansonsten war er Untertan, gläubiger Christ und Steuerzahler. Beide Sphären existierten relativ ungestört nebeneinander.

Darüber hinaus repräsentiert der Widerspruch zwischen hierarchischem Denken und Anarchie eine anthropologische Grundkonstante: die immerwährende Spannung zwischen Individualität und Gemeinschaft. Die Gemeinschaft lebt von den Individualitäten, aber die Individualitäten können die Gemeinschaft töten, wenn das Individuelle zu sehr in den Vordergrund tritt. Zugleich brauchen die Individuen die Gemeinschaft, während der Überhang der Gemeinschaft wiederum das Individuelle tötet. Dieses Spannungsfeld ist so alt wie die Menschheit und auch in jedem Unternehmen wirksam. So wie die Gesellschaft braucht auch ein Unternehmen beides: die Individuen – auch die Querdenker – und die Gemeinschaft. Die optimale, beide Kräfte in Einklang bringende Balance zu finden ist die eigentliche Aufgabe der Führung. Die Führung von Mündigen ist im Kern ein sozialkünstlerisches Übungsfeld.

Wo Querdenker gemobbt werden, ist die Gemeinschaft zu

stark, und wo Querdenker überhand nehmen, findet das Gemeinschaftliche nicht mehr statt. Dann bleiben nur noch egomane Anarchisten übrig. Beides ist für ein Unternehmen tödlich.

Das Produktive des Spannungsfelds zwischen dem Einzelnen und der Gemeinschaft wird immer dann stärker zum Ausdruck kommen, wenn das Hierarchische in einem Unternehmen schwächer ausgeprägt ist. Denn in einer flachen Hierarchie ist der Einzelne ja der Souverän.

Die Gemeinschaft lebt davon, dass die Initiative des Einzelnen vom Bewusstsein der Gemeinschaft getragen wird. Initiative lässt sich in einem Unternehmen nur wirksam entfalten, wenn die Gemeinschaft das Bewusstsein dafür aufbringen kann und will. Alleingänge haben daher wenig Chancen in einem Unternehmen. Eine funktionierende Gemeinschaft muss bereit sein, die Initiative Einzelner gelten zu lassen, auch die der ausgesprochenen Querdenker. Die Initiative muss sich wiederum verankert fühlen in der Kraft der Gemeinschaft.

Zum Problem kann es werden, wenn Einzelne in der Gemeinschaft zu wissen glauben, was das Bewusstsein der Gemeinschaft ist – und wenn dafür umgekehrt die Gemeinschaft die Initiative Einzelner erstickt. Dies ist das klassische Problem zum Beispiel von politischen Parteien, ein Problem zwischen Basis und Führung, vorangetrieben von Leitwölfen und Stimmungsmachern und verursacht durch Kontaktverlust. Ein konstruktives Spannungsfeld zwischen Individualität und Gemeinschaft entsteht einzig dadurch, dass der Einzelne getragen vom Bewusstsein der Gemeinschaft initiativ werden kann.

Lernen lassen statt belehren

Wie kann man beim Auszubildenden die Fähigkeiten zu Eigeninitiative, unternehmerischem Denken und Eigenverantwortung wecken? Bei *dm* heißen die Auszubildenden »Lernlinge« und nicht Lehrlinge, weil sie eigenverantwortlich lernen und nicht von Vorgesetzten belehrt werden sollen. Der Lernprozess beinhaltet bei *dm* aber nicht nur das, was später unmittelbar im Beruf gebraucht wird. Wir verstehen die Ausbildung als umfassenden Prozess, der sich ganzheitlichen Vorstellungen von Bildung verpflichtet sieht.

Auch in diesem Bereich folgen wir der Maxime, Voraussetzungen zu schaffen, unter denen es möglich wird, das Unternehmen so zu führen, wie es unseren Idealen entspricht. Die Voraussetzungen für aufrechten Gang und eigenständiges Handeln bei jungen Menschen zu schaffen bedeutet heute in hohem Maß Basisarbeit, sprich Kulturarbeit in ganz existenzieller Form.

Es ist bekannt, dass Jugendliche immer sprachunfähiger werden. Dazu gibt es zahlreiche Untersuchungen, unter anderem eine für uns sehr prägende Studie von Rainer Patzlaff mit dem Titel »Kindheit verstummt«, die diagnostiziert, dass unter dem pausenlosen Einfluss der Medien die Sprachfähigkeit spürbar zurückgeht. Ohne Sprache, ohne die Möglichkeit, sich angemessen auszudrücken, muss Kommunikation zwangsläufig misslingen oder kann nur in sehr reduzierter Form vollzogen werden. Da aber ein Unternehmen mit unseren Maximen ohne Kommunikation nicht funktionieren kann, war uns sehr schnell klar, dass die abnehmende Sprachfähigkeit kein Privatproblem unserer Lernlinge ist, sondern sehr schnell zu unserem eigenen wird.

Wir haben zunächst Pilotprojekte gestartet und mit Schauspiel, Bewegung und szenischen Improvisationen experimentiert. Oder wir haben einen Museumsbesuch unternommen, und danach sollten die Lernlinge jeweils zwei Bilder beschreiben. Bei den Pilotprojekten kristallisierte sich rasch heraus, dass das Schauspielen die Lernlinge am umfassendsten forderte und förderte. Der schauspielende Mensch kann und muss sich selbst und andere erfassen und kennenlernen, er muss in soziale Interaktion treten, damit das Spiel gelingt, er muss mit Sprache umgehen, ja spielen können und zudem Sicherheit über die eigene Person, den eigenen Körper erlangen. Also haben wir das Schauspielen als festen Bestandteil in unsere Ausbildung aufgenommen.

Wir nennen dieses interne Projekt »Abenteuer Kultur«. Die

Lernlinge absolvieren im ersten und zweiten Lernjahr jeweils acht Tage Theaterworkshop. Während der Arbeitszeit verbringen sie täglich siebeneinhalb Stunden mit den Künstlern, das heißt mit Schauspielern, Theaterpädagogen und Regisseuren. Sie erarbeiten ein Stück ihrer Wahl, entweder ein zusammengestrichenes, auf die wesentlichen Inhalte reduziertes klassisches Stück, oder sie suchen sich eigene Themen, die sie selbst konzipieren, und finden dazu Szenen aus der vorhandenen Literatur.

Wir haben die Erfahrung gemacht, dass es nicht sinnvoll ist, Alltagsszenen nachzustellen und dann zu improvisieren. Denn bei diesem Verfahren bleibt der Lernling zu sehr bei sich selbst und den eigenen Erfahrungen. Er soll aber und will ja über sich hinauswachsen. Das gelingt beispielhaft durch das poetische Wort, durch große Literatur, die vielleicht mühsam zu erarbeiten ist, aber ganz neue, aufregende Erfahrungen ermöglicht. In unserer mittlerweile sechsjährigen Praxis hat sich die beschriebene Mischform bewährt: aktuelle Themen, die in selbst geschriebene Szenen gefasst werden, ergänzt durch Literatur. Es hat sich eindeutig erwiesen, dass die Lernlinge sich nach den Theaterworkshops besser ausdrücken können und merklich selbstsicherer auftreten.

Es sind aber nicht nur die im Workshop gemachten Erfahrungen mit sich selbst, sondern vor allem die sozialen Erfahrungen mit den anderen, die manche Barriere überspringen helfen. Oft gibt es zu Beginn eines Theaterprojektes Konflikte zwischen den Teilnehmern unterschiedlicher Nationalitäten. Die gemeinsame Arbeit, der Wunsch, bis zur Aufführung etwas Besonderes zu schaffen, lässt die Gruppen letztendlich jedoch immer friedlich zusammenfinden. In ihren sozialen Fähigkeiten profitieren die Lernlinge also enorm von dieser Arbeit, sie lernen, Konflikte durch Gemeinsamkeiten zu lösen.

Es gibt sehr wohl auch junge Menschen, die skeptisch sind oder sogar Angst haben, auf die Bühne zu gehen. Meist sind das genau diejenigen, die nach dem Projekt beteuern, dass ihnen das Spielen enorm viel gebracht hat, und die es nicht erwarten können, bis die nächste Workshop-Phase beginnt.

Das Projekt »Abenteuer Kultur« wird ständig weiterentwickelt, optimiert und gegebenenfalls auch verändert. Es ist ganz wichtig, dass die Dinge stets im Fluss bleiben und sich den ständig verändernden Rahmenbedingungen anpassen.

Damit die Workshops nicht im luftleeren Raum stattfinden, blicken wir nach jedem Projekt gemeinsam zurück und denken gemeinsam mit den Künstlern, dem Gebietsverantwortlichen und dem Berater für Aus- und Weiterbildung darüber nach, wie es diesmal gelaufen ist und was man verbessern kann. Die Workshops sollen ja später nicht bloß eine amüsante Episode in der Ausbildung gewesen sein, sondern nachhaltige Wirkung zeigen.

Neben dem Baustein »Abenteuer Kultur« und der Berufsschule ist der dritte Baustein in unserem System das Projekt »Lernen in der Arbeit«, kurz LIDA genannt. Dieses Projekt liegt nun wieder wesentlich näher am späteren Arbeitsalltag, bedient sich aber auch ungewöhnlicher Methoden. Bei LIDA wird ebenfalls in der Gruppe und auch gern vor Ort gearbeitet, also in einer Filiale. Da werden spielerische und sehr konkrete Übungen zur Wahrnehmungsfähigkeit und zur Selbstwahrnehmung gemacht, und es wird versucht, den Ansporn zu eigenen Entscheidungen und zur Übernahme von Verantwortung zu geben. Es sind zum Teil einfache praktische Aufgaben, die Lernlinge dürfen Fehler machen und vor allem ungehindert ausprobieren, Fragen stellen, querdenken. Es kommt tatsächlich gar nicht selten vor, dass ein Lernling die bessere Idee zur Regalanordnung hat als der Vorgesetzte. Das wird dann problemlos akzeptiert. So lernen die Lernlinge selbstständig. Sie müssen nicht nachturnen und nichts durchexerzieren, sondern sie können durch eigene Ideen und Erfahrungen lernen.

Führung für Mündige

Antihierarchisches Denken hat längst in Fortbildungen, Seminare für Führungskräfte und in die moderne Managementliteratur Einzug gehalten. Moderne Unternehmen behaupten gerne, diese neuen Wege auch zu beschreiten. Dabei handelt es sich allerdings häufig um reine Absichtserklärungen. Tatsächlich wird noch oft genug im Management streng hierarchisch agiert. Mit den flachen Hierarchien und der »open door policy« ist es trotz anders lautender Behauptungen selbst in amerikanischen Unternehmen oft nicht weit her, denn die hübsch erdachte Maxime ist im Unternehmen zumeist nicht verinnerlicht worden.

Hierarchien in Unternehmen, die angeblich keine mehr praktizieren, können unendlich komplizierte Formen annehmen, die im Gefälle sogar steiler und tabubeschwerter sind als die alte Hierarchie mit dem Herrn Direktor und der Vorzimmerdame. Auch eine offene Tür kann eine geradezu eisige Barriere sein. Menschen, die innerlich noch dem hierarchischen Denken verhaftet sind, vermögen eine flache Hierarchie nicht zu leben und werden entweder heimlich selbst nach dem Kommando streben oder auf Befehle von oben warten.

Führen im Sinne eines modernen Unternehmens mit flacher Hierarchie und stark ausgeprägter Subsidiarität sollte aber heute nicht mehr bedeuten, *Menschen* zu führen – sondern *Bewusstsein* zu wecken. Menschen führt man durch Anweisungen. Bewusstsein dagegen weckt man durch Fragen, die man entweder aufgreift oder selbst stellt und an die Kollegen weitergibt. Dadurch wird Führung mittelbar, indirekt und sozusagen über die Bande gespielt.

Bei einer solchen Führung für Mündige geht es darum, die Rahmenbedingungen so zu setzen, dass der Mitarbeiter sich aus freien Stücken mit dem Unternehmen identifiziert. Wird das beherzigt und praktiziert, setzt sich dieses Prinzip auch unmittelbar zum Kunden hin fort: Auch der Kunde wird nicht mit irgendwelchen Tricks an das Unternehmen gefesselt, sondern ganz von allein den Wunsch haben, sich mit dem Unternehmen zu verbinden. Weil er sich wohlfühlt und sich nicht den Tentakeln einer Marketing-Krake ausgesetzt sieht.

»Customer relationship management« kann man nämlich so und so praktizieren. Wir ziehen die freiwillige und eigenmächtige Verbindung des Kunden mit uns vor und halten nichts von Kundenbindung durch Überrumpelung. Das Ideal freiwilliger Verbindung statt erzwungener Bindung wirkt enorm prägend und stilbildend im Unternehmen und direkt hinaus zum Kunden.

Auch im Unternehmen versuchen wir, Transparenz zu pflegen und den Rahmen zu schaffen, dass der Mitarbeiter sich nicht nur aus freien Stücken mit uns verbindet, sondern sich auch seine Ziele selbst setzt. Ein positives Mitarbeiterbild ist für diese Kultur der Zielsetzung die unabdingbare Voraussetzung. Ein Unternehmen, das kennzifferbasiert arbeitet, kann unmöglich so denken – und die Mitarbeiter reagieren in einem solchen System auf Starre und Unterforderung, indem sie tiefstapeln – oder bluffen.

Unser Prinzip bei *dm* aber ist, die Ziele so zu stecken, dass sie übertroffen werden können. Nur dann hat der Mitarbeiter, der mündige Kollege, die Möglichkeit, sich mit einem Ziel zu identifizieren und es mit Emphase zu verfolgen. Es führt zu nichts, wenn die Unternehmensführung oder einzelne Vorgesetzte unerreichbare Ziele setzen und unsinnige Aufgaben stellen. Die Tricks, zu denen ein halbwegs ausgeschlafener »Untertan« fähig ist, werden jedem Chef mehr schaden als nützen. Noch dazu, wenn er Ziele setzt, die unter Bestrafung und Belobigung stehen, und solche, die nur unter günstigsten Bedingungen erreicht werden können; so erzwingt man geradezu Manipulationen seitens seiner Mitarbeiter.

Strategische Planung bei *dm*

Auch wir machen bei *dm* konkrete Pläne für die unmittelbare Zukunft. Diese Pläne sind jedoch keine Verpflichtungen gegenüber der Geschäftsleitung, sondern dienen dazu, dass der Mitarbeiter den Blick in die Zukunft und die Antizipation lernt und übt. In vielen Unternehmen wird die Planung für die Geschäftsleitung gemacht, bei uns macht der Mitarbeiter die Planung für sich selbst. Genau so, wie wir für uns in der Leitung unsere strategischen Pläne machen.

In den meisten Unternehmen sind gerade bei den Planungen viele Rituale im Spiel. Zumeist wird unendlich viel Energie darauf verschwendet, Planungen möglichst schick zu verpacken und Prognosen zu frisieren.

Wenn eine Firma eine Planung macht und am Ende des Prozesses sagt: Das ist unser Umsatz, und das sind unsere Kosten, und errechnet einen Gewinn von fünf Prozent, dann stimmt etwas nicht. Denn die fünf Prozent sind kein Gewinn; man hat etwas zurückgehalten, was man hätte einsetzen können, um ein noch besseres Geschäft und einen echten Gewinn zu machen. Denn echter Gewinn ist das gerade beschriebene, ganz übliche Planungsergebnis nicht; es handelt sich dabei ja nur um eine eingeplante Kapitalverzinsung. Gewonnen wird erst dann, wenn wir restlos alles verplanen: Kraft, Energie und Kapital.

Als Unternehmer muss man eigentlich mit null planen, denn Wettbewerb ist die totale Verausgabung. Das bedeutet, dass wir alles ins Geschäft investieren: Werbung, Promotion, Preise. Wenn dadurch, durch totale Verausgabung, das Geschäft besser läuft als erhofft, dann endlich haben wir echten Gewinn.

In der Unternehmensleitung von *dm* machen wir nur eine Perspektivplanung, die bewusst grob angelegt ist: Wir gehen die Kosten durch, setzen aber keine Werte, sondern nur Tendenzen wie steigend, fallend oder gleichbleibend und *charakterisieren* das Endergebnis eher, als dass wir es *quantifizieren*. Die einzelnen Filialen hingegen planen konkreter und auf kürzere Zeiträume hin.

Der Blick auf den Markt und damit auf den Kunden gelingt dabei nur unverkrampft, wenn man sich nicht gezwungen fühlt, etwas nur deshalb zu tun, um auf einer übergeordneten Ebene zu »gefallen«. Unsere Kollegen haben deshalb auch die Möglichkeit, ihre Planungen zu korrigieren, wenn vorherige Einschätzungen sich nicht bewahrheiten. Korrekturen sind etwas ganz Selbstverständliches und niemals etwas, das klammheimlich vonstatten gehen muss – schon deshalb, damit man aus solchen Korrekturen immer weiter lernen kann.

Antizipation des Kundenwunsches, eigenverantwortliches

Denken, vorausschauende Planung, Übertreffen der Ziele: All das kann vom Unternehmer nicht gefordert, sondern muss evoziert werden. Vom Mitarbeiter muss es trainiert und in ganz eigener Weise gestaltet werden. Der Anreiz zu all dem besteht in der Freiheit, es zu wollen. *Der Mitarbeiter ist frei, etwas zu tun, weil er frei davon ist, etwas tun zu müssen.*

Zu diesem Unternehmensideal der Freiwilligkeit passen Prinzipien des Wettbewerbs, die sich um Erfolgshonorare, Prämien und dergleichen drehen, überhaupt nicht. In meinen Augen sind derartige Wettlaufsysteme reine Augenwischerei, denn es wird allen Beteiligten im Grunde suggeriert, dass wir uns noch in der Selbstversorgung befinden. In der Art und Weise, wie heute arbeitsteilig und im Team gearbeitet wird, sind Erfolgsprämien nicht nur ungerecht, sie sind schlicht unsinnig.

Und: Prämien machen wieder nur den Vorgesetzten stark und schwächen den Gedanken des Teams. Ein Unternehmen, das in Prozessen denkt und eigenverantwortliche Mitarbeiter will, erträgt kein Prämienwesen, das die vertikale Struktur feiert.

Als Theodor Storm die folgenden Worte prägte, war die Welt noch die der Selbstversorgung. Der Unterschied von Untertanenmentalität und eigenständigem Denken ist indes derselbe geblieben: »Der eine fragt: Was kommt danach? Der andere fragt nur: Ist es recht? Und also unterscheidet sich der Freie von dem Knecht.« Anstatt zum Vorgesetzten aufzuschauen und zu fragen, ob alles »recht« ist, fragt der Freie »Was kommt danach?« – was ist die Konsequenz meines Tuns?

Eine wesentliche Aufgabe des Managements ist es also, möglichst viel freie Initiative im Unternehmen zu ermöglichen. Modernes ganzheitliches Management muss alles unterlassen, was den Mitarbeiter in die Haltung zurückfallen lässt: »Wie gefalle ich meinem Chef?« Denn diese Haltung öffnet jeglichem Unfug und jedweder Form von Manipulation Tür und Tor.

Ein letzter wichtiger Punkt: Personalkosten heißen bei *dm* »Mitarbeitereinkommen«. Der Begriff »Personalkosten« ist widersinnig, denn tatsächlich nimmt der Mitarbeiter daran teil, wie die gemeinsam erarbeitete »Ernte« verwendet wird. Wie war es in der Selbstversorgung? Der Bauer bearbeitete den Boden, holte die Ernte ein und feierte Erntedankfest. Dann fragte er sich: Wie viel brauche ich für die Versorgung der Familie und wie viel für die nächste Aussaat? Es musste unbedingt genügend Saatgut reserviert bleiben, damit die nächste Aussaat gewährleistet werden konnte.

Wirtschaften ist gerade heute bestimmt vom Teilungsverhältnis zwischen Einkommensbildung und Investition. Investition bedeutet, die Zukunft zu veranlagen, Konsum ist die Bewältigung der Gegenwart. Der Mitarbeiter ermöglicht die zukünftige Leistung; er kann sich deshalb als Teilhaber erleben und nicht als Kostenfaktor. Das vermittelt ihm Motivation, was letztlich seinem Unternehmen, dem Kunden und ihm selbst Sinn und Nutzen stiftet.

Ausgaben- statt Einkommensteuer
Warum die ausschließliche Besteuerung

des Konsums wirtschaftlich notwendig
und sozial gerecht ist

Was ist der Inbegriff des deutschen Ämterwasserkopfs? Richtig: das Finanzamt. Was ist undurchschaubar, rätselhaft und erscheint einem jeden als ungerecht? Richtig: das Steuerrecht. Was wäre jeder lieber heute als morgen endgültig los? Richtig: die Steuern! Mit Ausnahme des Berufsstandes der Steuerberater natürlich, die als Wegweiser durch den Dschungel der Vorschriften ganz unverhohlen mit dem schlechten Image der Steuern für sich werben. Gerne berufen sich die Beratungsdienstleister dabei auf den scholastischen Theologen, Philosophen und Dominikanermönch Thomas von Aquin, der geschrieben haben soll: »Steuern sind ein erlaubter Fall von Raub.«

Dieses ominöse Zitat prangt auf nicht wenigen Werbeprospekten und Internetseiten von Steuerbüros und übermittelt an den potenziellen Kunden eine klare Botschaft etwa diesen Inhalts: »Steuern an sich sind eine unrechtmäßige Bereicherung des Staates auf Kosten des geschröpften Bürgers, denn diesem wird böswillig sein sauer verdientes Geld abgenommen. Eine clevere Beratung kann helfen, dass dieser zwangsläufige Raub von Staats wegen so klein wie möglich ausfällt.«

Das Jammern über die Steuern, der mal passive, mal aktive Widerstand gegen die empfundene Ungerechtigkeit der Steuern scheinen – und das historische Zitat soll dies stützen – fast so alt zu sein wie die Steuern selbst. Schon lange ist man sich auf breiter Front einig: Die Steuern sind eine Pest, eine Geißel, die jeden trifft, sei er arm oder reich, und eine Investitionsbremse sowieso. Zudem ist man sich allerorten einig, dass die eingesammelten Gelder meist in dunklen Kanälen verschwinden und vor allem der Mästung eines selbstzufriedenen, überfetteten Beamtenapparats dienen.

Die Kritik am Steuerwesen reicht zurück in längst vergangene historische Epochen und findet sich in der Überlieferung ebenso regelmäßig wie die Klagen über zerstörerische Naturgewalten oder die menschliche Sterblichkeit. Der Ökonom und Moralphilosoph Adam Smith etwa schrieb vor mehr als 200 Jahren: »Nichts lernt eine Regierung so rasch von einer anderen wie die Kunst, Geld aus den Taschen der Leute zu ziehen.« Auch Smith bemühte also das Bild vom Steuer einziehenden Staat als Dieb, der den Bürgern ihr rechtmäßiges Eigentum raubt.

Steuerschmähung ist tatsächlich volkstümlich zu nennen und scheint eine gesellschaftliche Grundkonstante zu sein. Doch es gab durchaus auch Gegenstimmen. Etwa den romantischen Dichter, Philosophen und Bergbauingenieur Friedrich Freiherr von Hardenberg, besser bekannt als Novalis. Er schrieb: »Man soll seine Steuern dem Staat zahlen, wie man seiner Geliebten einen Blumenstrauß schenkt.« Das klingt schon ganz anders, wenn auch – zugegeben – etwas rätselhaft. Doch auch Thomas von Aquin schrieb ausführlicher an anderer Stelle:

»Wenn die Fürsten von ihren Untergebenen verlangen, was ihnen gemäß der Gerechtigkeit geschuldet ist, um das Gemeinwohl zu erhalten, so ist das kein Raub, selbst wenn Gewalt angewendet wird. Wenn aber die Fürsten etwas, was ihnen nicht geschuldet ist, mit Gewalt erpressen, so ist das Raub, genau wie jede andere Räuberei.«

Diese Ausführungen sind in der Tat sehr viel differenzierter, wenn auch weniger griffig als der zitierte Holzhammer-Satz vom erlaubten Raub. Thomas von Aquin spricht in diesem über 700 Jahre alten Text genau das an, was bis heute die Ursache und der tiefere, gleichwohl aus dem Blick geratene Sinn der Steuererhebung eigentlich ist, nämlich die Erhaltung des Gemeinwohls.

Doch *wie* wir dies tun, das Gemeinwohl erhalten, darüber müssen wir ganz neu nachdenken und dabei auch die Aufgaben, Funktionen und Möglichkeiten der Steuern generell auf den

Prüfstand stellen. Denn der Umbau einer Arbeitnehmer-Gesellschaft mit hohem Arbeitslosenanteil hin zu einer Gemeinschaft von Freiberuflern mit bedingungslosem Grundeinkommen ist ohne eine radikale Steuerreform nicht zu realisieren.

Was sind Steuern heute tatsächlich? Die Internet-Enzyklopädie *Wikipedia* hält eine aktuelle Definition bereit:

»Als Steuer wird eine Geldleistung ohne Anspruch auf individuelle Gegenleistung bezeichnet, die ein öffentlich-rechtliches Gemeinwesen zur Erzielung von Einnahmen allen Personen auferlegt, die einen steuerlichen Tatbestand verwirklichen, wobei die Erzielung von Einnahmen wenigstens Nebenzweck sein sollte.

Das Wort ›Steuer‹ kommt aus dem Althochdeutschen *stiura*, was Stütze bedeutet und im Sinne von Unterstützung, Hilfe oder auch Beihilfe verwendet wurde. Aus den ursprünglich als Naturalabgaben in Form von Sach- oder Dienstleistungen erhobenen Steuern sind heute reine Geldleistungen geworden.

Steuern sind die Haupteinnahmequelle eines modernen Staates und das wichtigste Instrument zur Finanzierung der staatlichen Aufgaben, daneben jedoch durch die finanziellen Auswirkungen auf alle Bürger und die komplexe Steuergesetzgebung ein andauernder politischer und gesellschaftlicher Streitpunkt.«

Da haben wir's: Der letzte Satz dieser ansonsten nüchtern klingenden Auskunft haut in dieselbe Kerbe. Der existenzielle Widerstand gegen die Steuern scheint offenbar so alt und tief verwurzelt zu sein, dass der Gedanke an ein Steuersystem mit breiter Akzeptanz nicht eben leichtfällt, ja unrealistisch erscheint.

Akzeptiert wird unter den beschriebenen Widerständen in Sachen Steuern derzeit ja nur das, was unausweichlich und nicht zu ändern ist. Die Folge des Widerstands sind zahllose Ausweichstrategien, die von der Kapitalflucht ins Ausland über Steuersparmodelle, »legale« Steuertricks bis hin zur Beschäftigung unzähliger Steuerberater reichen.

Doch ein Staatsmodell, in dem der Staat keine Mittel bräuchte, ist schlechterdings nicht vorstellbar. Denn ein Staat ohne Mittel

149

wäre nicht handlungsfähig. Ohne Steuern also auch kein Staat. Aber brauchen wir denn überhaupt einen Staat?

Schon Thomas von Aquin leitete den Sinn und die Legitimation des Staates aus dem Gemeinwohlauftrag ab, der allerdings der Gerechtigkeit gehorchen müsse. Das meint nichts anderes, als dass der Staat plausibel machen muss, warum und wozu er Geld braucht und warum nur er diese Aufgaben erfüllen kann, die durch Steuern finanziert werden. Will sagen, nur da sollte steuerlich finanzierter Staat sein, wo unbedingt Staat sein muss beziehungsweise wo eindeutig staatliche Aufgaben liegen. Die Aufgaben sollten die Einnahmen also nachvollziehbar begründen.

Womit wir schon bei einem Aspekt des aktuellen Problems wären. Die deutsche Abgabenordnung (AO) definiert Steuern nämlich als Zwangsabgaben ohne Gegenleistung und macht damit das ungemein wichtige Prinzip der durchschaubaren Gerechtigkeit schon qua Verordnung unmöglich: Nach Paragraph 3, Abs.1, Satz 1, AO sind Steuern »Geldleistungen, die nicht eine Gegenleistung für eine besondere Leistung darstellen und von einem öffentlich-rechtlichen Gemeinwesen zur Erzielung von Einnahmen allen auferlegt werden, bei denen der Tatbestand zutrifft, an den das Gesetz die Leistungspflicht knüpft«.

Im günstigsten Fall, wenn nämlich nachvollziehbar wird, wo die staatlichen Gelder landen, könnte man Steuern als die Gebühren für öffentliche Leistungen bezeichnen, die vom Bürger unmittelbar nachgefragt werden und ein allgemeines, öffentliches Gut sind. Dazu zählen das Rechtssystem, die innere und äußere Sicherheit, die Bildung (mittlerweile nur noch in reduziertem Umfang) und die individuelle soziale Absicherung eines jeden Bürgers, die durch Umverteilung, sprich steuerliche Transfers, ermöglicht wird.

Spätestens an dieser Stelle wird es traditionell kritisch, denn hier wird vom Einzelnen im Grunde verlangt, das Gemeinwohl konsequent zu Ende zu denken. Dass innere und äußere Sicherheit und ein funktionierendes, die Individualrechte sicherndes Rechtssystem zum Gemeinwohl gehören, leuchtet jedem mit

Leichtigkeit ein. Selbst wenn beides vom individuellen Bürger womöglich ganz unterschiedlich nachgefragt wird. Dass aber Gemeinwohl auch bedeutet, dass jene unterstützt werden, denen es materiell oder gesundheitlich schlecht geht, dass es eben allen wohl gehe, damit haben die Bürger traditionell Schwierigkeiten. (Man erinnere sich an die Herkunft des Begriffs Steuer von »Stütze« im Sinn von Hilfe oder Beihilfe!)

Damit sind wir wieder einmal beim Widerspruch zwischen anthropologischem Optimisten und Pessimisten in der einen Bürgersperson. Jeder möchte abgesichert sein, doch niemand zahlt wirklich gerne für die Absicherung des anderen. Getreu dieser Haltung versuchen also viele, sich dem Zwangszugriff des Staates so weit wie möglich zu entziehen, während dieselben Steuermuffel die Bezieher von Transferleistungen als arbeitsscheue Faulpelze bezeichnen und ihnen unterstellen, das System der steuerlich finanzierten Absicherung auszubeuten. So jedenfalls verläuft die übliche Denkbewegung: Ich möchte gerne abgesichert sein, am besten durch staatliche Absicherung, selber zahle ich aber höchst ungern Steuern, denn dadurch finanziere ich neben dem absurden und teilweise korrupten Beamtenapparat vor allem diejenigen, die sich aus ihrer sozialen Hängematte niemals mehr erheben werden.

Eine fatale Kreisbewegung, die dringend der Korrektur bedarf, wenn sich etwas Grundlegendes ändern soll. Denn im Kern ist unser Problem mit der Steuer eben auch wieder ein Problem des erstarrten Denkens.

Wir brauchen eine Steuerreform so nötig, wie wir in Sachen Arbeit radikale Änderungen brauchen. Beides hängt aufs engste zusammen. Ohne Steuerreform kein bedingungsloses Grundeinkommen und ohne Grundeinkommen keine Steuerreform. Und wie beim Umsteuern in Sachen Arbeit und soziale Absicherung muss auch der Steuerreform ein Kulturimpuls vorausgehen, wenn sie sich realisieren soll. Denn wir drehen mit der Abschaffung aller Steuern zugunsten der einzig verbleibenden Konsumsteuer nicht mehr nur ein bisschen an den Stellschrauben des Systems, sondern wir stellen es komplett auf den Kopf!

Um diesen Kulturimpuls jedoch auszulösen, müssen wir zunächst und vor allem den alten Widerstands-Diskurs als Steuermuffel beenden. Nicht im Sinne einer Verordnung, sondern als Konsequenz aus einem neuen Denken. Denn wenn wir nicht in Sachen Steuern wie auch bei der Arbeit völlig umdenken, wird sich auch an dieser Front wenig ändern lassen.

Umdenken verlangt analytische Gründlichkeit. Es hat also Sinn, systematisch einige Gedankenschritte zurückzugehen und viele alte und ein paar aktuelle Fragen noch einmal ganz neu zu stellen, zum Beispiel die folgenden: Was ist eigentlich Geld? Was ist Reichtum? Was tut ein Unternehmer? Wem gehört ein Unternehmen? Was bewegt die Kapitalmärkte? Was ist der Unterschied zwischen nominalen und realen Einkünften? Was ist Funktionseigentum? Was ist dran an der Neiddebatte und am Sparwahn? Was treiben die viel beschworenen »Heuschrecken« genau?

In dieser Reihe stehen nicht zufällig abstrakte Fragen neben solchen emotionalen Inhalts. Der Gefühlsanteil der ganzen Debatte sollte meiner Ansicht nach keineswegs unterschätzt werden, denn atmosphärische und ideologische Einflüsse heizen den Kessel nicht wenig an. Unbehagen, Neid und Widerstand und sogar Depressionen speisen sich jedoch weitgehend aus Vorstellungen, die der Komplexität der globalisierten Welt längst nicht mehr gerecht werden.

Von Heuschrecken und Honigbienen

Wer nicht selbst konsumiert, dem bleiben nur drei weitere Möglichkeiten. Erstens kann er sein Geld direkt investieren – dann konsumieren früher oder später immer andere, zum Beispiel die Menschen, die er beschäftigt. Zweitens kann er sparen, also sein Geld auf die Bank tragen – doch dann investieren andere das Geld, und letztlich wird wieder konsumiert. Die dritte Möglichkeit: Er kann sein Geld verschenken, zum Beispiel in Form monatlicher Schecks an seine Kinder, als Spende oder über eine

Stiftung – wieder konsumieren andere. Es ist völlig gleichgültig, wie groß ein Geldberg ist oder wie abstrakt eine Summe sein mag: Irgendwann wird immer konsumiert.

Es gibt mit dem Geld nur ein Problem: Der Drang nach Realeinkommen hat Schranken, denn die natürlichen Bedürfnisse des Menschen sind begrenzt. Dagegen scheint der Drang nach Nominaleinkommen, die Geldgier, grenzenlos zu sein.

Selbst verrückt übersteigerte Luxusbedürfnisse, etwa die abertausende Paar Schuhe, die Imelda Marcos, die Ehefrau des philippinischen Diktators Marcos, besessen haben soll, finden am Ende eine Grenze: den Tod. Ganz zu schweigen von den leiblichen Bedürfnissen, so luxuriös verfeinert sie auch sein mögen. Ob Döner und Dosenbier oder Piemonteser Trüffel und alter Bordeaux, dem Konsum sind natürliche Grenzen gesetzt. Mit anderen Worten: Das Realeinkommen in Form von Konsum kann ab einem bestimmten Punkt nicht mehr unbegrenzt wachsen.

Die Geldgier, der Drang nach Nominaleinkommen, hingegen ist eines der ältesten Motive der Geldkritik, die sich etwa schon bei Aristoteles findet. Vom Protest des Marxismus gegen das »Profitstreben« über den psychoanalytischen Ansatz, Geld sei auf neurotische Weise triebbesetzt, bis hin zu den heutigen Debatten über »Heuschrecken« und gierige Manager zieht sich der Verdacht, mit dem Kapitalismus, ja mit dem Geld an sich und seinen Besitzern sei etwas nicht in Ordnung. Doch welches Bedürfnis steht hinter dem scheinbar nicht zu zügelnden Willen, Geld aufzuhäufen?

Grundsätzlich räumt Geld die Möglichkeit der Teilhabe an der Gesellschaft ein. Mehr Geld zu haben eröffnet also ganz logisch größere und vielfältigere Möglichkeiten der Teilhabe. In der Selbstversorgung, wo man ganz überwiegend von der Natur lebte, basierte gesellschaftliche Teilhabe auf dem Besitz von Grund und Boden. Deswegen stand Landgewinnung beziehungsweise territoriale Eroberung so stark im Vordergrund aller Bemühungen. Der Selbstversorger, der sein Leben spürbar verbessern wollte, war weniger geldgierig, sondern, wenn überhaupt, eher kriegslüstern. Denn Krieg oder Kolonisation waren die einzigen

Möglichkeiten, seine Existenzbasis entscheidend zu verbreitern. Geld und Kapital dagegen, die auf das möglichst störungsfreie Funktionieren von Produktion und Infrastruktur angewiesen sind, reagieren auf Kriege bekanntlich sehr empfindlich.

Generationen vor uns haben stets gegen den Mangel gekämpft, indem sie an und in der Natur, nicht selten auch gegen die Natur gearbeitet haben. Das gesamte Realeinkommen der Menschen wurde mehr oder minder direkt, sozusagen über sehr wenige Fertigungsstufen, der Natur abgerungen. Diese Erfahrung ist dann zunächst auch in die industrielle Produktion übernommen worden. Denn die Arbeit in der Produktion bleibt ja, wenngleich in immer längeren Ketten, über immer vielfältigere Veredelungsstufen, Arbeit an den Naturgrundlagen.

Zunächst ging es auch hier stets um Mittel zur Befriedigung physischer Bedürfnisse. Dass wir in Konsumgütern pure Annehmlichkeiten, Statussymbole, Möglichkeiten des Ausdrucks unserer Persönlichkeit oder was auch immer sonst noch sehen, das ist ja überhaupt erst möglich, wenn alle Grundbedürfnisse befriedigt sind. Dass am Ende immer Realeinkommen stehen, wird jedoch in einem hochgradig arbeitsteiligen und vollständig über Geldkreisläufe gesteuerten Wirtschaftssystem nur in gesamtgesellschaftlicher Perspektive sichtbar. Für den Einzelnen dagegen fallen, wie schon gesagt, Real- und Nominaleinkommen völlig auseinander. Anders formuliert: Für den Selbstversorger bedeutet ein gut gefülltes Lager Sicherheit – für den Fremdversorger bedeutet es ein hohes Risiko. Stattdessen hat der »Kapitalist« lieber ein gut gefülltes Bankkonto.

Dieses Konto braucht ein Unternehmer aber nicht als Person, denn er ist auch nur ein Mensch mit natürlichen, also begrenzten Bedürfnissen, sondern als jemand, der in sein Unternehmen investiert. Die Akkumulation von Geld, also die Kapitalbildung, erweitert die Möglichkeiten, etwas für andere zu produzieren beziehungsweise zu leisten. Und schon allein, weil der Unternehmer dabei sein eingesetztes Kapital – das ja meist mehr Fremd- als Eigenkapital ist – verzinsen muss, braucht er den »Profit«.

Der schlimmste Fehler, den er machen kann, ist es ja gerade, diesen Profit für eigenes Geld zu halten. Denn wenn er ihn einfach aus »seinem« Unternehmen entnimmt, dann entzieht er ihm Investitionsmittel, letztlich verschuldet er die Firma. Darum sind Aktionäre auch ein zweischneidiges Schwert. Als Teilhaber am Unternehmen sehen sie wohl auf dessen Wachstum und Weiterentwicklung. Als Privatpersonen denken sie aber, je weiter sie vom operativen Geschäft entfernt sind, umso stärker an die Dividende.

Hier kommt quasi der alte Selbstversorger wieder zum Vorschein, der seine Schäfchen lieber früher als später ins Trockene bringen will. Dabei ist Nominaleinkommen im Grunde so etwas Ähnliches wie Saatgut. Die Gefahr ist also, dass man vor dem Frühjahr zu viel Saatgut aus der Scheuer nimmt, was sich bei der nächsten Ernte meist rächt. Nicht selten begehen solche Leute sogar Knospenfrevel – sie plündern die Frucht schon vor der Reife, was erst recht zu katastrophalen Ernteeinbußen führt.

Der springende Punkt bei den Gewinnen ist nun eigentlich nicht, wie hoch diese sind. Die entscheidende Frage ist vielmehr: Wie werden sie verwendet? Hohe Gewinne haben nur Sinn, wenn man weiß, was man damit machen will. Wer hohe Gewinne aus einem Unternehmen herauszieht, kann ja nur einen kleinen Teil davon direkt konsumieren. Den größten Teil legen gerade »die Reichen« ja immer wieder an – und zwar entweder im eigenen oder in fremden Unternehmen. Gegen beides ist gesamtwirtschaftlich nichts einzuwenden. Auch die Kapitalmärkte haben so lange eine positive wirtschaftliche Steuerungsfunktion, wie sie Kapital von unrentablen in rentable Firmen umlenken. Denn die einen stellen ja offenbar etwas her, wofür es Nachfrage gibt, die anderen dagegen kaum. So gehen also eigentlich die Investitionen immer wieder in die Produktion.

Dort fruktifiziert, gut agrarisch gesprochen, das Kapital, was in der Bilanz als »Return on investment«, gleichsam als eine neue Ernte, erscheint. Dieser verwandelt sich wieder in Investitionen, das Saatgut kommt sozusagen wieder in den Boden, kapitalisiert sich erneut, wird wieder investiert und so weiter. Unser

Problem ist nur, auch das hat Marx analysiert, dass wir vornehmlich auf die Nominaleinkommen, den »Tauschwert«, das Geld starren, und nicht auf unsere Realeinkommen, den »Gebrauchswert«, ergo die Produkte und Dienstleistungen, von denen wir alle leben. Denn niemand, auch nicht ein Milliardär, lebt vom Nominaleinkommen. Wir alle leben von dem, was wir gegen das Nominale real eintauschen.

Marx' Irrtum lag allerdings darin, dass er glaubte, dieses falsche Bewusstsein im Starren aufs Geld gründe im »Privateigentum« an Produktionsmitteln und Kapital. Die historische Erfahrung hat wohl bewiesen, dass der Staat oder andere gesellschaftliche Großorganisationen weitaus schlechter und ineffizienter über die Verwendung von Kapital entscheiden als jeder private Unternehmer. Das Problem vieler Großkonzerne besteht ja gerade nicht darin, dass ihr Besitz in privaten Händen liegt, sondern dass ihre Besitzer sich einerseits in völlig anonyme »Anleger« verwandelt haben und dass die Unternehmen aufgrund ihrer Größe andererseits zu bürokratischen Prozessen und Strukturen tendieren, die jeder sozialistischen Planwirtschaft Ehre machen würden.

Der hohe Grad an Kapitalisierung begünstigt noch den Irrtum, dass Geld einen Wert an sich habe. Grundsätzlich wird im reinen Geldverkehr ja tatsächlich überhaupt nichts geschaffen. Reale Werte entstehen nur in der Produktion oder durch nützliche Dienstleistungen. Doch wir glauben nur zu gerne, dass Geld selbst Geld verdienen könne. Das funktioniert natürlich nur so lange, wie es in großen Teilen der Wirtschaft immer noch um reale Produktion und Leistung geht. Ohne die Realwirtschaft würde das ganze Spar- und Spekulationsunwesen sofort zusammenbrechen. Doch auch so belastet es unser System bereits kolossal.

Denn das Geld vagabundiert in einer Sphäre reiner Finanzspekulation um die ganze Welt, und es realwirtschaftlich noch vernünftig zu verteilen wird dadurch immer schwieriger. Dass in dieser Sphäre Reichtum entstünde, ist eine Illusion. Sinnvoll wachsen kann die Geldmenge »da oben« nur deshalb, weil »unten« mehr produziert und geleistet wird. Doch während in der Realwirtschaft Werte geschaffen werden, enteignen in der Spekulationswirtschaft bloß die Schlauen die Dummen. So wird letztlich weniger zwischen Arm und Reich, sondern hauptsächlich zwischen den mehr oder weniger Reichen umverteilt.

Diese Kritik an der globalen Währungs- und Aktienspekulation, vor allem aber an der Spekulation mit allerlei abgeleiteten Finanzinstrumenten, den so genannten Derivaten, richtet sich gerade nicht gegen die Investition in Aktien selbst. Denn während bei der Spekulation bloß gewettet oder gewartet wird, wird hier tatsächlich Geld für unternehmerische Wertschöpfung zur Verfügung gestellt. Anders gesagt: Gibt ein Unternehmen Aktien aus, dann fließt Geld *ins* Unternehmen. Wird mit seinen Aktien gehandelt, dann fließt das Geld am Unternehmen *vorbei*.

Ein Sonderproblem ist in diesem System übrigens die Kaste hoch bezahlter, angestellter Spitzenmanager, die sich gerne etwas darauf einbildet, wie »unternehmerisch« ihr Denken doch sei. Dabei gibt es zwischen einem Unternehmer und einem Manager einen zentralen Unterschied. Der Unternehmer »macht« Gewinne, aber er sieht sie eigentlich nie. Denn sein Gewinn erscheint nur in der Bilanz, in Wirklichkeit steckt er im Anlagevermögen und wird ständig reinvestiert. Wer es anders macht, ruiniert früher oder später den eigenen Laden. Je großzügiger zum Beispiel der Lebensstil ist, den sich ein Unternehmer gönnt, desto mehr Geld muss er dafür aus dem Unternehmen ziehen. Diese Mittel kann er dann natürlich nicht mehr investieren – oder er muss stattdessen mehr Kredit in Anspruch nehmen.

Ich habe als Unternehmer nie das Problem, dass mein Geld sich nicht verzinst. Im Gegenteil: Jeder Betrag, den ich nicht entnehme, reduziert meine Sollzinsen und damit den Schuldenstand von dm. Die hektische, ja panische Frage »Wie lege ich bloß mein Geld an?« hat sich mir noch nie gestellt. Ich sage immer: Ich habe kein Geld. Ich brauche Geld.

Ein Manager denkt völlig anders: Wenn er wie Herr Ackermann etwa »ungefähr fünfzehn bis zwanzig Millionen Euro« im Jahr verdient, dann hat er dieses Geld ja cash auf dem Konto. Denn der Manager ist – daran ändern auch seine Aktienoptionen wenig – kein Gesellschafter des Unternehmens. Rein be-

157

triebswirtschaftlich ist er genauso ein »Kostenfaktor« wie jeder Mitarbeiter, den er noch nicht gefeuert hat, wie Miete und Strom oder wie die Bleistifte in der Konzernzentrale. Doch während zunächst das Geld auf seinem Konto lustig wächst, wird der Manager zugleich zum potenziellen Opfer für Anlagebetrüger.

Manager sind in Wahrheit eben gar keine Heuschrecken, ihr Geld ist vielmehr sehr oft Heuschreckennahrung. Denn dazu, sich um ihre eigenen Geldgeschäfte zu kümmern, haben sie noch weniger Zeit als dazu, ihre in der Tat exorbitanten Einkünfte zu verbrauchen. Als gelehrige Schüler des Systems wollen sie aber immer Spitzenrendite und »shareholder value« – und verspekulieren sich dabei nicht selten oder lassen verspekulieren.

Chronischer Zeitmangel und permanenter Termindruck sind die Begleitumstände eines Topmanagerlebens, das die realen Früchte der nominalen Fülle kaum jemals adäquat zu genießen vermag. Bequemlichkeiten des äußeren Lebens und zahlreiche Assistenzkräfte sind der sichtbare Luxus einer solchen Existenz, um die man in Wahrheit niemanden beneiden muss.

Wieder etwas ganz anderes sind jene von Franz Müntefering angeprangerten »Heuschrecken«, die angeblich über Unternehmen herfallen, um sie zu zerschlagen, auszuplündern und deren Arbeitsplätze zu »vernichten«. Zwar gibt es in der Tat solche so genannten Raider, die ihre Gewinne dadurch erzielen, dass sie angeschlagene Unternehmen günstig aufkaufen, um sie dann in Einzelteile zerlegt teuer an neue Investoren zu verkaufen. Doch diese Art von Geschäftemachern ist wahrlich nicht das Hauptproblem, es sind eher die Trittbrettfahrer der Weltfinanzmärkte. Sie können ihr Geschäft im Übrigen nur betreiben, weil es eben auch wirklich angeschlagene oder schlecht geführte Unternehmen gibt, die solchen Attacken mehr oder weniger hilflos ausgeliefert sind.

Nichts mit diesen Leuten zu tun haben dagegen jene Investoren, die privates Fremdkapital in – häufig mittelständische – Unternehmen stecken. Solche »Private equity«-Firmen haben eine ganz andere, nämlich langfristige Strategie. Sie übernehmen Firmen häufig dann, wenn sie an einem Wendepunkt ihrer Entwicklung stehen. Das kann neben einer Schieflage eine Expansion der Firma, eine Firmenkrise oder auch ein Generationswechsel sein. In all diesen Fällen zielen die Investoren jedoch auf eine Stärkung oder Neuausrichtung des Unternehmens. Sein Wert soll nicht spekulativ durch Zerschlagung und schnellen Weiterverkauf, sondern substanziell durch Weiterentwicklung gesteigert werden – sei es durch Neuentwicklung von Produkten, durch Erschließung neuer Geschäftsfelder und Märkte oder durch Installierung eines neuen, zukunftsfähigen Managements.

Auch diese Investoren »leben« am Ende davon, dass sie das Unternehmen irgendwann weiterverkaufen oder an die Börse bringen. Aber wenn sie das tun, dann hat in der – meist längeren – Zwischenzeit vor allem auch das Unternehmen selbst profitiert. Diese Investoren sind damit keine »Heuschrecken«, sondern eher so etwas wie Honigbienen – sie saugen zwar Nektar aus den Blüten, aber sie bestäuben sie dabei auch immer aufs Neue.

Nomaden der Globalisierung

An dieser Stelle jedoch noch einmal zurück zum Geld an sich, zum Kapital, das, wie zuvor beschrieben, sich in der Welt der Spekulation nach einer ganz eigenen, schwindelerregend rasanten Dynamik bewegt. Das Kapital in der Welt der Finanzspekulationen verhält sich nomadisch. Es grast fette Weiden ab und zieht weiter, wenn sie kahl gefressen sind.

Das Kapital scheint sich also nur für den eigenen Hunger zu interessieren. Nachhaltigkeit ist ihm fremd, obwohl es das Gras, also die Frucht einer (Investitions- oder Produktions-)Saat doch braucht, um grasen zu können. Die Produktion indes ist ihrem Wesen nach sesshaft, will säen und ernten, das heißt entwickeln und gestalten. Da, wo also Menschen initiativ und produktiv sind, da sind die fetten Weiden. Initiative und Produktivkraft sind aber nichts anderes als die eigentliche Kapitalbildung. Noch weiter gedacht: Dort, wo Geist auf Arbeit angewendet wird, wo rationalisiert und optimiert produziert wird, da siedelt sich das Kapital an. Genauso, wie die fette Weide die Nomaden anzieht. Ist die Weide aber einmal so kahl gefressen, dass einstweilen nichts mehr nachwächst, zieht das Nomadenvolk weiter. Dann muss die Weide sich erst langsam wieder erholen, bis die Nomaden zurückkommen.

In dem Moment, wo nichts mehr produziert wird, ist auch das Geld nichts mehr wert. Wenn nicht mehr produziert und konsumiert wird, bricht die Geldwirtschaft zusammen. Kapitalströme verhalten sich jedoch weit spekulativer als ein Nomadenvolk. Inzwischen wird ja sogar gewettet, wo es regnen und infolgedessen die Weiden wieder fett werden könnten.

Der Unternehmer verdient sein Geld durch Arbeit, ein Spekulant oder Investor dadurch, dass er warten kann. Ein Spekulant, der nicht warten kann, verliert zumeist Geld. Aber auch sein Warten ist nur dann sinnvoll, wenn in der Zwischenzeit ein anderer mit seinem Geld arbeitet. Der Spekulant ist also immer ein Trittbrettfahrer unternehmerischer Initiative.

Deswegen beschäftigen die Spekulanten auch Heere von Analysten, die ständig auf der Lauer liegen, um weltweit Initiativen auszumachen, die höchste Renditen versprechen. Wer zuerst dahin kommt, wo womöglich etwas Neues entsteht, macht das Geschäft. Wer zuletzt kommt, sitzt auf Produkten, die bald keiner mehr haben will. Das unaufhörliche Gewinnen der Börsenspekulanten darf bezweifelt werden. Spricht man mit Spekulanten, hört man immer nur von ihren enormen Gewinnen. Von Verlusten, die es ja de facto gibt, hört man wenig. Letztendlich läuft alles auf ein Nullsummenspiel hinaus, wenn keine Wertschöpfung durch Produktion zugrunde liegt.

Die vagabundierenden Geldmengen sind eine Spätfolge unseres Vorsorgetriebs. Wir glauben, dass wir diese virtuellen Speisekammern brauchen, weil uns die Grundsicherung ja eben noch fehlt. Gäbe es das bedingungslose Grundeinkommen, könnte man endlich wieder von der Hand in den Mund leben, man könnte konsumieren und verbrauchen, was da ist. Das unsinnige, ängstliche Sparen würde massiv reduziert werden, die riesigen, rein finanztechnischen Sparberge würden endlich zugunsten der Ankurbelung des Konsums oder gezielter Investitionen – zum Beispiel in die Bildung – abgetragen.

Unser Sparwahn ist das Erbe unserer Selbstversorgungs-Vergangenheit, denn mental sind wir immer noch Selbstversorger. Das ist kein Wunder, denn die längste Zeit unseres Menschseins waren wir ja genau das. Die Fremdversorgung hat historisch gesehen erst gestern eingesetzt, allerdings unumkehrbar.

Auch unsere Lebensversicherungen stellen wir uns vor wie etwa ein Eichhörnchen einen Sack Nüsse: als Winter- beziehungsweise Altersvorrat. Wir horten das Geld, anstatt in die Ausbildung und Förderung des Nachwuchses zu investieren, der ja die einzig realistische Altersversicherung ist. Der Generationenvertrag wird als Zumutung empfunden, und deshalb glauben wir uns privat abzusichern, weil wir meinen, dass da tatsächlich irgendwo Geld liege, das man eingezahlt hat. Das ist eine fatale Illusion.

Die Drohung, die Renten seien nicht sicher, ist falsch und irreführend, denn die Renten hängen nicht von unseren Einzahlungen ab, sondern davon, wie hoch die Wertschöpfung in der Zukunft sein wird und wie es dann um die Produktivkraft steht. Die Drohkulisse wird tatsächlich an der ganz falschen Stelle errichtet. Denn ob und was wir letztlich von dem eingezahlten Geld wiedersehen, hat nichts damit zu tun, ob jemand die Säcke mit Nüssen anknabbert oder gar heimlich wegträgt. Es hat einzig damit zu tun, ob wir heute intelligent in die Zukunft investieren. Wir leben eben in der Zukunft beziehungsweise im Alter nicht von dem, was wir heute eingezahlt haben, sondern von den Gütern und Dienstleistungen, die uns dann zur Verfügung stehen.

Wenn man zum Beispiel eine Lebensversicherung abschließt und diese vorwiegend in Immobilien investiert, entzieht man das Geld der Verfügbarkeit. Solange sie es in Aktien steckt und dadurch Investitionen ermöglicht, mag das in Ordnung sein. Auch wenn damit Kredite finanziert werden, bleibt das Geld wirksam. Aber sobald es in Grund und Boden angelegt wird, hat es keine wirtschaftliche Wirkung mehr. Es entsteht nichts, es findet nur ein Besitzwechsel statt. Denn Grund und Boden werden ja nicht mehr oder wachsen gar in die Höhe, schließlich handelt es sich nicht um beliebig vermehrbare Güter. Wirtschaft und Markt aber funktionieren nur dort, wo Dinge prinzipiell vermehrbar sind. Mit den auf einem Grundstück errichteten Gebäuden verhält es sich deshalb auch anders, denn hier spielt unternehmerische Initiative wieder eine Rolle. Doch Grund und Boden allein zu Spekulationszwecken zu erwerben schafft keinerlei wirtschaftlichen Wert. Hätten wir ein Grundeinkommen, würde diese immanente Tendenz, Geld in privaten Absicherungen, in Immobilien oder anderen Sachwerten zu stauen, deutlich abnehmen.

Wenn man über Wirtschaft spricht, muss man zwischen gesamt- und einzelwirtschaftlichen Aspekten, zwischen Volks- und Betriebswirtschaft unterscheiden. Das wird gern versäumt. Unter gesamtwirtschaftlichen Gesichtspunkten geht es um das Gemeinwohl. Unter einzelwirtschaftlichen Aspekten müssen wir das Wohl eines Unternehmens, einer Arbeitsgemeinschaft und des Einzelnen im Auge behalten. Da liegen die Probleme dann oft anders.

Noch grundsätzlicher gedacht, hat die Wirtschaft zwei Aufgaben. Die eine, die betriebswirtschaftliche Aufgabe, ist es, die Menschen mit Dienstleistungen und Produkten zu versorgen – das gelang noch nie so gut wie heute, zumindest in den entwickelten Volkswirtschaften. Wir leben heute in einem Einkaufsparadies. Unsere Fähigkeit, Produkte und Dienstleistungen hervorzubringen, übertrifft unsere Konsumfähigkeit. Dagegen ist es prinzipiell keine Aufgabe von Unternehmen, »Arbeitsplätze zu schaffen«. Der Kapitalismus ist ein System zur Wohlstandsmehrung, zur Schaffung von möglichst vielen Produkten und Dienstleistungen zu möglichst günstigen Preisen, ergo unter möglichst effizientem Einsatz von Ressourcen. Der Kapitalismus ist mitnichten eine beschäftigungstherapeutische Veranstaltung.

Wenn wir von »Arbeitsplätzen« reden, dann sprechen wir eigentlich über etwas anderes, nämlich über die zweite, die volkswirtschaftliche Aufgabe der Ökonomie. Und die besteht darin, die Menschen mit Einkommen zu versorgen. Doch ist in unseren Köpfen noch immer verankert, dass Einkommen aus Arbeit resultiert. Genau das müssen wir trennen: Das eine ist das Einkommen – und das andere ist, dass jemand unter uns lebt, der seine Talente, seine Fähigkeiten einbringt, um für andere etwas zu leisten.

Das Paradigma, von dem wir uns lösen müssen, ist der Irrglaube, man arbeite für sich selbst und lebe von seinem geldlichen Einkommen. Zum einen entsteht das Einkommen nicht durch meine Arbeit, sondern dadurch, dass andere eine Leistung für die Gemeinschaft durch ihre Gegenleistung – vorübergehend durch das dazwischentretende Geld – honorieren. Zum anderen kann ich von meinem Einkommen nicht leben – es sei denn, ich esse Euroscheine oder Kreditkarten. Ich bin darauf angewiesen, dass andere für mich arbeiten und konsumfähige Güter und Dienstleistungen herstellen, sodass ich Brot, Milch, Eier, Zucker oder Käse kaufen kann.

Es gibt vier Mängel, vier Kardinalsünden in unserem Wirtschaftssystem: Die erste besteht darin, dass wir Geld wie eine Ware betrachten, die zweite, dass wir Grund und Boden wie Ware betrachten, die dritte, dass wir Unternehmen wie Waren behndeln, und die vierte und wohl folgenreichste, dass wir Arbeit wie Ware betrachten. Arbeit ist aber an Menschen gebunden, kann also keine Ware sein. Grund und Boden können schon deshalb keine Waren sein, weil sie nicht beliebig vermehrbar sind. Und das liebe Geld schließlich hat keinen unmittelbaren Gebrauchswert. Da wir diese drei Phänomene aber mental auf die gleiche Ebene wie die Güter und Dienstleistungen gestellt haben und von Geldmarkt, Immobilienmarkt und Arbeitsmarkt reden, stecken wir in der Falle.

Geld und Gerechtigkeit

Um der Globalisierung skeptisch bis ablehnend gegenüberzustehen, muss man schon lange nicht mehr attac oder anderen Gruppen von Globalisierungskritikern angehören. Existenzangst, Perspektivlosigkeit und die Angst, in das so genannte Prekariat abzurutschen, schüren Furcht und Ablehnung gegenüber der

Globalisierung – ein Begriff, auf den man sich geeinigt hat, um die negativen Auswirkungen der wachsenden weltwirtschaftlichen und gesellschaftlichen Komplexität zu beschreiben. Und die Angst vor dem Absturz ist bekanntlich längst in der Mitte der Gesellschaft angekommen. Wo aber die Globalisierung verteufelt wird, ist die Gerechtigkeitsdebatte nicht weit.

Diese Debatte ist jedoch noch weit diffuser und nebulöser als die Furcht vor dem nicht so recht greifbaren Phänomen der Globalisierung. Denn Gerechtigkeitsempfinden ist ein höchst individuelles Gefühl, das immer vom Einzelnen und seiner aktuellen Lebenssituation ausgeht, die ja zu weiten Teilen von privaten Konstellationen bestimmt ist. Darüber hinaus gibt es wohl so etwas wie ein überindividuelles Gerechtigkeitsgefühl, das sich zu allen Zeiten aufbegehrend meldet. Um es zuzuspitzen: Die Menschen finden die Welt immer ungerecht. Das ist im Prinzip nicht tragisch, es ist sogar fruchtbar, denn das Gefühl der Ungerechtigkeit mobilisiert Kräfte, die die Gesellschaft verändern, und ist damit eine wichtige Triebkraft für Erneuerung und Wandel. Nur kann in der Regel zwar jeder sagen, dass die Welt ungerecht ist, aber niemand kann definieren, was denn gerecht sei. Konstruktive und vor allem konkrete Vorschläge für eine gerechte Welt jenseits von Ideologien und Theorien hört man eigentlich nie.

Allerdings ist das Gefühl dafür, was gerecht sei, einem steten Wandel unterworfen. War noch vor nicht langer Zeit das Diktum »Jeder ist seines eigenen Glückes Schmied« absolut mehrheitsfähig, gilt heute eher die Losung »Die Reichen werden immer reicher«. Es gibt Zahlen, die diese Behauptung empirisch zu stützen scheinen, dennoch ist es sinnvoll, unseren Reichtums- und Eigentumsbegriff noch einmal neu zu betrachten, denn es wird herzlich wenig differenziert in dieser Hinsicht.

Ich muss nur auf mein eigenes Beispiel verweisen: Im *manager magazin* stand ich im Ranking »Die 300 reichsten Deutschen« zuletzt auf Platz 77, mit 1,25 Milliarden Euro Vermögen ausgestattet. Das ist blanker Unsinn. Denn »ich« habe – besser gesagt, das Unternehmen *dm* hat – ungefähr 300 Millionen Euro Verbindlichkeiten und dann etwa 500 Millionen Verpflichtungen aus Mietverträgen. Sicher bin ich auch privat ein wohlhabender Mann. Aber mein privates Einkommen und auch mein privates Vermögen, so deutlich es auch über dem eines Durchschnittsverdieners liegt, machen nur einen winzigen Bruchteil der oben genannten Summe aus. Ich habe weder einen Grund noch die Absicht, mich künstlich arm zu rechnen. Aber das Geld »meines« Unternehmens ist nicht mein Geld. Als Privatmann habe ich auf der genannten Liste so wenig zu suchen wie alle anderen, die dort aufgeführt werden. Wären für das Ranking Privatkonten statt Unternehmensbilanzen ausschlaggebend, sähe die Liste jedenfalls völlig anders aus.

Die Leute, die sich die Zahlen für diese Rankings ausdenken, fallen auf das Onkel-Dagobert-Denken herein. Als ob bei uns Säcke mit Geld herumstehen würden. Und sie verwechseln und vermischen privates Eigentum mit Funktionsvermögen beziehungsweise Unternehmenseigentum. Ein Missverständnis, das sich auch im Steuerrecht ausdrückt. Es wird nämlich nicht unterschieden zwischen dem Gewinn des Unternehmens, der unmittelbar wieder im Unternehmen gebraucht wird und nicht ausgeschüttet werden kann, ja nicht einmal ausgeschüttet werden darf, und dem privaten Unternehmerlohn. Ein waschechter Unternehmer wird erwirtschaftetes Geld zum allergrößten Teil wieder in das Unternehmen stecken und nicht für private Zwecke ausgeben. Das tun in der Regel erst die Erben.

Es ist auffallend, dass meist auch erst die Erben, die zweite oder dritte Generation – wie die berühmt-berüchtigten Hilton-Töchter – exquisite Macken und exotische Konsumgebräuche entwickeln. Die Gründungsunternehmer leben in der Regel in bescheidenen beziehungsweise relativ normalen, kaum von rauschhaftem Konsum erhitzten Verhältnissen. Ein leidenschaftlicher Unternehmer ist ohnehin mehr an seinem Unternehmen und seiner Arbeit, besser gesagt: seiner Kreativität darin interessiert als an privatem Zeitvertreib. Er wird immer zuerst an das Unternehmen denken und dann erst an den Rest der Welt. Einen Unternehmer erkennt man daran, dass er mehr Ideen hat als Geld, deshalb zieht er das Geld an. Wer mehr Geld als Ideen hat, ist Rentier, also einer, der das Geld aufzehrt.

165

Womöglich hat der allgemeine Unmut, die Missgunst gegenüber Leuten mit sehr hohen Einkünften – ob diese noch in Relation zum Geleisteten stehen, sei dahingestellt – auch damit zu tun, dass man eine nur unklare Vorstellung davon hat, was denn nun dieser als obszön empfundene Reichtum eigentlich beinhaltet. Von Armut haben wir eine klare, sinnliche Vorstellung. Sie wird heute nicht mehr nur durch Fernsehbilder aus der Dritten Welt genährt, sondern ist täglich auf den Straßen unserer Städte zu erleben. Reichtum dagegen bleibt relativ abstrakt – es sei denn, wir denken an dicke Autos, schwere Juwelen und Müßiggang auf sacht dahinschippernden Yachten in sonnigen Gefilden. Menschen, die einen solchen Lebensstil pflegen, sind allerdings entweder auf zweifelhafte Weise zu Geld gekommen, das sie nun wenig nachhaltig verjubeln, oder sie sind Erben oder Rentner. Die genuinen Unternehmer und Topmanager leben anders.

Gewiss, allein die Möglichkeiten, die ein gut gestellter Unternehmer oder ein Topmanager theoretisch hat, sind gegenüber einem Hartz-IV-Empfänger immens – und doch zugleich abstrakt. Höhere Millionenbeträge sprengen im Grunde die Dimensionen unserer Vorstellungskraft. Und das hängt mit unserem Geldbegriff zusammen. Ich denke, wir haben es mit einem uralten nationalökonomischen Phänomen zu tun, dem so genannten Geldschleier. Die Realität kann durch diesen Geldschleier hindurch nicht adäquat wahrgenommen werden. In der heute herrschenden Geldwirtschaft wirkt dieser Schleier meiner Meinung nach in verstärktem Maße, daher müssen wir uns den Blick auf die Realität erst wieder ganz neu erwerben, wenn wir noch mitkommen wollen.

Womit wir zugleich wieder beim Stichwort Globalisierung wären, die alle abstrakt fürchten und ablehnen, ohne sich klarzumachen – will sagen, den Schleier zu lüften –, dass sie nur an sich herabschauen müssen, um Globalisierung am eigenen Leib zu erfahren. T-Shirt, Baumwollhemd, Krawatte, Jeans oder Anzug, von Schuhen und Sneakers ganz zu schweigen: alles Produkte, für die in der ganzen Welt Menschen tätig waren, damit wir sie im Geschäft vorfinden.

Damit ich nicht falsch verstanden werde: Ich achte weder Gefühle der Perspektivlosigkeit, Zukunftsangst oder der Panik angesichts der Globalisierung gering, noch die der Ungerechtigkeit, der Empörung über obszön zur Schau getragenen Reichtum und die des Neids gegenüber privilegiert lebenden Menschen. Diese Gefühle sind absolut legitim. Sie entspringen oft einer subjektiven Not und sehen die eigene individuelle Lage in einer überkomplexen Welt wie in einem Spiegelkabinett tausendfach abgebildet und bestätigt. Diese legitimen Gefühle laufen nur leider im Kreis und stammen in ihren Impulsen aus Zeiten, als Ungerechtigkeiten einfacher zu benennen waren, als Herrschaftsverhältnisse deutlicher ausfielen und das Leben sich noch in einem Mikrokosmos abspielte.

Ganz offensichtlich spiegeln diese Gefühle die unbestreitbare Tatsache wider, dass etwas grundsätzlich nicht stimmt und dass in den jetzigen Konstellationen keine Entwicklungsmöglichkeiten, sondern weitere Krisen angelegt sind. Wir müssen uns nur davor hüten, in den Schablonen archaischer Freund-Feind-Relationen und naiver Schuldzuweisungen zu denken. Das hat bereits im späten 20. Jahrhundert nicht mehr funktioniert.

Nicht die Globalisierung ist schuld an der jetzigen Lage, kein Heuschreck, kein Ackermann und keine böse Weltverschwörung des amerikanischen Imperialismus. Wir müssen das erstarrte Denken aufgeben und unsere alten Welterklärungen über Bord werfen, wenn wir die Verhältnisse ändern wollen, die letztlich nichts als unser eigenes Werk sind.

Steuern als gesellschaftliches Teilungsverhältnis

Wenn ich in Vorträgen oder bei Diskussionsveranstaltungen für das Grundeinkommen werbe, dann bekomme ich aus dem Publikum meist bald Zustimmung. Sitzen zugleich Wirtschaftspolitiker oder -experten auf dem Podium, widersprechen diese mir dafür oft umso heftiger. Sie versuchen etwa, meine Vorschläge in den Verdacht humanistischer, gar linker Sozialromantik zu bringen.

Und in der Tat spricht die Idee eines bedingungslosen Grundeinkommens wohl eher das Herz an, das bekanntlich links schlägt.

Ob ich dann selbst in meinem Vortrag auf die Idee überleite, zugleich unser gesamtes Steuersystem schrittweise auf eine ausschließliche Belastung des Konsums umzustellen, oder ob der Gedanke, alle Steuern außer der Mehrwertsteuer abzuschaffen, als »mein Finanzierungsvorschlag« fürs Grundeinkommen in die Debatte geworfen wird – die Erfahrung ist in beiden Fällen häufig folgende: Jetzt murren größere Teile des Publikums, während sich die Mienen der Wirtschaftsleute sichtlich aufhellen. Das haben wir doch immer schon gesagt, heißt es dann, runter mit den Unternehmenssteuern und den Lohnnebenkosten, rauf mit der Mehrwertsteuer! Aber wie, Herr Werner, wollen Sie das den Wählern verkaufen? Die meisten halten doch gerade die Mehrwertsteuer für sozial ungerecht!

Die Konsumsteuer, so scheint es, ist also eine Idee, für die sich eher der »neoliberale Verstand« erwärmt. Und der hat denkbar wenig Kredit bei Menschen, die gegen Massenarbeitslosigkeit und Hartz-IV-Gängelung protestieren.

Beide Konzepte, das bedingungslose Grundeinkommen einerseits und die Konsumsteuer andererseits, wollen jedoch gerade unser »sozialistisches Herz« mit dem »neoliberalen Verstand« versöhnen. Diese Formulierung stammt von Stephan Dörner, der mir im Anschluss an einen meiner Vorträge einen längeren Text schickte. Seiner Meinung nach stellt die Kombination beider Ideen »zugleich die radikalste mögliche Form des Sozialismus wie die des Kapitalismus« dar: »Zwei sich widerstrebende Seelen kämpfen in meiner Brust: die Idee der Freiheit und die Idee der Gerechtigkeit. Außerdem sollte man bei all dem auch die Effizienz eines Wirtschaftssystems nicht außer Acht lassen.« Mir geht es nicht um politische Etikettierungen. Aber meinen Grundimpuls finde ich in diesen Worten ziemlich gut getroffen.

Natürlich zahlt niemand gerne Steuern. Vor allem nicht auf die spezielle Art von Einkommen, das er gerade bezieht, oder die Produkte und Leistungen, die er gerade in Anspruch nimmt. Autofahrer fluchen über die Mineralölsteuer, Raucher über die Tabaksteuer und Hundehalter über die Hundesteuer. Für Erblasser wie für Erben höchst unangenehm ist bekanntlich die Erbschaftssteuer. Familienunternehmen kann sie bei einem Generationswechsel sogar bis an den Rand des Ruins führen. Um sie zu umgehen oder wenigstens zu minimieren, wird deshalb keine noch so verwegene Konstruktion des Vermögenstransfers gescheut. Ohnehin klagen Unternehmen fortwährend über die Belastungen aus der Gewerbe- und der Körperschaftssteuer. Und die Abzüge auf dem Gehaltszettel treiben jedem Arbeitnehmer Monat für Monat die Tränen in die Augen.

Faktisch rechnen wir am Ende zwar alle mit dem, was netto übrig bleibt. Und doch peinigt uns das Gefühl, bei unseren Steuern handle es sich um Geld, das eigentlich *uns* zusteht. Wir rechnen netto, aber wir jammern brutto.

Dabei wissen wir im Grunde alle, warum wir Steuern zahlen. Schließlich werden sie heutzutage nicht mehr von Adel und Kirchenfürsten verprasst, sondern dienen der Finanzierung staatlicher Leistungen – Leistungen, die wir alle erwarten und von denen wir alle profitieren. Straßen und Wasserleitungen, Schulen und Universitäten, Krankenhäuser, Polizei, Justiz, Theater, Bibliotheken – das und vieles mehr gäbe es ohne Steuern nicht. Selbst knallharte Marktliberale würden zwecks Steuervermeidung die Rechtsprechung wohl kaum privatisieren wollen. So ungerecht wie der Erwerb von Bildung nur gegen Bares könnte keine Steuer der Welt sein. Und wer von uns würde es vorziehen, für die Benutzung der Bürgersteige eine Maut zu entrichten, wenn er dafür netto mehr in der Tasche hätte?

Welche Aufgaben der Staat im Einzelnen wahrnehmen soll, ob er diesen Aufgaben angemessen nachkommt oder ob er die dafür erhobenen Steuern effektiv und sinnvoll verwendet, das ist in einer Demokratie natürlich Gegenstand ständiger politischer Auseinandersetzungen, in denen unterschiedlichste persönliche und kollektive Interessen aufeinanderprallen.

So finden die Autofahrer, dass zu wenig für den Straßenbau getan wird. Jährlich rechnet der ADAC uns vor, dass der Staat ihnen mehr Geld abknöpft, als er Beton in der Landschaft verteilt. Eltern fordern mehr Geld für Schulen und Kindergärten. Dafür finden sie es ungerecht, dass sie das Ehegattensplitting für kinderlose Doppelverdiener mit »ihren« Steuern mitfinanzieren. Manche schimpfen über die »Subventionierung« von Opernhäusern, Staatstheatern und Museen, weil sie von vielen Steuerzahlern nicht in Anspruch genommen werden. Außerdem sind den meisten die »Rüstungsausgaben« zu hoch. Die Bürokratie ist stets zu teuer und zu aufgebläht. Und angeblich wirtschaften »die Politiker« ja doch bloß in die eigene Tasche.

Am Ende läuft es immer darauf hinaus, dass einzelne Menschen oder Gruppen zwar nicht das *Zahlen* von Steuern im Allgemeinen, wohl aber ihre konkrete *Verwendung* bemängeln. Der Staat gibt das Geld halt immer für die falschen Dinge aus – nämlich für jene, die *ich* für falsch halte.

Vermutlich werden die Menschen zu allen Zeiten und in allen Weltgegenden finden, dass sie zu viel Steuern zahlen. Wie hoch aber dürfen die Steuern sein? Die Frage lässt sich unabhängig von Art und Umfang staatlicher Aufgaben und Leistungen nicht beantworten. Aber das Bundesverfassungsgericht hat 1995 in einem von Paul Kirchhof mitverfassten Urteil immerhin den so genannten »Halbteilungsgrundsatz« als Obergrenze einer vertretbaren Steuerbelastung festgeschrieben. Danach soll der Staat dem Bürger netto wenigstens die Hälfte seines Einkommens belassen. Striche die öffentliche Hand dagegen mehr als jeden zweiten Euro ein, so die Richter damals, würde dies das Grundrecht auf Eigentum verletzen. Das klingt ebenso plausibel wie gerecht.

Doch ebenso, wie wir mit Ministeuern einen Nachtwächterstaat betreiben könnten, der außer Polizei, Justiz und Armee alles der Privatinitiative der Bürger überlässt, stünde es uns im Prinzip völlig frei zu beschließen, dass der Staat jedem Bürger eine geräumige, gut beheizte Wohnung zur Verfügung stellen müsse. Eines würde die Partei, die mit diesem Vorschlag eine absolute Mehrheit erränge, dann aber gewiss nicht tun: die Steuern senken.

170

»Der Staat« ist eben nicht irgendeine fremde Macht, die uns besetzt und ausplündert. Gewiss ist eine parlamentarische Demokratie im Allgemeinen nicht frei von Fehlern. Regierungen, die aus ihr hervorgehen, sind es schon gar nicht. Doch am Ende haben wir, die Bürger, sie immerhin gewählt. Und auch wenn die Haushalte von Bund, Ländern und Gemeinden aus guten Gründen nicht in Volksabstimmungen verabschiedet werden, so entscheidet letztlich doch die Gesellschaft im Zuge von Wahlen und anderen Formen öffentlicher Meinungsbildung über Art und Umfang der staatlichen Aufgaben und Ausgaben – und also auch über die Art und die Höhe der dafür nötigen Steuern.

So gesehen sind Steuern zunächst nichts anderes als der Ausdruck eines gesellschaftlichen *Teilungsverhältnisses*: Wie viel von unserem insgesamt erwirtschafteten Wohlstand wollen wir als Bürger privat konsumieren? Und wie viel zweigen wir für die Erfüllung jener Gemeinschaftsaufgaben ab, die wir in demokratischen Verfahren als notwendig oder wünschenswert bestimmt haben? Sowohl in der Bemessung als auch in der Gestaltung dieser Teilung der gesellschaftlichen Wertschöpfung ist eine demokratische Gesellschaft grundsätzlich frei. Die Frage ist nur, ob das von ihr gewünschte Teilungsverhältnis zwischen privatem Verbrauch und öffentlichen Aufgaben in ihrem Steuersystem noch erkennbar ist. Angesichts des geradezu byzantinischen deutschen Steuerrechts kann man diese Frage nur klar verneinen.

Wenn wir unserem Steuersystem aber möglichst klar und deutlich ansehen wollen, in welcher Höhe und auf welche Weise wir unser Gemeinwesen finanzieren, dann ist ein intransparentes System wie das unsere nicht nur wenig effektiv. Viel schlimmer: Es ist schlicht und einfach undemokratisch. Denn wir täuschen uns systematisch über die Kosten und die Finanzierung aller von uns gewünschten öffentlichen Leistungen. Und wir vernebeln damit eine wesentliche Grundlage unserer demokratischen Entscheidungsfindung.

Geld, Kapital, Einkommen und Konsum

Viele werden bei der folgenden Aussage erst einmal stutzen: Alle in einer Gesellschaft geschaffenen Werte werden entweder privat konsumiert oder für staatliche Aufgaben ausgegeben. Was ist denn mit den gewaltigen Summen, die Unternehmen, Banken oder Versicherungen jeden Tag bewegen? Was ist mit all dem Geld, mit dem an den Wertpapier- und Devisenmärkten spekuliert wird? Was ist vor allem mit den gigantischen Gewinnen, die Unternehmen und Börsianer dabei einfahren? Und was ist schließlich mit den Millionengehältern unserer Topmanager, die diese gewiss nicht zur Gänze für ihre private Lebensführung aufwenden müssen? Verstecken sich hier nicht all die »starken Schultern«, die einen weit größeren Anteil an den gesamtgesellschaftlichen Lasten tragen müssten als der sprichwörtliche »kleine Mann«? Wo bleibt, wenn dieser als Konsument am Ende alle Steuern zahlen soll, die soziale Gerechtigkeit?

Bevor wir uns dem Sinn, den Prinzipien und der Ausgestaltung einer reinen Konsumsteuer etwas detaillierter zuwenden, muss diese Gretchenfrage jeder modernen Steuerpolitik unbedingt beantwortet werden. Die kürzestmögliche Antwort: Bei Lichte betrachtet kann *ausschließlich* eine reine Konsumsteuer sozial gerecht gestaltet werden. Jede andere Steuer schafft nur Scheingerechtigkeiten.

Etwas ausführlicher müsste die Antwort in etwa so lauten: Ja, Unternehmen sollten in der Tat überhaupt keine Steuern zahlen. Denn Unternehmen sind weder »arm« noch »reich«. Es ist nicht einmal ihre *Aufgabe,* irgendwen reich zu machen. Die Aufgabe von Unternehmen ist es, die Menschen einerseits mit Gütern und Dienstleistungen und andererseits mit Einkommen zu versorgen. Und beides können sie am besten, wenn steuerliche Überlegungen für ihr Handeln *überhaupt keine Rolle spielen.*

Aber was ist mit den Reichen und Besserverdienenden? Nun, sie können mit ihrem vielen Geld auch nichts anderes machen, als es entweder für reale Dinge – von der Milch bis zur Luxusvilla –

auszugeben oder es anderen gegen Zinsen zur Verfügung zu stellen. Im ersten Fall trifft die Konsumsteuer reiche Menschen, die ja mehr und höherwertigere Güter konsumieren, stärker als Normal- und Geringverdiener. Richtig gestaltet – das heißt, wie übrigens auch heute schon, nach Produktgruppen gestaffelt –, kann sie sie sogar *sehr* viel härter treffen. Im zweiten Fall dagegen finanzieren »die Reichen« wiederum Unternehmen – egal ob sie selbst eines betreiben, ob sie ihr Geld in fremde Firmen investieren oder ob sie es einfach auf die Bank legen, die es dann als Fremdkapital an Dritte ausleiht. Und all die Zinsen und »Profite«, die dabei anfallen, stopft ebenfalls niemand unter seine Matratze. Auch sie werden entweder investiert oder mit ihnen wird konsumiert.

Man kann die Sache drehen und wenden, wie man will: Wenn Menschen ihr Geld ausgeben, dann konsumieren sie immer reale Produkte und Dienstleistungen. Wer wenig und preiswert einkauft, der zahlt dann auch nur wenig Steuern. Wer mehr, öfter und teurer einkauft, der zahlt höhere Steuern. Und wer sein Leben lang nichts anderes tut, als Jahr für Jahr Millionen für Schampus, Haute Couture, Designerschmuck oder Luxusschlitten zu verprassen, der zahlt sein Leben lang extrem hohe Steuern. Wer dagegen viel Geld besitzt, es aber nicht ausgibt, der hat nur drei Möglichkeiten: es zu investieren, es zu sparen oder es zu verschenken – in allen drei Fällen jedoch konsumieren früher oder später andere.

Ob man den Begriff des Eigentums negativ oder positiv belegt, das hat übrigens auf interessante Weise mit dessen Größe zu tun. Privateigentum in bescheidenem Umfang, mit Haus, Gärtchen und Mittelklassewagen vor der Tür und einem solide gefüllten Bankkonto, das findet jeder in Ordnung und erstrebenswert. Eigentum in großem, gern fürstlich genanntem Umfang dagegen wird zunächst bewundert, dann beneidet und irgendwann als unfein, ja verbrecherisch angesehen. Da ist viel Moral im Spiel, oft auch ein Empfinden von Stil, Geschmack und Anstand, weil die sichtbaren Symbole des Wohlstands ja keineswegs immer dezent und sozial wie menschlich vertretbar vorgezeigt werden. Doch dass so manches Mitglied der Oberschicht kein Benehmen hat und seinen materiellen Reichtum ordinär, arrogant und affektiert zur Schau stellt, ist zwar unschön anzusehen, aber kaum das sozialpolitische Hauptproblem unserer Gesellschaft.

Gleichwohl ist auch die Wirtschaft alles andere als unschuldig daran, dass Kapital und Rendite einen so schlechten Ruf haben und dass man infolgedessen soziale Gerechtigkeit vornehmlich mittels der Steuerschraube zu verwirklichen trachtet. Viele Manager großer, vor allem börsennotierter Unternehmen sowie jene Heerscharen von »Wirtschaftsexperten«, Analysten und Aktiengurus, die diese Manager vor sich hertreiben, haben gerade in den letzten beiden Jahrzehnten ein ebenso populäres wie dramatisches Missverständnis der Funktion von Unternehmen befördert.

Der Gipfel dieses Missverständnisses war wohl die idiotische Irrlehre vom »Shareholder value«. Ihre Kernidee: Unternehmen sollen ihre Inhaber beziehungsweise ihre Anteilseigner reich machen. Und das nicht einmal vorrangig durch ihre Gewinne, die sie zu mehr oder weniger großen Teilen als Dividende ausschütten. Diese Gewinne sollen im Börsenkapitalismus nur noch Mittel zum Zweck sein: Je höher sie ausfallen, desto schneller steigt der Aktienkurs. Richtig Kasse macht so nicht mehr der gute alte »Couponschneider«, sondern der gerissene Spekulant. Und was tut der? Er kauft die Aktien eines Unternehmens zum richtigen Zeitpunkt von jenen Dummköpfen oder Pechvögeln, die ihre Verluste realisieren müssen – nämlich dann, wenn es um die Wirtschaft insgesamt oder eine einzelne Firma schlechtsteht. Und er verkauft sie auch wieder zum richtigen Zeitpunkt – wenn der Laden brummt. Und zwar an jene noch größeren Dummköpfe, die von ihren künftigen Verlusten noch nichts ahnen. Da aber niemand immer billig kauft und teuer verkauft, ist die Spekulation *mit* – nicht die Investition *in* – Aktien langfristig oft ein Nullsummenspiel.

Doch wer wie gebannt nur auf diese spekulativen Geldströme starrt, der glaubt verständlicherweise, man müsse die Unternehmen steuerlich schröpfen, wo es nur geht. Man kann in dieser Perspektive sogar noch viel weiter denken: Nutzt nicht vor allem »die Wirtschaft« die öffentliche Infrastruktur? Sind die Sozialsysteme nicht vornehmlich überlastet, weil sie jene Massenentlassungen finanzieren müssen, bei deren Vermeldung die Börsen zuverlässig haussieren? Wird am Bildungssystem nicht ständig herumgedoktert, bloß um junge Menschen möglichst passgenau für die »Anforderungen des Arbeitsmarktes« zu qualifizieren? Sind nicht auch Theater und Museen heute nur noch ein »Standortfaktor«? Wenn es so ist, dann sollen all das mal schön die Unternehmen und jene, die ihre Gewinne einstreichen, bezahlen! Mehr noch: Unternehmens- und »Reichensteuern« sollten nicht allein zur Finanzierung öffentlicher Leistungen, sondern zusätzlich zwecks »Umverteilung« erhoben werden, das Finanzamt also als eine Art idealer Gesamt-Robin-Hood fungieren.

Unterscheidet man dagegen zwischen den *privaten Einkommen und Vermögen,* die aus unternehmerischer Tätigkeit oder finanzieller Beteiligung entspringen, und dem *Kapital,* mit dem Unternehmen operieren, dann wird sehr schnell deutlich, dass Kapital überhaupt keine private, sondern ausschließlich eine gesellschaftliche Funktion hat.

Rein betriebswirtschaftlich betrachtet stellen Firmen Produkte und Dienstleistungen bereit, die von anderen nachgefragt werden. Dabei stehen sie ständig im Wettbewerb, weshalb sie zur richtigen Zeit das richtige Angebot in bestmöglicher Qualität zu möglichst günstigen Preisen unterbreiten müssen. Und dazu brauchen sie nicht nur die richtige Geschäftsidee, sie müssen sie auch möglichst kostengünstig umsetzen. Wenn ihnen das nicht gelingt, verschwinden sie vom Markt. Und wenn sie dabei keine angemessenen Gewinne erzielen, dann können sie sich nicht weiterentwickeln, also keine neuen, besseren und günstigeren Waren und Dienstleistungen anbieten – womit sie früher oder später ebenfalls vom Markt verschwänden.

Doch was sind die Produkte und Dienstleistungen, die Unternehmen am Markt anbieten? Weil wir von Geld so wenig leben können wie allein von Luft und Liebe, sind sie bei Lichte betrachtet nichts anderes als *Einkommen* – das Realeinkommen, von dem wir alle leben. Die betriebswirtschaftliche Hauptaufgabe von Unternehmen ist also nicht, *Gewinne* zu produzieren, sondern *Realeinkommen*. Jede wirtschaftliche Wertschöpfung muss irgendwann zu einem konsumierbaren Gut oder zu einer sinnvollen, tatsächlich nachgefragten Dienstleistung führen. Ist das nicht der Fall, hat es sich nur um eine Beschäftigungstherapie gehandelt.

Volkswirtschaftlich betrachtet haben Unternehmen noch eine zweite Aufgabe: Sie versorgen die Menschen mit Geld- beziehungsweise mit Nominaleinkommen. Und zwar nicht nur, ja nicht einmal vorrangig ihre eigenen Mitarbeiter, sondern vor allem die Menschen in allen anderen Unternehmen, von denen sie Rohstoffe, Zwischenprodukte, Maschinen und Anlagen oder Arbeitsmittel beziehen, von denen sie Gebäude und Büros anmieten oder bauen lassen und deren Dienstleistungen sie ihrerseits in Anspruch nehmen. Verfolgt man die Wertschöpfung eines jeden Unternehmens wie auch der gesamten Wirtschaft rückwärts, dann löst sich ihr gesamtes eingesetztes Kapital letztlich immer in Einkommen auf.

Ein Beispiel: Auch unsere Firmenzentrale in Karlsruhe hätte ohne Beton nicht errichtet werden können. Für Beton braucht man Kies. Als natürlicher Rohstoff ist dieser wirtschaftlich zunächst genauso relevant wie ein Zitronenfalter. Erst indem ein Unternehmen in eine Kiesgrube investiert, wird der Kies zum Wirtschaftsgut. Das Unternehmen kauft dazu Bagger, Pumpen oder Lastwagen, ermöglicht also andernorts Einkommen. Es stellt selbst Arbeiter ein, ermöglicht also wiederum Einkommen. Und es bildet Rücklagen zur späteren Renaturierung der Kiesgrube. So ermöglicht es selbst nach deren Auflassung noch Einkommen. Im Normalfall hat das Unternehmen in der Zwischenzeit Geld verdient. Aber wenn Sie jeden einzelnen Euro in seiner Bilanz zurückverfolgen – am Ende wird er immer irgendwo als Einkommen enden. Und als solches wird es früher oder später immer in reale Güter getauscht – es wird privat konsumiert.

Arbeit und Kapital als schöpferische Kräfte

Auf einer noch grundsätzlicheren – hier könnte man vielleicht wirklich sagen: philosophischen – Ebene sind die Funktionen von Unternehmen einerseits und individueller Initiative andererseits Ausdruck des gleichen Phänomens: der menschlichen Fähigkeit, willentlich und planvoll die Welt zu gestalten.

Oberflächliche Kritiker des Kapitalismus, interessanterweise von links wie von rechts, behaupten ja gern, sein Hauptübel sei, alle Menschen in krude Materialisten zu verwandeln. Und seine Apologeten argumentieren im Prinzip genauso, nur wenden sie das Argument ins Positive: Der Mensch sei nun einmal von Natur aus ein egoistischer Materialist, nur darauf bedacht, seinen eigenen Nutzen, notfalls auf Kosten anderer, zu mehren. In einer auf Privateigentum und Markt basierenden Wirtschaft käme er damit quasi zu sich selbst.

Meine Überzeugung ist eine andere: In der heutigen totalen Fremdversorgung ist jeder einzelne Mensch darauf angewiesen, dass andere etwas für ihn leisten. Ohne das fundamentale Vertrauen eines jeden, dass andere Menschen permanent die Initiative ergreifen, müsste unsere Gesellschaft zusammenbrechen. Gewiss wird dieses Vertrauen auch dadurch gestärkt, dass jeder, der etwas leistet, der eine Initiative ergreift, von dieser Leistung, dieser Initiative auch »etwas hat« – einen Nutzen, ein Einkommen, einen Zugewinn an Handlungsspielraum. Doch das hat mit Egoismus wenig zu tun. Denn jedes individuelle Streben nach Geld, Gewinn oder Konsum wäre völlig witzlos ohne die Leistungen anderer. Im Grunde setzen wir deshalb gerade nicht darauf, dass andere ständig etwas *haben* wollen, sondern dass sie ständig bereit sind, etwas zu *geben*. Wohlgemerkt, nicht zu *verschenken,* denn dann müssten wir alle Heilige sein – aber etwas für andere zu leisten, Initiative zum Nutzen anderer zu ergreifen.

Versteht man Wirtschaft so als einen permanenten Prozess des Füreinanderleistens, dann muss einem – und genau so ging es mir persönlich, als ich das eines Tages erkannte – eigentlich schlagartig klar werden, warum einerseits alle Menschen ein Grundeinkommen brauchen und warum wir andererseits als Gesellschaft ausschließlich unseren Konsum, also den *Verbrauch* der von uns geschaffenen Werte, nicht aber die *Wertschöpfung* selbst besteuern sollten. Auf eine Formel gebracht, setzen wir mit Grundeinkommen und Konsumsteuer die beiden wesentlichen Initiativkräfte unserer Gesellschaft frei: Arbeit und Kapital.

Die *individuelle* Leistung, die menschliche Arbeit, befreien wir mit dem Grundeinkommen einerseits vom Zwang zur Sicherung der nackten Existenz und andererseits vom unvertretbaren Risiko, von gesellschaftlicher Teilhabe ausgeschlossen zu sein. Das ist zwingend notwendig, denn beides, das physische Überleben und die kulturelle Teilhabe, sind nicht die *Folge,* sondern die *Voraussetzung* des Leistens für andere.

Die wohl effektivste Form *gebündelter,* sozial organisierter menschlicher Leistung, das unternehmerische Kapital, entbinden wir dagegen durch die Konsumsteuer von seiner bloß scheinbaren Pflicht, gesamtgesellschaftliche Aufgaben mitzufinanzieren. Denn die dafür erhobenen Unternehmenssteuern landen am Ende ohnehin stets in den Preisen. Im Übrigen dient Kapital selbst gesamtgesellschaftlichen Aufgaben, nämlich der Versorgung der Menschen mit Gütern und Dienstleistungen einerseits und mit Einkommen andererseits. Die durch Kapital erst ermöglichte immense gesellschaftliche Wertschöpfung steuerlich ungeschoren zu lassen, verhindert deshalb, dass diese Aufgaben durch nichtwirtschaftliche Effekte verzerrt, gestört und gehemmt werden.

Das heißt: Mit dem Grundeinkommen lassen wir die *Menschen* in Ruhe arbeiten, nämlich frei von Existenzangst. Mit der Konsumbesteuerung lassen wir das *Kapital* in Ruhe arbeiten, nämlich frei von Zugriffen, bevor die Wertschöpfung in konsumfähigen Leistungen für die Gesellschaft zu Ende gekommen ist.

Bei all dem geht es nur vordergründig um eine wirtschaftliche Fragestellung. Eigentlich geht es um die menschliche Freiheit und Kreativität. Denn beides, Arbeit und Kapital, sind, wie schon gesagt, Ausformungen derselben humanen Kraft – nämlich der Kraft, die Wirklichkeit willentlich und planvoll zu gestalten. Das aber bedeutet: Arbeit wie Kapital sind ihrem Wesen nach überhaupt nichts Materielles. Beide mögen sich zwar in materiellen Gegebenheiten *zeigen* oder ausdrücken – in Produkten, Dienstleistungen, Maschinen, Fabriken oder in unseren großen Infrastruktursystemen. Aber die gestaltende Kraft selbst entspringt unserer geistigen Tätigkeit, unserem Bewusstsein, sie ist kein Teil der durch dieses Bewusstsein geformten Realität.

Mit einem Wort: Arbeit und Kapital sind *geistige Phänomene.* Sie sind nicht irgendwo in der Welt *vorfindbar,* sie *wirken* erkennbar in der Welt.

Wer nun glaubt, mit einem bedingungslosen Grundeinkommen stelle der Mensch seine Arbeit, besser gesagt: seine individuelle Initiative ein, der glaubt im Grunde, der Mensch könne oder müsse von außen gelenkt werden. Er glaubt, ohne einen zumindest mittelbaren Zwang – den zur Existenzsicherung – springe der Motor der Initiative beim Menschen gar nicht erst an. Dabei entwickelt sich der Mensch im Kern doch durch Eigentätigkeit. Nur so erwirbt er seine Fähigkeiten, nur so kann er kreativ werden, nur so wird er überhaupt zum Individuum. Nur auf der Grundlage von Eigenantrieb und eigenen Fähigkeiten kann er sich zugleich in soziale Strukturen einbinden, kann er in von anderen bestimmten Abläufen tätig werden und von anderen festgelegte Aufgaben übernehmen.

Mehr noch: Die moderne Technik »überholt« den Menschen in allen Bereichen, die ihm durch Außenlenkung abverlangt werden können. Rein mechanische, gar monotone Tätigkeiten beherrschen Maschinen eben viel besser als Menschen. Doch selbst die kompliziertesten Maschinen und Geräte bringen am Ende nur das hervor, wozu wir sie erschaffen haben. In allen Bereichen dagegen, die über das Bisherige hinausführen, ist menschliche Kreativität erforderlich. Kreativität erzeugt Unerwartetes, ein Roboter im Prinzip nur Erwartbares.

Wer Menschen also für lenkbar hält, ja glaubt, sie *müssten* von außen gelenkt und gezwungen werden, stellt damit sich selbst als Mensch mit unternehmerisch-kreativer Potenz in Frage. Oder er spricht anderen das Menschsein ab. Er rechnet letztlich mit dem Untergang des Menschlichen und mit dem Sieg der Maschinen über den Menschen. Er macht ihn zum »Rädchen« im System der Maschinen – statt die Maschinen zum Instrument menschlichen Schaffens zu machen.

Was der einzelne Mensch in seiner individuellen Tätigkeit erstrebt, nämlich Neues zu schaffen, dabei für andere etwas zu leisten und sich selbst als kreatives Wesen zu verwirklichen, das erstrebt ein Unternehmen in sozial organisierter Form. Ein Unternehmen ergreift dabei in der materiellen Wirklichkeit verfügbare Dinge und Kräfte und bringt sie in einen neuen Zusammenhang. Gebäude, Maschinen, Anlagen und menschliche Arbeit werden so kombiniert, dass aus ihnen neue Güter oder Dienstleistungen hervorgehen – und zwar unter möglichst effektiver Verwendung solcher Ressourcen und bei möglichst hoher Produktivität des angestoßenen Prozesses.

Sehen können wir dabei nur die materiellen Ressourcen selbst, bilanztechnisch gesprochen das Anlagevermögen und, in gewissen Grenzen, das Umlaufvermögen eines Unternehmens, also seine Aktiva. Doch in dem, was wir da sehen, steckt nicht die kreative unternehmerische Kraft. Einer der beiden Gründer eines in Stuttgart ansässigen bekannten Kolbenherstellers pflegte, nach der Substanz seines Unternehmens befragt, gerne zu sagen: »Ohne uns – alles Schrott!«

Was wir dagegen nicht sehen, ja gar nicht direkt sehen können, das ist die gestaltende Konfigurationskraft, die ein Unternehmen hervorbringt beziehungsweise hervorgebracht hat. Das ist zunächst einmal nicht anders als bei jedem Willen, jeder Kraft, jedem Plan, der die sichtbaren Resultate individueller menschlicher Arbeit hervorbringt, etwa das Möbelstück eines Tischlers oder das Werk eines Künstlers.

Der Unterschied, der die Sache noch etwas schwerer fassbar macht, ist die Tatsache, dass die unternehmerische Kraft und der aus ihr hervorgehende Prozess der Gestaltung und Veränderung unserer Lebensrealität selten die eines einzelnen Menschen oder einer überschaubaren Gruppe von Menschen allein ist. Ein Unternehmen ist das Ergebnis des – möglichst sinnvoll geordneten – Ineinandergreifens einer großen Zahl einzelner menschlicher Initiativen. Und die Kraft, die diese Initiativen ordnet, ist abermals nicht einzelmenschlicher Wille – in diesem Fall wären Unternehmen ja ausschließlich nach dem Prinzip von Befehl und Gehorsam organisiert. Es ist die konfigurierende Kraft des Kapitals, die Dinge und Menschen in unternehmerischer Initiative formt. Besser gesagt: Erst durch diese Konfigurations*kraft* wird aus Geld – als Prozessergebnis – die konfigurierte *Form* des manifesten Kapitals.

Dessen Außenseite sind die Produktionsmittel eines Unternehmens, sein Anlagevermögen. Doch ohne die sinnlich gerade *nicht* in Erscheinung tretende Kraft des Kapitals gäbe es die produktive Konfiguration des Unternehmens nicht. Deshalb bildet in der Bilanz eines Unternehmens das Eigenkapital auch keine gegenständliche Wirklichkeit ab. Es hat kein materielles Substrat, wie alle anderen Bilanzposten.

Formal gesehen ist eine Bilanz eine mathematische Gleichung. Auf der einen Seite stehen die Passiva des Unternehmens. Man nennt sie, auch wenn es für Laien verwirrend klingt, die *Habenseite*. Erfasst werden hier im Kern das Eigenkapital des Unternehmens und das ihm dienende Fremdkapital, mit anderen Worten seine Schulden. Da man hier, simpel gesagt, sieht, woher die Mittel des Unternehmens kommen, spricht man auch davon, dass die Kapital- oder Passivseite über die *Herkunft* seiner Mittel Auskunft gibt.

Auf der anderen, der *Sollseite* der Bilanz, stehen die Aktiva. Das ist die sichtbare Außenseite des Unternehmens, sein Anlage- und Umlaufvermögen oder alles das, wofür ein Unternehmen seine Mittel *eingesetzt* hat. Die Aktiva erfassen die materielle Widerspiegelung des Kapitals, das, was wir alle sehen können, wenn wir vor einem Unternehmen stehen, oder das, was seine Mitarbeiter bei einer Inventur zählen und auflisten können.

Die Passivseite dagegen erfasst etwas weitgehend Immaterielles. Schon das Fremdkapital bildet ja keine materiell greifbaren Sachverhalte mehr ab, sondern soziale Relationen. Wenn wir beide 100 Euro im Portemonnaie haben, und ich leihe Ihnen

181

20 Euro, dann kann man zwar sehen, dass Sie nunmehr 120 und ich nur noch 80 Euro in der Börse habe. Wir beide wissen in dem Moment hoffentlich auch noch, dass diese Differenz das Resultat eines Kreditvorgangs ist und Vertrauen voraussetzt. Aber sobald wir auseinandergehen, können weder wir noch andere diese Beziehung »sehen«. Was wir sehen, sind unterschiedliche Mengen von Geldscheinen – nicht Ihre Schulden bei mir. Dazu müssen wir einen Schuldschein oder irgendeine andere Art von Dokument aufsetzen, das aber nur insofern etwas »objektiv« Gültiges über unsere soziale Beziehung als Gläubiger und Schuldner aussagt, als wir beide es mit unserer Unterschrift beglaubigen. Die Schuldscheine sind zwar etwas Materielles; aber sie *sind* nicht unsere soziale Relation, sie *bilden* sie nur *ab*.

Technisch und rechtlich zwar unendlich komplizierter, im Kern aber ganz genauso ist es mit dem Fremdkapital einer Firma. Die entsprechenden Bilanzposten zeigen auf, wer dem Unternehmen Kredit gegeben, ihm also Vertrauen geschenkt – und nicht etwa geliehen – hat. Um diese Beziehungen richtig zu erfassen, brauchen Sie die Versicherung von jeweils zwei Parteien, dass und in welchem Umfang sie bestehen. Objektiv, so wie die Zahl der Maschinen oder Bleistifte, ist das Fremdkapital also im Grunde gar nicht zu prüfen.

Und das Eigenkapital? Nun, äußerlich, bilanztechnisch ist das eine reine Rechengröße. Bei einer Bilanzprüfung ist es deshalb für die Wirtschaftsprüfer der angenehmste Posten – da müssen sie nämlich überhaupt nichts Materielles prüfen, sie müssen es »errechnen«. Das Eigenkapital eines Unternehmens ist nichts anderes als die Differenz zwischen seinem Anlage- und Umlaufvermögen auf der einen, der Aktivseite und seinen Schulden beziehungsweise dem Fremdkapital auf der anderen, der Passivseite.

Zugleich ist dieses Eigenkapital das, was man weder sehen noch anfassen kann und in dem man nie wie Onkel Dagobert baden könnte. Das Kapital ist kein Sack Geld, keine Fabrik – und schon gar keine Kollektion von Villen im Tessin. Eigentlich ist »Eigenkapital« nur ein beeindruckendes Wort für ein Loch, dessen Rand alle anderen Bilanzposten umreißen. Gerade in dieses

»Loch« aber will jede direkte Besteuerung von Unternehmen im Grunde hineingreifen.

Doch damit greift die Struktur nicht nur ins Nichts, wobei man ja schmunzelnd zusehen könnte, sie stört oder hemmt vielmehr eine gesellschaftlich produktiv wirkende Kraft. Denn durch das bilanzielle »Loch« des Eigenkapitals strömt gleichsam jene geistige Kraft, die ein Unternehmen konfiguriert. Diese ganz unsinnliche, für alle Dagobert Ducks dieser Welt so überraschende Qualität des Eigenkapitals wird gerade deswegen leicht übersehen, weil sie in ihrem Wesen nicht sinnlich anschaulich ist. Das Unternehmen ist aber auf ihr Vorhandensein und ihre Wirksamkeit angewiesen – ja, es geht aus ihr hervor!

Die geistige Kraft, die ein Unternehmen formt, ist das einzig Interessante am Kapital. Alle anderen Bilanzposten, in denen das Kapital des Unternehmens steckt, erfassen nur das, was eine unternehmerische Kraft geordnet hat. Ohne diese Kraft wäre jede Firma eine mehr oder weniger chaotische Ansammlung von Gebäuden, Maschinen und Schreibtischen, es wäre eben »alles Schrott«. Das Eigenkapital in der Bilanz ist dagegen das äußere Bild des schöpferischen Freiraums, den sich das Unternehmen, das heißt die Summe der in ihm kreativ tätigen Menschen, geschaffen hat. Ist diese Kraft stärker als die äußeren Umstände, so wächst das Unternehmen – bilanziell macht es Gewinn. Ist die unternehmerische Kraft schwächer als die Umwelt, so schwindet sein Freiraum – es macht Verlust, bis sein Eigenkapital, seine schöpferische Kraft aufgezehrt ist und seine Schulden das aktive Vermögen übersteigen.

Um diese Kraft in ihrem Wesen erfassen zu können, muss man in Prozessen denken, nicht in feststehenden Fakten, die bestenfalls Spuren oder »Reste« dieser Prozesse sind. Denn diese Kraft ist weder durch rechtliche Verhältnisse zu erfassen, etwa die gesellschaftsrechtliche Form eines Unternehmens oder die rechtliche Stellung des Unternehmers, noch durch finanzielle Verflechtungen, Eigentümerbeziehungen oder Aktionärsstrukturen. Unternehmer im Sinne der formenden Kraft des Kapitals sind alle Menschen, die in einem Unternehmen kreativ und initiativ tätig werden.

Es gilt demzufolge: Arbeit und Kapital sind im Grunde geistige und keine materiellen Phänomene. In unterschiedlichen Formen, aber als zwei Seiten des eigentlich gleichen Phänomens – schöpferische Kraft – verändern sie die Wirklichkeit nach menschlichem Ermessen. Alles Geistige in der Welt aber ist Prozess. Es zeigt sich nicht als solches, sondern dadurch, dass es die Dinge verändert, in Bewegung bringt, »ver-rückt«. Nachher sieht die Welt immer anders aus. Aber die Veränderungskraft selbst erscheint nicht, sondern nur das Veränderte. Für diese Veränderungskraft ein Bewusstsein zu schaffen ist die Aufgabe unserer Kultur.

Ertragssteuern als Knospenfrevel

Wenn man den gesamten Prozess gesellschaftlicher Wertschöpfung betrachtet, dann ist alles produktiv investierte Kapital im Grunde eine Art Saatgut. Man muss immer erst einen Apfelbaum pflanzen, bevor man Äpfel ernten kann. Man muss zudem rechtzeitig Rücklagen bilden, sprich, neue Bäumchen ziehen. Man sollte zur Ernte natürlich nicht den Baum fällen. Und vor allem darf man seine Äpfel nicht pflücken, bevor sie reif sind.

Genau das aber versuchen alle Steuern, die in den laufenden Wertschöpfungsprozess eingreifen, *bevor* konsumfähige Güter und Dienstleistungen entstanden sind. Wer bereits den Anbau von Äpfeln besteuert und nicht erst deren Verbrauch, der betreibt Knospenfrevel. Er belastet nämlich nicht den Obstbauern, sondern hauptsächlich dessen Beitrag zum gesellschaftlichen Real- und Nominaleinkommen. Anders gesagt: Er schmälert, entgegen einem verbreiteten Irrtum, nicht dessen »Profit«, um so den Reichtum in der Gesellschaft gerechter zu verteilen, sondern er erschwert vielmehr gleich zweierlei, nämlich möglichst viele und möglichst gute Äpfel zu möglichst günstigen Preisen zu produzieren – und die Apfelpflücker möglichst gerecht zu bezahlen.

Solange man nur das einzelne Unternehmen sieht, ganz egal, ob es sich dabei um einen Freiberufler, einen mittelständischen Familienbetrieb oder um einen Weltkonzern handelt, mag man den Eindruck haben, Unternehmer und Unternehmen machten private Gewinne, die man öffentlich besteuern müsse. Betrachtet man aber den volks- oder weltwirtschaftlichen Gesamtzusammenhang, so greift man mit solchen Ertragssteuern nur in den Prozess der gesellschaftlichen Wertschöpfung ein, bevor dieser zu einem Abschluss gekommen ist – und dieser Abschluss können immer nur konsumfähige Produkte und Dienstleistungen sein. Wer etwas herstellt, das niemand haben will, der hat ja gerade *keine* Werte geschaffen, sondern Geld verpulvert.

Das eigentliche Problem steuerlicher Zugriffe ist freilich, dass sie bezogen auf das wirtschaftliche Geschehen nicht neutral sind. Denn zum Ersten verzerren sie die Preisbildung, zum Zweiten behindern sie erheblich die Kapitalbildung, und zum Dritten verursachen Unternehmenssteuern auch noch erhebliche Fehlsteuerungen beim Kapitaleinsatz.

Um gleich mit dem dritten Punkt zu beginnen, weil er für jeden der offensichtlichste ist: Unternehmen treffen heute viel zu viele Investitions- und Standortentscheidungen einzig aus steuerlichen Gründen. So verlagern sie ihre Produktion in andere Länder, weil dort die Unternehmenssteuersätze niedriger sind. Oder sie verschieben Gewinne und Verluste mittels Tochtergesellschaften so lange über die Grenzen, bis ihre Steuerlast nahe null liegt. Letzteres ist ein Punkt, der vor allem neue und kleinere Unternehmen gegenüber großen Konzernen massiv benachteiligt, da sie sich weder verstreute Standorte noch verschachtelte gesellschaftsrechtliche Konstruktionen leisten können. Doch neue Ideen, neue Produkte und oft genug auch neue Jobs entstehen gerade hier.

Würde über Investitionen einzig und allein unter dem Gesichtspunkt entschieden, ob diese wirtschaftlich sinnvoll sind, dann ginge es nur darum, besser, effektiver und kostengünstiger zu produzieren. Man würde zum Beispiel nur dort investieren, wo Arbeitskräfte besonders gut ausgebildet und deshalb besonders produktiv sind. Oder man würde sich fragen, wo man mit seinem Angebot am dichtesten an seinen Märkten und seinen Kunden dran ist. Die steuerbedingte Kapitalwanderung dagegen führt nur selten zu wirklich optimaler Allokation von Ressourcen.

Was aber offenbar kein Finanzpolitiker auf der Welt wirklich wahrhaben will: Der internationale »Steuerwettbewerb« ist ein Rennen zwischen Hase und Igel, das niemand gewinnen kann. Es sei denn, man sähe endlich ein, dass das faktische Ziel dieses Rennens die Nulllinie ist – die weltweite Abschaffung aller Unternehmenssteuern.

Gleichwohl weiß der Gesetzgeber, dass Unternehmens- und Ertragssteuern wirtschaftliche Entscheidungen belasten und verzerren. Deshalb versucht er ständig, den Steuerteufel mit dem Beelzebub der Steuerausnahmen auszutreiben. Das beginnt bei ursprünglich zur Wirtschaftsförderung ersonnenen, am Ende aber nur spekulativen Steuersparmodellen wie Schiffs- oder Filmfonds, reicht über die »Sonderabschreibung Ost« auf Immobilien, deren zahlreiche Investitionsruinen uns noch Jahrzehnte begleiten werden, und endet im Dickicht der Regeln ganz legaler degressiver Abschreibungen. Über die direkte Subventionierung sterbender Unternehmen und Branchen haben wir dabei noch gar nicht gesprochen.

Am Ende ist das Ergebnis *aller* Ausnahmen im Unternehmens- und Einkommensteuerrecht, nicht nur der vielen unbeabsichtigten »Schlupflöcher«, immer dasselbe: Wirtschaftlich an sich unsinnige oder zweifelhafte Investitionen werden getätigt, weil sie steuerlich attraktiv sind. Und viele wirtschaftlich höchst sinnvolle Investitionen werden unterlassen, wenn sie keinen steuerlichen Sex-Appeal haben. Abgesehen davon, dass dieses Spiel auch noch eine gigantische Finanzbürokratie und – zwecks Gegenwehr – eine Unmenge wirtschaftlich im Grunde unproduktiver Beratungsarbeit hervorbringt, führt es eben zu gesamtwirtschaftlichen Fehlsteuerungen ungeheuren Ausmaßes. Wertschöpfung wird so unterlassen oder sogar vernichtet. Im Extremfall sind das Ergebnis Unternehmen, die mehr an der »Optimierung« ihrer Steuerlast verdienen als an ihrer eigentlichen wirtschaftlichen Tätigkeit.

Dieser Irrsinn lastet auf unserer Wirtschaft wie ein Alpdruck. Und er ist auch durch permanente Verschlimmbesserung steuerlicher Details nicht zu überwinden. Denn das ständige Stopfen alter und Finden neuer Steuerschlupflöcher ist ebenfalls ein totes Rennen.

Wie kontraproduktiv es ist, dass jede Form der Besteuerung von Kapitalerträgen verfrüht in laufende Wertschöpfungsprozesse eingreift, erlebt man immer wieder bei jungen Unternehmen. Denn die werden von ihrer Steuerlast gerade zu Beginn ihrer Entwicklung schwer getroffen – nicht selten tödlich. Das ist im Grunde nicht viel anders, als würde man seine Kinder mit sechs gleich zur Arbeit statt zur Schule schicken.

Junge Unternehmen mit neuen Ideen, Konzepten und Produkten müssen besonders schnell und besonders viel Kapital – genauer: Eigenkapital – bilden. Und wenn sie auf das richtige Pferd setzen, dann könnten sie das auch tun, weil für neue Produkte und Dienstleistungen fast immer hohe Preise gezahlt werden. Deshalb haben erfolgreiche junge Unternehmen häufig eine gute bis sehr gute *Rentabilität*. Sie sind besonders profitabel. Weil sie aber Eigenkapital bilden und in ihr Wachstum investieren müssen, haben sie selten eine hohe *Liquidität*. Ihr gesamtes eigenes und meist noch viel fremdes Kapital steckt im Unternehmen, Cash ist dagegen ständig Mangelware. Doch zugleich wird diesen Unternehmen durch sofort fällige hohe Gewinnsteuern die so dringend benötigte Liquidität sofort wieder entzogen. Sie investieren ihr zu Anfang gewonnenes Geld, gleichzeitig müssen sie die Steuern für ihr erstes und obendrein noch die Steuervorauszahlungen für ihr laufendes Geschäftsjahr aufbringen. Auf diese Weise wird man schnell illiquide. In der Praxis passiert das beinahe ständig – im dritten Jahr wird es eng.

Fazit: Indem es Gründungskapital oft schneller absaugt, als es gebildet werden kann, bremst unser heutiges Steuersystem jede wirtschaftliche Initiative. Gerade die Ertragsbesteuerung neuer Unternehmen ist Knospenfrevel in Reinkultur. Indem wir ihnen ihre hohen Profite wegsteuern und meinen, damit würde ein Beitrag zur sozialen Gerechtigkeit geleistet, schießen wir uns im Grunde nur selbst ins Knie.

Zu allem Überfluss wandert dafür auch noch ein großer Teil

dieser Steuermittel in eine alles andere als soziale Form der Umverteilung – nämlich diejenige von jungen und erfolgreichen zu alten und ausgebrannten Unternehmen. Wie gesagt, ein junges Unternehmen macht hohe Gewinne und hat eine schlechte Liquidität. Bei reifen, satten, vielleicht schon am Ende ihrer Entwicklung stehenden Unternehmen ist es genau umgekehrt. Sie haben typischerweise eine schlechte Rentabilität, aber eine hohe Liquidität. Sie besitzen Anlagevermögen ohne Ende, wenn auch nicht selten in Form reiner Finanzanlagen, dafür machen sie Gewinne nahe der Nachweisbarkeitsgrenze. Und vornehmlich solche alten, wenig produktiven, weniger erfolgreichen, oft auch noch schlecht geführten Unternehmen päppeln wir dann mit der Gewährung von Verlustabzügen und Subventionen durch.

Es ist ein Aberwitz: Je schlechter eine Firma läuft oder je trüber sie ihre wirtschaftliche Situation darstellt, desto weniger Steuern zahlt sie. Ihre Steuerberater sind deshalb Tag und Nacht mit nichts anderem beschäftigt, als die Lage des Unternehmens möglichst schwarz zu malen – scheinbar gegenüber dem Finanzamt, in Wahrheit aber auch vor den Eigentümern und dem Management selbst. So fokussieren sich Firmen am Ende oft nur noch auf ihre Produktivitäts*probleme,* statt auf neue, noch gar nicht gehobene Produktivitäts*reserven.* Und bis zum endgültigen Insolvenzverfahren brüstet sich die Politik dann auch noch damit, wenigstens »Arbeitsplätze gerettet« zu haben. Das ist die andere, nicht minder dunkle Seite unseres Initiative hemmenden gegenwärtigen Ertragssteuerwesens.

Schließlich verzerren Unternehmenssteuern die Preisbildung. Denn es ist zwar so, dass Unternehmen rein technisch gesehen Steuern *zahlen.* Aber es ist keineswegs so, dass die Unternehmen diese Steuern auch *tragen.*

Warum Unternehmen keine Steuern zahlen

Unternehmen zahlen überhaupt keine Steuern. Das ist für viele zunächst eine verblüffende Aussage. Oft gehe ich sogar noch weiter und sage: Eigentlich zahlt überhaupt niemand Steuern. Alle Steuern stecken am Ende in den Preisen. So ist es denn auch streng genommen gar kein substanziell neuer *Vorschlag,* künftig nur noch den Konsum steuerlich zu belasten. Faktisch geschieht das schon längst. Wir sollten diese Konsumbesteuerung nur endlich offen, ehrlich und unverzerrt statt versteckt, verlogen und mit einer Unzahl schädlicher Nebeneffekte betreiben.

Am Ende des Tages denken wir alle netto. Sie ärgern sich ohne Ende über die Abzüge auf Ihrem Gehaltszettel. Aber Sie wissen ganz genau, dass die oben stehenden Bruttobeträge niemals auf ihrem Konto ankommen könnten. Deshalb denken Sie, bevor Sie einen Arbeitsvertrag unterschreiben oder mit dem Chef über Ihr Gehalt verhandeln, ja auch nie an das Brutto-, sondern immer an das Nettogehalt. Jeder kennt diesen absurden Effekt: An sich wünscht man sich eine Gehaltserhöhung. Doch dann rechnen Sie nach, was netto davon übrig bliebe – und Sie verzichten.

Neulich erzählte mir eine Buchhändlerin, Filialleiterin bei einer großen Kette, folgende Geschichte: Sie hatte eine neue, größere und in besonders hartem lokalen Wettbewerb stehende Filiale übernommen. Und so war ihr Arbeitgeber, der ihr diese Aufgabe wegen ihrer großen Erfahrung und Kompetenz übertragen hatte, auch bereit, für die Übernahme von mehr Verantwortung auch beim Gehalt etwas draufzulegen. (Bevor Sie jetzt denken, das sei das Luxusproblem einer hochbezahlten Managerin: Die Gehälter im deutschen Buchhandel sind durchweg bescheiden.) Doch netto wäre ihr davon so wenig geblieben, dass sie es als Fernpendlerin vorzog, sich von ihrer Firma einen Stellplatz in einer öffentlichen Tiefgarage bezahlen zu lassen. Der wurde dann zum Firmenparkplatz deklariert, weshalb sie ihn nicht als »geldwerten Vorteil« versteuern muss, und der Arbeitgeber kann die Kosten als Betriebsausgabe steuermindernd geltend machen. Wieder das Gleiche: Statt Initiative zu fördern und zu belohnen, frustriert das Steuerrecht eine hochmotivierte Führungskraft.

Letztlich geht es mir als Unternehmer nicht anders. Von unserem Rohertrag vor Steuern kann ich mir nichts kaufen. Weder ich als Privatperson, was noch zu verschmerzen wäre, noch das Unternehmen *dm*. Nachdem alle Vorleistungen gedeckt sind, haben wir als Unternehmen vor allem drei Aufgaben: Wir wollen unsere Mitarbeiter angemessen an unserem Erfolg beteiligen (Stichwort Mitarbeitereinkommen), wir müssen unsere Kapitalkosten, sprich Zinsen und Abschreibungen, verdienen, und wir müssen in das Wachstum und die Zukunft des Unternehmens investieren. Für all das kann ich nur den Ertrag *nach Steuern* einsetzen. Also rechnen wir von vornherein nur mit dem Nettogewinn. Der »Rest«, die Steuern, sind in dieser Perspektive dagegen ebenso Fremdkosten wie Strom, Telefon oder Mieten. Und was mache ich mit denen? Ich muss sie in die Preise verrechnen, »einpreisen«.

Ebenso preise ich alle Steuern ein. Natürlich nicht zu mathematisch exakt gleichen Teilen in jede Tube Zahnpasta oder jeden edlen Lippenstift, den wir verkaufen. Aber irgendwo, in irgendeinem Preis, steckt letztlich jeder Euro, den wir ans Finanzamt abführen. Übrigens auch die Lohnsteuern auf die Gehälter unserer Mitarbeiter. Denn diese überweisen ja auch wir ans Finanzamt, nicht jeder einzelne Kollege und jede einzelne Kollegin. Deshalb kann ich reinsten Gewissens sagen, dass auch unsere Mitarbeiter keine Steuern zahlen. Denn auch deren Steuern haben wir, lange bevor sie auf dem persönlichen Gehaltszettel schemenhaft auftauchen, längst eingepreist.

Das heißt: Alle unsere Steuern werden von unseren Kunden bezahlt. Doch bis auf die offen ausgewiesene Mehrwertsteuer sind sie alle in unseren Preisen *versteckt*. Faktisch zahlen Sie alle also längst die von mir und anderen propagierte Konsumsteuer. Sie wissen es leider nur nicht, weil unser System von Ertrags- und Einkommensteuern das systematisch verschleiert.

Betrachtet man den gesamten Wertschöpfungsstrom, kommt man zum gleichen Ergebnis: Durch Steuern wird immer und ausschließlich der Konsum belastet. Denn jede Steuer saugt mittelbar oder unmittelbar private Kaufkraft ab. Die Frage ist nur, wann. Geschieht das auf irgendeiner Vorstufe der Wertschöpfung, also bevor tatsächlich etwas verbraucht wird, dann wälzt sich die Steuer gleich einer fiskalischen Umweltverschmutzung durch die Preise weiter. Geschieht es, wie bei der Lohn- und Einkommensteuer, durch den direkten Zugriff auf private Nominaleinkommen, dann wird ebenfalls die private Kaufkraft zugunsten öffentlichen, gemeinschaftlichen Verbrauchs beschnitten. Und geschieht es ganz am Ende der Kette, beim Endverbraucher an der Kasse, dann ist das die einzige Stelle, an der er die Kaufkraftminderung, ergo seine Konsumbelastung, direkt sieht. Denn für die Mehrwertsteuer auf unser Duschgel kann sich niemand mehr Duschgel kaufen.

In der Wirtschaft als Gesamtprozess macht es jedoch einen erheblichen Unterschied, ob Konsumenten Kaufkraft in Form von versteckten Preiserhöhungen, in Form staatlich verordneter Gehaltskürzungen oder als transparent und vollständig ausgewiesenen Teil der Endpreise verlieren, um damit öffentliche Aufgaben zu finanzieren.

Von Menschen, Maschinen und Steuern

Volkswirtschaftlich gesehen betrachten wir das Wertschöpfungsergebnis stets als Ganzes. Dieses Ganze setzt sich aber zusammen aus jenen zwei ganz unterschiedlichen Qualitäten von Arbeit, in die das Arbeitsleben seit Beginn der industriellen Revolution gespalten ist: die menschliche Arbeit und die Maschinenarbeit. Der Anteil der Letzteren wird mit jedem technischen oder organisatorischen Fortschritt, mit jeder Innovation und Optimierung immer größer, der der menschlichen Arbeit dagegen immer kleiner.

Man kann sich das nicht oft genug vor Augen führen, obwohl es von den Propheten der Vollbeschäftigung und den Arbeitsmarkt-Statistikern verschleiert, ja geleugnet wird: Wir betreiben seit mindestens 200 Jahren buchstäblich mit Volldampf etwas, das wir zugleich beklagen. Nämlich die Erleichterung und in letzter Konsequenz die Abschaffung menschlicher Produktionsarbeit zugunsten der Maschinenarbeit.

Dieser Widerspruch wird zusätzlich verschärft durch unser

heutiges Steuerwesen. Denn im geltenden Steuerrecht wird die Maschinenarbeit eher subventioniert (etwa durch die degressive Abschreibung und durch direkte Investitionszuschüsse), wohingegen die verbliebene menschliche Arbeit nicht nur nicht subventioniert, sondern durch hohe Lohnsteuern und Sozialabgaben sogar überproportional verteuert wird. Während man in der Güterproduktion mit diesem Umstand zur Not noch leben könnte, hat das überall dort, wo die Arbeit von Menschen nicht durch Maschinen ersetzt werden kann, etwa in den Bereichen Dienstleistung, Bildung, Gesundheit und Kultur, fatale Folgen.

Erst mit der Einführung der Konsumsteuer und des bedingungslosen Grundeinkommens bei gleichzeitiger Abschaffung der Einkommen- und Lohnsteuern würde die menschliche Arbeit endlich gesamtwirtschaftlich gleichgestellt mit der Maschinenarbeit. Dann wäre es nämlich steuerlich wieder gleich attraktiv, Menschen einzustellen oder Maschinen zu bemühen. Das Verhältnis zwischen menschlicher und Maschinenarbeit käme dadurch erstmalig in eine angemessene Balance. Oder sagen wir es noch vorsichtiger: Es gäbe jedenfalls keine steuerlichen Gründe mehr, sich als Unternehmer für das eine oder das andere zu entscheiden.

Würde diese neue Balance gelingen und würden die beschriebenen fundamentalen gesellschaftlichen Umstellungen tatsächlich greifen, wären die unmittelbaren Folgen leicht abzusehen: Mit der Konsumsteuer und dem Grundeinkommen würde Deutschland zur Steueroase und zum Arbeitsparadies gleichermaßen. Investitionen gleich welcher Art wären in Deutschland ungleich attraktiver als heute, denn erstens würde die gefürchtete Steuerfalle nicht mehr zuschnappen – man könnte also unbedenklich Neues »unternehmen«. Und zweitens wären arbeitende Menschen auf dem Unabhängigkeitssockel des Grundeinkommens und ohne die massiven Abgaben seitens des Unternehmens sehr viel leichter zu beschäftigen.

Mit Grundeinkommen und ohne Abgabenlast wäre der »Arbeitsmarkt« sofort viel flexibler, beweglicher und risikofreudiger, denn ein Unternehmen wäre nicht mehr gezwungen, sich mittels vielfach abgesicherter Arbeitsverträge an einen Mitarbeiter zu ketten. Und was noch viel wichtiger ist: Kein Mensch müsste sich andersherum mit Heulen und Zähneklappern an einen Arbeitsplatz und den dazugehörigen Chef ketten oder ketten lassen. Keiner müsste mehr nehmen, was kommt, wie es so schön heißt. Denn jedem Bürger wären das Grundeinkommen und damit die Befriedigung der Grundbedürfnisse seiner Existenz sicher, und er hätte zugleich eine ungleich freiere Wahl der eigenen Beschäftigung. Jeder Mensch kann sich sozusagen nur noch selbst unter Druck setzen.

Die Steueroase und das Arbeitsparadies hängen also direkt und unauflöslich zusammen. Wobei das Wort »Steueroase« der Sphäre des Steuerwiderstands und der daraus folgenden Fluchtbewegung entstammt, die mit Konsumsteuer und Grundeinkommen hinfällig wären. Trotz niedrigerer Löhne hätten die Arbeitnehmer, mit einem Grundeinkommen ausgestattet und von keiner Steuerlast beschwert, auf jeden Fall mehr Einkommen als jetzt. Schon allein deshalb, weil es viel mehr Arbeitsplätze geben würde, deren Einkünfte das Grundeinkommen aufstocken könnten. Mehr Einkommen bedeutet in der weiteren Konsequenz mehr Konsum. Mehr Konsum aber spülte durch die Konsumsteuer auch erheblich mehr Geld in die Staatskassen, was den öffentlichen Aufgaben zugute kommen könnte.

Der heute geltende Negativkreislauf aus zu hohen Steuern an den falschen Stellen, andauerndem Arbeitsplatzabbau, fortschreitender Verarmung und damit zurückgehendem Konsum würde sich in die positive Gegenrichtung verkehren. Der Arbeitsmarkt würde endlich zum *Markt* im marktwirtschaftlichen Sinne. Steuerliche Attraktivität würde Investitionen anziehen und damit Arbeitsplätze generieren, die zudem günstig zu besetzen wären. Die durch Grundeinkommen abgesicherten Bürger wären freier in der Wahl der dann zahlreicher angebotenen Arbeitsplätze, würden sorgenfreier konsumieren können und damit das System ohne Not finanzieren.

Zu schön, um wahr zu sein? Ich glaube nicht, denn wenn erst einmal radikal umgedacht wird, kann dasselbe Phänomen der Eigendynamik, das unser komplexes System derzeit in einer Weise zersetzt, die kaum einer für möglich gehalten hätte, in entgegengesetzter Richtung positive Kräfte freisetzen, die noch gar nicht abzusehen sind. Denn das Gute liegt durchaus nah.

Fiskalischer Kolonialismus

An dieser Stelle drängt sich ein Einwand förmlich auf, der auch häufig zu hören ist: Wir leben in Deutschland nicht auf einer Insel. Wie vertragen sich Systemveränderungen in diesem Umfang mit unseren internationalen Beziehungen? Was bedeutet eine Steuerreform hin zur Konsumsteuer und weg von allen anderen Steuern für die Außenwirtschaft?

Deutschland ist Exportweltmeister, immer noch. Produkte »made in Germany« sind offensichtlich nach wie vor in aller Welt gefragt. Doch ist faktisch immer weniger »Germany« drin, denn heute werden immer mehr Vorprodukte importiert und in Deutschland nur noch veredelt oder endmontiert. Dieses Verfahren ist sinnvoll, wenn Entscheidungen zur teilweisen oder vollständigen Produktionsverlagerung aus rein wirtschaftlichen Gründen getroffen werden. Wenn dies jedoch ausschließlich aus steuerlichen Gründen oder aufgrund des bei uns durch Steuern und Sozialabgaben aufgeblähten Lohnniveaus geschieht, wird es oft heikel. Denn nicht selten werden günstigere Produktionsbedingungen im Ausland mit schwankender, ja geringerer Qualität erkauft, was letztlich genau das mindert, was die Marke »Germany« immer ausmachte: die Qualität. Und so liest man denn ja auch immer wieder von Firmen, die ausgelagerte Produktionsstufen zurückholen, weil Qualitäts- oder Produktivitätsprobleme im Ausland gravierender waren als die erhofften Steuer- oder Lohnvorteile. Deutsche Produkte gelten als hochwertig und hochpreisig. Und solche Endpreise bleiben trotz aller tatsächlichen oder vermeintlichen Kostenvorteile im Ausland notwendig, weil die im Inland verbliebene Arbeit immer noch konkurrenzlos teuer ist.

Das Grundproblem unseres Exports freilich ist, dass fast die gesamte Belastung mit inländischen Steuern und Sozialabgaben in unseren Ausfuhrpreisen steckt. Aus der Perspektive des einzelnen Unternehmens stellt sich das so dar, dass dessen Erzeugerpreise durch externe Effekte aufgebläht werden. Das ist ein ebenso ärgerlicher wie im Grunde vermeidbarer Kostennachteil. Deutsche Produkte sind nicht nur teuer, weil die Menschen hierzulande relativ viel verdienen, wogegen überhaupt nichts zu sagen wäre. Sie sind vor allem teuer, weil wir unseren ausländischen Abnehmern die Kosten unserer inländischen Infrastruktur und unserer selbst bestimmten Sozialstandards aufbürden.

Das aber ist zugleich weltwirtschaftlich extrem ungerecht. Denn wie viele Straßen oder Theater wir unterhalten und welches Bildungs- und Rentenniveau oder welches Gesundheitssystem wir uns leisten wollen, das muss die Menschen in Frankreich, Nigeria oder Vietnam, die unsere Produkte, Maschinen oder Anlagen kaufen, überhaupt nicht kümmern. Praktisch jedoch verlangen wir von ihnen, dass sie sich an diesen Kosten beteiligen. Alle Vorleistungen im Inland, die Einkommen der jeweiligen Lieferanten und einen großen Teil der deutschen Infrastruktur bezahlen also letztlich unsere ausländischen Abnehmer.

Wenn wir dieses fatale Weiterwälzen überflüssiger Steuern, die von allen am Weg des Produkts beteiligten Parteien als durchlaufender Posten immer nur an den Endkunden weitergereicht werden, stoppen könnten zugunsten einer einmalig erhobenen Konsumsteuer am Ende der langen Kette, würde das unsere Produkte im Export wesentlich verbilligen. Damit würden Produkte »made in Germany« im internationalen Wettbewerb viel besser dastehen. Zugleich würden wir keine Arbeitsprozesse allein aus Gründen des Steuervorteils mehr exportieren. Und damit würden wir zugleich aufhören, die entsprechenden Importe von im Ausland erbrachten Vorleistungen indirekt zu subventionieren – denn diese Importe aus Niedriglohn- und Niedrigsteuerländern sind allein schon durch ihre im Vergleich niedrige Einfuhrbelastung im Vorteil.

Auch hier stellt sich wieder die Frage: zu schön, um wahr zu sein? Ich behaupte: Nein, es wäre nur logisch.

Die Importe aus Billiglohn- und Niedrigsteuerländern wären dagegen weit weniger attraktiv, weil die dortigen Hersteller weniger für unsere teuren, mit Steuern belasteten Produktionsmittel zahlen müssten – und gerade deshalb die Beschäftigten in ihren Heimatländern angemessener an den Ergebnissen ihrer Wertschöpfung beteiligen, sprich, sie besser mit Einkommen ausstatten könnten. Sie könnten von uns fairere Preise für ihre Produkte verlangen, und weil sie zugleich mit ihren Maschinen und Anlagen nicht auch noch unsere inländische Infrastruktur mitfinanzieren müssen, könnte es für sie auch endlich attraktiv sein, ihre Produkte zu bezahlbaren Preisen im eigenen Land zu verkaufen.

Die internationale Arbeitsteilung würde damit endlich aus dem fatalen Kreislauf von Gewinnabschöpfung in hochproduktiven und überversorgten Industrieländern und Lohnsklaverei in unterentwickelten und unterversorgten Drittweltstaaten ausbrechen. Einerseits könnten viele Leistungen wieder in Deutschland erbracht werden. Andererseits würden viele Produkte bei uns gar nicht mehr landen, die heute die Wühltische und Regale unserer Ramschläden füllen.

Wir hätten viel weniger Gründe, das Risiko einzugehen, im entfernten Ausland billiger, dafür unsicherer zu produzieren, wenn die Produktion bei uns wieder möglich und attraktiv wäre. Und in den Entwicklungsländern würden die Geschäfte mit dem investierenden westlichen Ausland nicht länger von den oberen Zehntausend auf dem Rücken der Bevölkerung gemacht, die von den Auslandsinvestitionen zumeist selbst wenig hat, ja nicht einmal die Produkte, die sie selbst zu schlechten Bedingungen anfertigt, im eigenen Land erwerben kann.

Die Konsumsteuer, wenn sie denn greift, wäre eine Steuer der internationalen Arbeitsteilung. Denn sie klärt all das, was sonst durch das Gewirr von Einkommensteuern, Unternehmenssteuern, Importsubventionen etc. verschleiert ist.

Die Einkommensteuer war und ist ihrem Wesen und Zweck

nach eine typische Steuer der Binnenwirtschaft. Für eine global vernetzte und hochgradig arbeitsteilige Wirtschaft ist sie gänzlich untauglich und im wahrsten Sinne des Wortes kontraproduktiv. Sie wirkt praktisch wie permanente Wegelagerei, während die Konsumsteuer eben beides fördert: die günstige Produktion im eigenen Land und Fairness im weltweiten Wettbewerb.

Womit wir bei einem weiteren Einwand wären, der regelmäßig laut wird. Viele Kritiker glauben, dass wir in Deutschland mit Grundeinkommen und Konsumsteuer zu Autarkisten würden. Will sagen: Wir kochen hier unser eigenes Süppchen, und draußen spielt keiner mit. Wir isolieren uns und verlieren den Anschluss an die Weltwirtschaft. Ich bin sicher: Das genaue Gegenteil wird der Fall sein. Denn die beiden Grundpfeiler des Wandels, das Grundeinkommen und die Konsumsteuer, entlasten die Preise im Export. Und damit wiederum wird die weltwirtschaftliche Arbeitsteilung in ihrer positiven Ausprägung gefördert. Die Steuerfrage als Entscheidungskriterium für einen Produktionsstandort spielt endlich bei Investitionsüberlegungen keine Rolle kehr, und es bleiben die rein ökonomischen Fragen übrig.

Obwohl steuerlich motivierte Entscheidungen besonders clever sein sollen, sind sie ihrer Art nach immer mehr oder weniger schlecht kaschierte Notlösungen. Ein Staat, der solche Notlösungen provoziert und begünstigt, leistet sich jedoch einen seltsam überflüssigen Luxus. Eine vorwiegend an Steuervorteilen orientierte Wirtschaftspolitik treibt systematisch die Produktion aus dem Land – und damit aber auch wieder das Steueraufkommen für den Staat, der letztlich das Nachsehen hat. Stattdessen werden künstlich subventionierte Billigprodukte ins Land geschwemmt, an denen keiner so richtig was verdient. Am Ende der Notlösungen steht also nicht zufällig ein nicht versiegender Strom von Ramschbelieferung. Eigentlich ein trauriges Bild für die unfreiwilligen Nebeneffekte der verfehlten Steuerpolitik: ein Berg von Ramsch in der wachsenden Produktionswüste Deutschland.

Die Ertragsbesteuerung der Unternehmer führt aber nicht

nur in Deutschland, sondern EU-weit, sogar weltweit zu einer Form des Neokolonialismus. Es wird, neudeutsch gesagt, »outgesourcet«, was nur irgend geht. In einem Hochlohnland wie Deutschland findet de facto nur noch die Endmontage weltweit gefertigter Komponenten statt. Zudem blähen wir die Preise für unsere eigentlichen »Exportschlager«, etwa Maschinen, Anlagen oder moderne Umwelttechnik unnötig auf, indem wir sie steuerlich mit den Kosten unserer Infrastruktur und unserer Sozialsysteme belasten.

Ohne diese Belastungen könnte Deutschland zum Beispiel zu weit niedrigeren Preisen ein Vielfaches an innovativer Umwelttechnik in ein Land wie China exportieren, dessen rapide, stellenweise überhitzte wirtschaftliche Entwicklung massive Umweltprobleme mit sich bringt. Befreit vom Steuerballast könnten Anlagen zur Gewinnung regenerativer Energien, Technologien zur Reinhaltung von Luft und Wasser oder umweltverträgliche Nahverkehrssysteme, bei denen deutsche Firmen oft Weltmarktführer sind, für solche Länder nicht nur technisch attraktiv, sondern endlich auch bezahlbar werden. Vereinfacht gesagt kann nur eine globale Steuer wie die Mehrwertsteuer ebenfalls globale Probleme wie Klimaerwärmung oder Wasserknappheit lösen.

Indirekte, direkte und gesamtwirtschaftliche Besteuerung

Die Mehrwertsteuer ist praktisch die einzige Steuer, die weltweit in annähernd gleicher Form erhoben wird. Freilich kennen sehr viele Länder der Erde auch direkte Formen von Einkommens-, Ertrags- oder Vermögensbesteuerung. Doch diese Steuern werden aufgrund ganz verschiedener Prinzipien in allen möglichen Formen sowie in verschiedener Gewichtung und mit den unterschiedlichsten Tarifverläufen erhoben. Ebenso große internationale Unterschiede gibt es bei den indirekten Verbrauchs- und Verkehrssteuern.

Einzig bei der Mehrwert- oder Umsatzsteuer sind die Grundprinzipien im Kern überall die gleichen. Erstens: Am Ende eines wirtschaftlichen Wertschöpfungsprozesses, also beim Kauf eines Konsumartikels oder bei der Inanspruchnahme einer so genannten »personennahen Dienstleistung«, zahlt der inländische Endverbraucher eine auf den Nettopreis aufgeschlagene Steuer. Zweitens: Alle zuvor bei Herstellern oder Dienstleistern angefallenen Umsatzsteuern werden dagegen stets erstattet, wodurch Unternehmen untereinander faktisch nur zu Nettopreisen abrechnen. Drittens: Als Steuereinnehmer fungiert nicht so sehr das Finanzamt, sondern eigentlich der Handel und das Handwerk. Und solange dieser keinen Schwarzhandel betreibt, das Geld also nicht an der Ladenkasse vorbeischmuggelt, gibt es hier auch keine Möglichkeit der Steuerhinterziehung. Wenn Sie als Endkunde die Mehrwertsteuer vermeiden wollen, dann dürfen Sie heute, im Zeitalter elektronischer Kassen und EDV-gestützter Warenwirtschaftssysteme, praktisch nichts mehr kaufen.

Sieht man von steuertechnischen Details ab, so liegt der einzige markante Unterschied, den es international bei der Mehrwertsteuer gibt, in den Tarifen. Und die sind in der Tat *sehr* unterschiedlich. Innerhalb der Europäischen Union rangieren am unteren Ende der Skala Luxemburg und Zypern mit einem Normaltarif von 15, Zypern zudem noch mit einem ermäßigten Satz von 3 Prozent. Unser Nachbar Frankreich hat mit 19,6 Prozent einen leicht höheren normalen, mit 5,5 Prozent dagegen einen deutlich niedrigeren ermäßigten Steuersatz als wir. In den meisten EU-Ländern werden beim Einkauf 19 oder 20 Prozent Mehrwertsteuer fällig. Die Spitzengruppe bilden Schweden und Dänemark mit einem Mehrwertsteuersatz von 25 Prozent – wobei die Dänen auch keinen ermäßigten Tarif kennen.

Die Mehrwertsteuer-Schlusslichter außerhalb der EU sind Andorra mit 4, Japan mit 5, die Schweiz mit 7,6 oder Australien mit 10 Prozent. Hohe Mehrwertsteuersätze haben wiederum die Skandinavier: In Island werden den Käufern 24,5 beziehungsweise 14, in Norwegen 25, 11 oder – allerdings nur bei Grundnahrungsmitteln – 7 Prozent abgeknöpft.

Die Logik hinter diesen Tarifunterschieden: Wo die Mehrwertsteuer niedrig ist, da finanziert sich der Staat ganz überwiegend aus der Besteuerung von Einkommen und Vermögen. Auch die Sozialabgaben sind oft entsprechend höher. Oder der Staat will beziehungsweise muss nicht so viel für seine oft nur wenigen Bürger tun. Deshalb sind kleine Länder wie Andorra, Luxemburg oder Zypern häufig Steueroasen.

Der internationale Siegeszug, den die Mehrwertsteuer nach dem Zweiten Weltkrieg, verstärkt seit den siebziger Jahren des vergangenen Jahrhunderts, rund um den Globus antrat, hat im Wesentlichen drei Gründe. Zum Ersten ist sie steuer- und verwaltungstechnisch recht leicht zu erheben, sie ist eine für den Staat bequeme Steuer. Zum Zweiten erbringt sie, da nun einmal fast alle Menschen täglich irgendetwas kaufen müssen, schon bei niedrigen Sätzen ein beachtliches Steueraufkommen. Der dritte Punkt ist allerdings mit Abstand der wichtigste: Als so genannte »Allphasen-Nettosteuer«, die faktisch immer erst im Laden fällig wird, ist die Mehrwertsteuer betriebswirtschaftlich neutral. Das heißt: Sie beeinflusst keine einzige Unternehmensentscheidung. Insbesondere behindert sie nicht die Art und den Grad der Arbeitsteilung zwischen Unternehmen rund um den Globus, und auch die Rechtsform der Unternehmen spielt für diese Steuerform keine Rolle.

Weil sie alle Waren und Dienstleistungen in gleicher Weise betrifft, beeinflusst sie letztlich nicht einmal die Kaufentscheidungen der Konsumenten. Das gilt auch im Falle mehrerer Sätze für unterschiedliche Warengruppen. Weil jeder Mensch Grundnahrungsmittel, aber nicht jeder ein Auto braucht, wird bei uns das eine mit 7, das andere mit 19 Prozent besteuert. Aber wenn Sie ein Auto *brauchen,* dann konnten Sie sich zwar über die Erhöhung der Mehrwertsteuer Anfang 2007 ärgern oder schnell noch im November 2006 eins kaufen. Aber Sie werden deswegen mittelfristig kaum ganz auf den Kauf eines neuen Wagens verzichten und das gesparte Geld stattdessen für Kartoffeln ausgeben.

Der eher undramatische volkswirtschaftliche Effekt einer Mehrwertsteuererhöhung ist also, dass Käufe vorgezogen oder eine gewisse Zeit verschoben werden. Doch natürlich wird den Menschen zugleich Kaufkraft entzogen. Das wiederum hat zwar volkswirtschaftliche Auswirkungen auf den *Umfang* des privaten Konsums, kann also durchaus auf die wirtschaftliche Entwicklung rezessiv wirken. Das ist leider bei jeder steuerlichen Mehrbelastung so. Doch die *konkreten* Kaufentscheidungen der Bürger werden kaum beeinflusst. Insofern ist die Mehrwertsteuer auch bezüglich des privaten Konsums im Grunde neutral.

Um diesen großen Vorzug und das historisch ganz Neue an der Mehrwertsteuer verständlich zu machen, muss ich ein wenig ausholen. Dabei stütze ich mich, wie bei fast allem, was ich über steuerliche Dinge weiß, auf Ausführungen meines langjährigen Freundes und Beraters Benediktus Hardorp, der sich seit den frühen sechziger Jahren mit der Thematik der Konsumbesteuerung auseinandergesetzt und dazu viele richtungsweisende Aufsätze veröffentlicht hat.

Leser über sechzig werden sich noch an die Einführung der zehnprozentigen Mehrwertsteuer zum 1. Januar 1968 erinnern. Im Vorfeld hatte es damals große Befürchtungen gegeben, das werde eine dramatische Inflation auslösen oder zu einem nicht minder dramatischen Konsumeinbruch führen. Und in der Tat hat damals so mancher Wirt oder Friseur erst einmal kräftig zugelangt und seine Preise um weit mehr als den Prozentsatz der »neuen« Steuer erhöht. Doch im Sommer 1968 zog das Statistische Bundesamt eine erste Preisbilanz – dabei zeigte sich, dass die Lebenshaltungskosten zwischen Dezember 1967 und Mai 1968 nur um 1,4 Prozent gestiegen waren.

Was war damals passiert? Streng genommen wurde nicht die Mehrwertsteuer völlig neu eingeführt, sondern die zuvor erhobene vierprozentige Umsatzsteuer ans Ende des Waren- und Dienstleistungsstroms verlegt. Aus einer »Allphasen-Bruttosteuer« wurde eine »Allphasen-Nettosteuer«. Denn bis 1967 schlug jedes Unternehmen auf seine Preise 4 Prozent auf, egal ob es seine Leistung für einen Endverbraucher oder für ein anderes Unternehmen erbracht hatte. So wurde jedes Produkt allein schon durch die Umsatzsteuer auf jeder Fertigungsstufe verteuert: Für eine Motorhaube etwa konnte einmal beim Rohstahlhersteller, dann im Walzwerk, eventuell noch beim Zulieferer von Karosserieteilen, noch einmal beim Autobauer, schließlich anteilig beim Händler und beim Autokäufer, insgesamt also fünf- bis sechsmal Umsatzsteuer fällig werden. Der Endkunde »sah« nur die von ihm selbst entrichtete Steuer, doch alle auf den Vorstufen angefallenen Belastungen waren ebenfalls im Endpreis enthalten.

Das hatte verheerende wirtschaftliche Folgen. Die schlimmste war eine starke wirtschaftliche Konzentration, aus der wiederum folgte, dass es viel zu wenig Preis- und Qualitätswettbewerb gab. Denn je mehr Fertigungsstufen ein Unternehmen selbst kontrollierte, desto seltener fiel die Umsatzsteuer an; sie wurde ja bei internen Verrechnungen nicht fällig. Je mehr Fremd- und Vorleistungen ein Anbieter hochwertiger und komplexer Produkte und Dienstleistungen dagegen bezog, desto teurer wurden diese. Im Ergebnis waren dann die Endkunden die Dummen.

All das hatten Steuerexperten schon vor dem Krieg festgestellt und heftig kritisiert. Nur die Finanzpolitik war vor den im Detail immer schwer vorhersehbaren Folgen eines »Systemwechsels« lange zurückgeschreckt. Sie reagierte erst, als das alte System unsere arbeitsteilige Wirtschaft in den Kollaps zu treiben drohte.

Mit Einführung der Mehrwertsteuer wurden die verzerrenden Folgen des alten Umsatzsteuersystems mit einem Schlag beseitigt. Denn seitdem wird sie erkennbar nur noch vom Endverbraucher bezahlt. Wer seine Güter oder Dienstleistungen an andere weiterverkauft, der erhebt darauf zwar immer noch Steuern und führt sie ans Finanzamt ab. Doch dafür bekommt er jene Umsatzsteuern, die er selbst beim Einkauf von Vorleistungen bezahlt hat, vom Finanzamt gutgeschrieben oder erstattet. Somit wird die Umsatzsteuer zum »durchlaufenden Posten«. Erst wer eine Ware oder eine Dienstleistung nicht mehr an andere weiterreicht, sondern sie privat konsumiert, kann die Mehrwertsteuer auch nicht mehr abwälzen.

Man sollte denken, dass der Konsument 1968 für eine scheinbare Entlastung »der Wirtschaft« eine ziemlich fette Rechnung präsentiert bekam. Das Gegenteil war der Fall. Nach einigen Umstellungsschwierigkeiten beim Herausrechnen der Umsatzsteuer aus den Preisen waren die Endverbraucherpreise nicht über die normale Inflation hinaus gestiegen. Langfristig sind sie sogar dramatisch gesunken.

Denn unter den neuen Voraussetzungen lohnte es sich für kein Unternehmen mehr, möglichst viel selbst zu machen – jedenfalls nicht aus steuerlichen Gründen. So konnte die Herstellung vieler Vor- und Zwischenprodukte fortan reinen Spezialisten überlassen werden. Und weil die auf allen Stufen der Wirtschaftskette im Wettbewerb stehen, entsteht entweder Druck auf ihre Preise – oder ein permanenter Zwang, die Qualität ihrer Leistung zu verbessern. Anders gesagt: Mit Einführung der Mehrwertsteuer hielt der Wettbewerb überhaupt erst in der *gesamten* Wirtschaft Einzug, statt wie zuvor im Wesentlichen nur um die Endkunden geführt zu werden – zudem beschränkt durch die Tendenz zu großen, integrierten Konzernen.

Am Ende der Wertschöpfungskette hieß das für den Verbraucher, dass ein von ihm erworbenes Gut entweder immer billiger oder immer besser wurde. So ist es bis heute geblieben: Entweder bekommen Sie dasselbe mit der Zeit für weniger Geld. Oder Sie bekommen für das gleiche Geld ein weit besseres Produkt. So kostet ein Auto inflationsbereinigt heute eher weniger als vor vierzig Jahren. Für einen VW-Käfer hätten Sie 1961 4500 DM bezahlen müssen, zu heutigen Preisen wären das knapp 10 000 Euro. Wenn Sie jetzt Ihr aktuelles Fahrzeug im Geiste neben ihren ersten Wagen von 1961 stellen und Qualität, Leistung, Ausstattung und Komfort beider Produkte miteinander vergleichen, dann würden Sie zu Recht einen Neuwagen von damals heute nicht mal mehr geschenkt nehmen – es sei denn, Sie sind ein ausgemachter Nostalgiker.

1968 hat die Umsatzsteuer ihren Charakter vollständig verändert. Zuvor war sie eine indirekte Steuer – und manche bezeichnen die Mehrwertsteuer heute noch so, weil sie nicht direkt von einem Einkommen oder Vermögen abgezwackt wird, sondern indirekt aus einem wirtschaftlichen Verkehrsvorgang, nämlich dem Erwerb einer Sache oder einer Leistung hervorgeht. Dabei ist sie in Wahrheit eine völlig neue Form der Steuer – keine direkte, aber auch keine indirekte mehr, sondern die erste wahrhaft gesamtwirtschaftliche Steuer.

Die längste Zeit der Geschichte hat die Menschheit vor allem auf indirekte Steuern gesetzt. Ihrer Grundidee, weniger der Art ihrer Erhebung nach wird dabei eine »Aufwandsdemonstration« besteuert. Heute kennen wir das zum Beispiel noch von der Kraftfahrzeugsteuer, die sich nach dem Hubraum eines Autos bemisst. Hier wird nicht danach gefragt, wie viel der Besitzer verdient, und auch nicht, wie teuer sein Auto war. Ursprünglich war auch keine wackelige Gleichung wie »großer Motor = hoher Spritverbrauch = hohe Abgasbelastung« intendiert, mit der man ökologische Wirkungen einer solchen Steuer zu begründen versuchen könnte. Die Idee war lediglich: Wer sich ein Auto mit großem Motor leisten kann, der verdient auch mehr, und folglich kann er auch höhere Steuern zahlen – die Aufwandsdemonstration ist ja größer.

Im Mittelalter und der frühen Neuzeit gab es entsprechend dieser Philosophie Steuern, die große Teile des gesamten Aufkommens ausmachten, so etwa die Dach- oder Fenstersteuern. Hier bemaß sich die Höhe der Steuer nach der Dachfläche eines Gebäudes oder nach der Zahl oder Größe seiner Fenster. Das klingt in unseren Ohren lustig, war aber damals ein ganz ernst gemeintes und völlig vernünftiges Prinzip. Denn wem es wirtschaftlich gut ging, der konnte sich ein größeres Haus oder eine größere Scheune leisten. Und die haben nun mal ein größeres Dach oder mehr Fenster. Der Besitzer betreibt einen bestimmten Aufwand, von dieser Aufwandsdemonstration wird auf seinen Wohlstand geschlossen, und entsprechend schlägt die Steuer zu.

Aus nämlichem Grunde wurden denn auch ursprünglich Luxusgüter wie Pelze, Seidenstoffe, Salz, Zucker, Tee oder Kaffee besteuert. Und etwas von dieser Logik ist uns ja auch bis heute innerlich erhalten geblieben, nämlich wenn ein spontanes Gefühl den einen sagt, die Träger von Maßanzügen und die Bewohner repräsentativer Villen sollten stärker zur Kasse gebeten werden, während die Betroffenen sich solcher Zumutungen mit dem giftigen Vorwurf des »Sozialneids« erwehren.

Das Prinzip der Aufwandsbesteuerung passte optimal zu einer Zeit, in der es noch keine kaufmännische Rechnungslegung gab. Denn solange man nicht wusste, wie viel genau jemand in einem bestimmten Zeitraum tatsächlich erwirtschaftet hatte, musste man quasi über den Daumen peilen. Das war natürlich höchstens annähernd »gerecht«. Vor allem aber war dieses Besteuerungsprinzip gnadenlos unflexibel. Denn wenn in einem Jahr die Ernte oder die sonstigen Erlöse mal nicht so gut ausfielen, dann zog der Betroffene ja nicht sofort in ein kleineres Haus. Ebenso wenig konnte er die Hälfte seiner Fenster zumauern – wenngleich es solche und ähnliche Formen der »Steueroptimierung« tatsächlich gegeben hat.

Im Vergleich wirkt die direkte Besteuerung der laufenden Einkommen und Erträge da weitaus gerechter. Man schätzt den Wohlstand eines Steuerpflichtigen nicht mehr vage und unempfindlich gegen alle Wechselfälle des Daseins ein, sondern man ermittelt ihn Jahr für Jahr aufs Neue und möglichst auf Heller und Pfennig. Ebenso beginnt man zu verstehen, dass Verluste auf einem Gebiet, etwa dem Ackerbau oder der Milchwirtschaft, mit Gewinnen andernorts, etwa aus einem nebenbei ausgeübten Handwerk, verrechnet werden sollten. Und schließlich dämmert es der Obrigkeit sogar, dass die Besteuerung einer wirtschaftlichen *Substanz*, also sachlicher oder geldlicher Vermögenswerte, und die Besteuerung von *Erträgen* aus solchen Vermögen zwei völlig verschiedene Paar Schuhe sind – dass zum Beispiel der überbordende Zugriff auf das eine schnell den Zugriff auf das Zweite sehr ärgerlich einschränken kann.

Bei jeder direkten Besteuerung von natürlichen, später auch von juristischen Personen richtet sich das Bewusstsein von der ungefähren allgemeinen Lage auf die einzelne wirtschaftliche Einheit: einen Menschen, eine Familie oder Gruppe oder ein Unternehmen. Man fragt: Wie haben die im letzten Jahr gewirtschaftet? Und wie sieht es über einen etwas längeren Zeitraum aus? Gibt es Gewinn- oder Verlustvorträge? Doch um überhaupt zwischen Gewinn und Verlust unterscheiden zu können, bedarf es einer kaufmännischen Rechnungslegung. Grob gesagt: ohne doppelte Buchführung keine Bilanz, ohne Bilanz keine direkte Besteuerung.

Die Mehrwertsteuer ist dagegen eine ganz neue Art von Steuer, weil sie nicht mehr auf die geldlichen *Erträge* der jeweils einzelnen, gar vereinzelten Wirtschaftssubjekte abstellt, sondern ganz auf die geldlichen *Beziehungen* der Wirtschaftssubjekte untereinander. Mehr noch: Sie weitet den Blick von den Geldflüssen auf die ihnen entgegenlaufenden Waren- und Dienstleistungsströme. Sie starrt nicht – wie das Kaninchen auf die Schlange – allein auf die nominalen Einkommen der Bürger, sondern auf all jene realen Leistungen, die andere erst erbringen müssen, damit der Einzelne überhaupt etwas verbrauchen kann. Sie zielt, anders gesagt, nicht auf den Speicher von Onkel Dagobert, sondern begreift die Wirtschaft von ganz Entenhausen, zudem in ihrer Verflechtung mit dem Rest der Welt, als Gesamtprozess.

Zwar hat sich die Mehrwertsteuer aus einer Form der indirekten Besteuerung entwickelt. Die Umsatzsteuer war ja ursprünglich eine Verkehrssteuer, die an den Rechtsverkehr anknüpfte, genauer: an den Eigentumswechsel von beweglichen Sachen oder die Inanspruchnahme individueller Dienstleistungen. Aber schon die alte Umsatzsteuer war nur der *Form* nach eine Verkehrssteuer, weil sie auf jeder Stufe der Wertschöpfungskette erhoben wurde. Der *Sache* nach ist auch sie, wie eigentlich jede Steuer, schon eine Verbrauchs-, ergo eine Konsumsteuer gewesen.

Durch ihre Umstellung auf das Nettoprinzip bei Einführung der Mehrwertsteuer ist diese Tatsache lediglich offengelegt worden. Seitdem *berechnen* die Produzenten sich zwar diese Steuer noch und führen die entsprechenden Erlöse auch ans Finanzamt ab. Doch infolge des Vorsteuerabzuges wird sie nun als durchlaufender Posten völlig transparent bis zum Endverbraucher durchgeschoben. Damit lehrt sie, und zwar in steuertechnisch erprobter und weltweit erfolgreicher Form, was eigentlich mit allen Steuern geschehen müsste, die durch den Prozess der gesell-

206

schaftlichen Wertschöpfung hindurchgewälzt werden: Wir müssen sie »sehen«, um zu verstehen, warum wir sie zahlen.

Die Mehrwertsteuer fragt nur noch: Ist eine Wertschöpfung im Inland zu Ende gekommen? Das heißt: Ist dafür ein Entgelt bezahlt worden? Wenn ja, dann wird die Steuer endgültig fällig, wenn nein, dann bekommt man die zuvor gezahlten Steuern zurück. Damit beteiligt sich der Staat faktisch voll am Risiko der unternehmerischen Wertschöpfung: Er wartet, bis eine tatsächlich gebrauchsfähige Ware oder Dienstleistung zustande gekommen ist – und deshalb auch von einem Verbraucher honoriert wird. Die Mehrwertsteuer hat damit als einzige Steuer einen gesamt-, ja weltwirtschaftlichen Charakter. Man könnte sagen, dass sie die adäquate Steuer für eine hochgradig arbeitsteilige Gesellschaft und eine globalisierte Welt ist.

Erst durch die Umstellung vom Bruttoprinzip der alten Umsatzsteuer auf das Nettoprinzip der Mehrwertsteuer wurde erzwungen, in Wertschöpfungsketten, in Prozessen zu denken. Die Frage lautet nicht: Wer hat wie viel verdient? Die entscheidende Frage lautet: Wie ist die Wertschöpfungskette verlaufen oder, rückwärts projiziert, die Einkommenskette? Denn alles, was ein Unternehmen einnimmt, wird irgendwann zu Einkommen von Menschen in den Vorstufen der Wertschöpfungskette. Letztlich gibt es gar keine anderen »Kosten«.

Einkommensbildung ist das einzige Thema der Wirtschaft als eines Prozesses des Füreinanderleistens. Und die Besteuerung wirft im Kern ebenfalls nur eine einzige Frage auf: Welchen Teil dieser Einkommen wollen wir privat verbrauchen, und wie viel unseres Wohlstandes wollen wir für öffentliche, allen Bürgern in gleicher Weise zur Verfügung stehende Leistungen aufwenden?

Konsumsteuer und bedingungsloses Grundeinkommen

Die Konsumsteuer ist, das konnten wir hoffentlich zeigen, keine neue oder gar zusätzliche Steuerbelastung. Es geht vielmehr darum, die versteckte und verzerrende heutige Besteuerung des Konsums offenzulegen und die eigentliche Wertschöpfung selbst von steuerlichen Einflüssen aller Art vollständig zu entlasten. Das reale Steueraufkommen würde dadurch keineswegs steigen, es würde nur anders abgebildet, und zugleich würden entscheidende Initiativbremsen aus unserem Steuersystem verschwinden.

Aus diesem Grunde betone ich zusammen mit anderen Befürwortern der Konsumbesteuerung immer wieder, dass es überhaupt nicht um eine *Finanzfrage,* sondern um eine *Bewusstseinsfrage* geht. Die Konsumsteuer ermöglicht zwar die Finanzierung des bedingungslosen Grundeinkommens, sie ist aber vor allem ein bewusstseinsschaffender Kulturimpuls. Das heißt: Wir versuchen zum einen, die Anteile von Individuum und Gesamtgesellschaft an unserem wirtschaftlichen Wohlstand, zum anderen unser aller Angewiesensein auf die Leistungen Dritter angemessener zu beschreiben. Praktisch schlagen wir nichts anderes vor, als die versteckte steuerliche Belastung des Konsums – also alle Unternehmens- und Ertragssteuern – schrittweise zurückzufahren und dafür im Gegenzug ebenso behutsam die Konsumbesteuerung offen sichtbar zu erhöhen. Dafür die steuertechnisch ausgereifte und erprobte Form der Mehrwertsteuer zu wählen, liegt nahe – wenngleich es, ohne dass ich hier darauf eingehen kann, auch andere Möglichkeiten eines konsumorientierten Steuersystems gäbe.

Nichts könnte das Konzept allerdings mehr verzerren als die gelegentlich durch die Landschaft geisternde »Kurzversion«, ich schlüge zur Finanzierung des bedingungslosen Grundeinkommens vor, mal eben die Mehrwertsteuer auf 50 Prozent zu erhöhen.

Wenn wir im gegenwärtigen Stadium der Debatte überhaupt über Zahlen reden sollten, dann bestenfalls, um ein Gefühl für den Prozesscharakter des sozialen Wandels zu bekommen, der sich aus einer Konsumbesteuerung und einem bedingungslosen Grundeinkommen ergibt. Wir haben weder die entsprechenden Gesetzentwürfe noch die riesigen Rechenwerke fertig in der

Schublade liegen. Wenn wir beides, Konsumsteuer und Grundeinkommen, erst einmal denken können und verwirklichen wollen, dann finden wir auch sehr schnell Wege zur Umsetzung. Solange wir beides nicht wollen, finden wir dagegen keine Wege dorthin, sondern bloß Gründe dagegen.

Die kommen gerade in Deutschland besonders gerne in Form von »Finanzierungsvorbehalten« daher. Wer hierzulande etwas nicht *will*, der rechnet einem immer als Erstes vor, dass es nicht *bezahlbar* sei. Wenn man dann in einem Interview, um so etwas wie eine Hausnummer anzugeben, unvorsichtigerweise einmal gesagt hat, man könne sich ein Grundeinkommen von 1500 Euro oder eine durchschnittliche Mehrwertsteuer von 50 Prozent vorstellen, dann haben Kritiker gleich den Rechenschieber zur Hand, mit dem sie im Handumdrehen ermitteln, dass dann soundso viele Billionen Euro allein fürs Grundeinkommen aufgebracht, dafür die Mehrwertsteuer auf soundso viel Prozent erhöht werden müsse und was dergleichen Milchmädchenrechnungen mehr sind.

Anhand des vergleichsweise vorsichtigen Vorschlags für ein Grundeinkommen, den der thüringische Ministerpräsident Dieter Althaus (CDU) vorgelegt hat, hat eine Studie der CDU-nahen Konrad-Adenauer-Stiftung berechnet: Es geht! Ein Grundeinkommen von zunächst 750 Euro wäre finanzierbar. Wenn man es will, dann kann man es auch »rechnen«. Ich bin einstweilen sogar noch vorsichtiger und sage nur, dass das ein Prozess mit vielen Schritten und über viele Jahre, vielleicht sogar einige Jahrzehnte sein wird. So ist zum Beispiel völlig klar, dass man nicht heute die Mehrwertsteuer auf 30 Prozent erhöhen und dafür per Federstrich die Gewerbesteuer abschaffen könnte.

Tatsächlich wird man die Ertragssteuern langsam zurückfahren und dafür die Mehrwertsteuer – Achtung: Hausnummer! – um nicht mehr als vielleicht ein oder zwei Prozent pro Jahr erhöhen können. Machte man beides über Nacht, dann würden uns in der Tat sowohl die öffentlichen Haushalte wie auch die private Wirtschaft um die Ohren fliegen. Und ebenso muss natürlich ein bedingungsloses Grundeinkommen schrittweise eingeführt werden. Noch einmal: Wenn man etwas will, dann findet man Wege. Und wenn man etwas nicht will, dann findet man Gründe.

Tatsache ist, dass wir heute eine Staatsquote, also einen Anteil von Steuern und Sozialabgaben am Bruttoinlandsprodukt, von annährend 50 Prozent haben. Tatsache ist auch, dass es schon längst nicht mehr funktioniert, wenn wir die darin enthaltenen sozialen Transferleistungen – vor allem die Renten, die Gesundheitskosten und die Unterstützung jener, die kein Erwerbseinkommen haben – ausschließlich aus jenen Sozialabgaben zu finanzieren versuchen, die wir einzig und allein von den Löhnen und Gehältern der Vollzeitbeschäftigten abzwacken. Und Tatsache ist schließlich, dass ein Erwerbseinkommen aus abhängiger, weisungsgebundener, sozialversicherungspflichtiger Vollzeitarbeit in gar nicht mal so ferner Zukunft nicht mehr die Regel, sondern die Ausnahme sein wird.

Längst fließen Milliarden von Steuergeldern in die Rentenkassen oder den Etat der Bundesagentur für Arbeit. Das Problem ist nur, dass die Politik das immer noch als eine Art von Unfall oder temporären Ausnahmezustand darstellt, obwohl es schlicht und einfach zur Regel geworden – und auch vernünftig – ist. Selbst viele, die von Konsumsteuern oder Grundeinkommen überhaupt nichts halten, sagen uns seit Jahren, dass wir die Sozialsysteme grundsätzlich von einer Abgaben- auf eine Steuerfinanzierung umstellen müssen. Die skandinavischen Länder beweisen, dass dieser Weg sehr wohl gangbar ist und dass man damit gesamtwirtschaftlich nicht etwa schlechter, sondern besser fährt.

Es wäre zudem klarer, zunächst zu beschließen, welchen Umfang die öffentlichen Infrastruktur- und Sozialleistungen haben sollen. Aus den dafür aufzubringenden Summen ergibt sich eine bestimmte Staatsquote, und diese wird in Steuern auf den inländischen Konsum für jeden sichtbar abgebildet. Je höher die Staatsquote, desto mehr öffentliche Leistungen kann der Staat der Gesellschaft, letztlich also die Gesellschaft sich selbst, zur Verfügung stellen. Und desto mehr muss natürlich die private Verfügungsmacht der Bürger über den gesellschaftlichen Wohlstand zurückstehen.

Das Teilungsverfahren, das die Steuer im Prinzip immer ist, wird bei einer reinen Konsum- oder Mehrwertsteuer endlich klar sichtbar – und dadurch durchschaubar und demokratisch steuerbar. Die »Staatsknete« kommt dann sozusagen nicht mehr wie Manna vom Himmel. Sondern die Gesellschaft teilt nach klaren Maßgaben und für jeden nachvollziehbar die Früchte ihrer Wertschöpfung auf.

Unter diesem Gesichtspunkt hat das bedingungslose Grundeinkommen übrigens auch eine ganz klare steuerliche Funktion. Denn wenn Einkommen und Erträge am Ende eines längeren Prozesses überhaupt nicht mehr direkt besteuert werden, dann entfällt eine der Säulen, auf der die soziale Gerechtigkeit unseres gegenwärtigen Steuersystems zu ruhen scheint: der steuerliche Grundfreibetrag.

Doch es ist völlig unbestritten, dass in *jedem* Steuersystem das Existenzminimum – meiner Meinung nach sogar ein entsprechend höheres Kulturminimum – unbesteuert bleiben muss. Wenn es aber keine Einkommens- oder Ertragsbesteuerung mehr gibt, dann muss man diesen Freibetrag jedem Bürger bar auszahlen. Das bedingungslose Grundeinkommen ist so gesehen nichts anderes als die Rücküberweisung des Grundfreibetrages.

In dieser Perspektive löst sich dann auch ganz leicht das Bedenken auf, warum auch die »Reichen« und all jene, die ein Erwerbseinkommen erzielen, in den Genuss des Grundeinkommens kommen sollen. Der Grundfreibetrag bei der Einkommensteuer beträgt heute im Jahr 7664 Euro für Ledige und 15 328 Euro für Verheiratete. Eltern steht zudem ein Freibetrag von insgesamt maximal 5808 Euro je Kind zu. Das ist, als Existenzminimum gedacht, zwar zum Leben zu wenig und zum Sterben zu viel. Aber diese Freibeträge gelten für jeden Steuerbürger in gleicher Weise. Wer sehr viel verdient, ist auf diese Freibeträge sicher nicht angewiesen. Und doch werden sie ganz selbstverständlich auch von seinem zu versteuernden Privateinkommen abgezogen. Dagegen hat allerdings noch keiner einen überzeugenden Einwand formuliert.

Nur Konsumsteuern wären wirklich sozial gerecht

Wer mehr verdient, der soll überproportional mehr Steuern zahlen. Das ist im Sinne eines sozialen Ausgleichs zwischen Arm und Reich nur gerecht. Die »starken Schultern« sollen einen entsprechend höheren Anteil an den öffentlichen Lasten tragen, und ein wenig Umverteilung von »oben« nach »unten« ist auch nicht verkehrt. Deshalb gehört ein progressiver Tarifverlauf zum Kernbestand jedes Systems der direkten Ertrags- und Einkommensbesteuerung. Einer der Haupteinwände gegen eine reine Konsumbesteuerung lautet folglich, dass sie dieses ausgleichende, Gerechtigkeit stiftende Element nicht abbilden könne. Warum? Weil die »Reichen« und »Besserverdienenden« nur Teile ihres Einkommens konsumieren.

Reden wir sinnvollerweise nur über das Realeinkommen der Wohlhabenden, dann ist sofort klar, dass eine reine Konsumsteuer in jeder Form, selbst als einheitliche »flat tax«, Folgendes bewirkt: Wer mehr und hochwertigere, ergo teurere Güter und Dienstleistungen in Anspruch nimmt, der zahlt ganz automatisch mehr Steuern.

Im Übrigen spricht in meinen Augen überhaupt nichts dagegen, auch bei einer Konsumsteuer mit progressiv wirkenden Tarifen zu arbeiten. Schon heute haben wir drei Sätze bei der Mehrwertsteuer: nämlich null Prozent, etwa bei privaten Mieten oder bei Lehraufträgen, 7 Prozent, vor allem für Lebensmittel sowie eine Reihe weiterer Güter des täglichen Grundbedarfs oder für Bücher, und schließlich 19 Prozent als Normaltarif.

Natürlich kann man über die entsprechenden Waren- und Leistungskataloge endlos streiten. So ist es ein regelmäßiger Anlass zur Heiterkeit, dass etwa Zuchtpferde, Sammlermünzen oder Schnittblumen »Siebenprozenter« sind. Weniger lustig ist es dann schon, dass ein absoluter Grundbedarfsartikel wie Babywindeln dafür dem vollen Steuersatz unterliegt. Und nur noch absurd ist es, dass der Arzt zwar überhaupt keine Mehrwertsteuer berechnet, auf die von ihm verschriebenen, zum Teil lebenswichtigen Medikamente aber 19 Prozent aufgeschlagen werden. Doch daran sieht man nur, dass Steuerexperten auch im neuen System nicht arbeitslos werden würden.

Was spricht dagegen – Achtung: schon wieder Hausnummern! –, etwa Grundnahrungsmittel mit 3, andere Nahrungs- und Genussmittel mit 10, Champagner, Kaviar oder Trüffel aber mit 80 Prozent zu besteuern? Ich weiß nicht, ob das sinnvoll wäre. Aber wenn eine Mehrheit es so beschließt: bitte sehr! Vermutlich wäre dann in Frankreich die Lobby der Champagnerwinzer stark genug, um ein entsprechendes Gesetz zu verhindern – was der Lobby der Champagnertrinker in Deutschland vermutlich nicht gelänge.

Warum nicht privat genutzte Pkws ab 200 PS oder ab einem Preis von 50 000 Euro viermal so hoch besteuern wie Klein- und Mittelklassewagen? Warum nicht auf Mieten und Reihenhäuser weiterhin keine oder künftig eine bescheidene Mehrwertsteuer erheben, auf Villen mit mehr als zehn Zimmern aber 100 Prozent? Ruderboote – ich bin seit meiner Jugend leidenschaftlicher Ruderer – wären natürlich steuerfrei! Dafür werden Yachten ab zwölf Meter prohibitiv besteuert.

Man sieht: Ein reines Konsumsteuersystem eröffnet ungeahnte Möglichkeiten, reiche Müßiggänger und Prasser so richtig zu schröpfen. Und was das Allerbeste ist: Sie haben praktisch überhaupt keine Möglichkeit mehr, Steuern zu hinterziehen oder auch nur zu optimieren. Es sei denn, Sie flaggen Ihr Boot auf den Bahamas, schlürfen Austern künftig nur noch in Südafrika und Champagner ausschließlich in der Champagne. Dann aber müssten Sie immerhin noch Ihre Flugtickets dorthin in Deutschland buchen. Und weil wir das Fliegen aus ökologischen Gründen einschränken wollen, liegt darauf auch ein erhöhter Mehrwertsteuersatz.

Demgegenüber garantiert jede Einkommensteuer kaum mehr als eine Scheingerechtigkeit. Die soziale Ausgewogenheit ihrer Tarife findet nämlich nur auf dem Papier, nicht aber in der Wirklichkeit statt. Denn da man seine Steuerlast bekanntlich umso besser »gestalten« kann, je höher das privat verfügbare

Einkommen ist, ist ein solches System in Wahrheit die in Tinte gegossene soziale Ungerechtigkeit. Theoretisch zahlen die Besserverdienenden zwar hohe Steuern, praktisch jedoch parken sie ihr Geld auf ausländischen Konten und in dubiosen Steuersparmodellen. Die »Superreichen« ziehen gleich nach Monaco oder in die Schweiz. Und selbst viele Normalverdiener kaufen sich Jahr für Jahr hoffnungsfroh Franz Konzens »1000 ganz legale Steuertricks«, weil sie hoffen, auch für sie sei das ein oder andere Schlupfloch dabei – das ist dann Steuervermeidung als Volkssport.

Mir hat noch niemand wirklich erklären können, was daran sozial gerecht sein soll. Und erst recht sehe ich nicht, wie man die genannten Übel systemimmanent kurieren könnte. Natürlich könnte man zum Beispiel für alle, die seit dem 1. Januar 2007 »Reichensteuer« zahlen, weil sie mehr als 250 000 Euro im Jahr verdienen, ein drakonisches Kapital-, Devisen- und am besten auch Reisekontrollsystem errichten. Ich fürchte nur, dass das sehr viel Aufwand für ein volkswirtschaftlich vergleichsweise marginales Problem mit sich brächte. Und natürlich wäre es ein weiteres Arbeitsbeschaffungsprogramm für Steuerberater.

Noch ein Wort zu einem Detailproblem, das aber vielen aufgrund seiner vermeintlich dramatischen Wirkung Sorgen macht: nämlich zur Mehrwertsteuerbefreiung für private Mieten. Sollen diese künftig etwa auch besteuert werden? Im Grunde ist eine solche Steuerbefreiung in der Tat systemwidrig. Unser Nachbarland Österreich zum Beispiel kennt diese Umsatzsteuerbefreiung nicht, dort wird auf Wohnungsmieten der reduzierte Satz von 10 Prozent erhoben. Im Übrigen gilt für Mieten das Gleiche wie für alle anderen Preise: Die Steuern stecken verborgen in den Investitionen der Vermieter und darüber am Ende auch in den Mieten. Hier heißt das: Weil Vermieter keine Mehrwertsteuer kassieren, können sie auch große Teile ihrer Vorsteuern nicht zurückbekommen. Also müssen sie alle ihre Umsatzsteuern in die Miete selbst einkalkulieren. Das ganze System friert damit quasi auf der vorletzten Stufe ein, und die Mehrwertsteuer wird bei Wohnungsvermietern wieder zur »echten« Unternehmenssteuer – nur dass sie im Unterschied zur Grundsteuer, die jeder aus seiner Nebenkostenabrechnung auf Heller und Pfennig kennt, verdeckt auf den Mieter abgewälzt wird.

Im Resultat ist das alles – wenn man denn Mieten besteuern wollte – eine Frage sehr langfristiger Umstellung. Denn die abgewälzte Steuerlast steckt in den Investitionen der Vermieter, und die liegen ja oft Jahrzehnte zurück. Praktisch bedeutet das, dass man überhaupt nur Wohnungsmieten für Gebäude ab einem bestimmten Baujahr (oder dem Jahr einer Totalsanierung) sukzessive mit Mehrwertsteuer belasten könnte – wofür dann freilich die Nettomieten sinken würden. Fazit auch hier: Wenn man das steuertechnisch korrekt und schrittweise handhabt, würde sich an der Höhe der Mieten nichts ändern, jedenfalls nicht aufgrund einer möglichen Mehrwertsteuerbelastung.

Der Kardinalfehler unseres heutigen Steuersystems ist, dass es zu stark an geldliche Zuflüsse anknüpft. Dabei ist Geld doch eigentlich nur ein nominales Zwischenäquivalent, eine Art Depot für spätere Gegenleistungen. Geldzahlungen sind nur eine Art Verbuchungsakt, eine »Vormerkung« des Wirtschaftssystems, mit dem es festhält, wer noch keine reale Gegenleistung für seinen Leistungsbeitrag erhalten und daher noch Anspruch auf einen solchen Ausgleich hat. Geldbesitz und Geldvermögen drücken insoweit gerade den Stand der noch nicht abgerechneten realen, verbrauchsfähigen Leistungen der Gesellschaft aus. Es hat jemand geleistet, ihm fehlt noch die Gegenleistung – dies wird durch den Geldbesitz vermerkt.

Der Bürger dagegen, der schon beim Empfang einer geldlichen Gegenleistung seine Steuer entrichten soll, empfindet das so, als würde sich der Staat vor ihm in die »Verbraucherschlange« drängeln. Das verdrießt. Unsere Gesellschaft besteuert durch das System der Ertragsbesteuerung schon den *Leistungsbeitrag* des Einzelnen zur erst entstehenden gesellschaftlichen Wertschöpfung, nicht – wie die Konsumsteuer – seine *Leistungsentnahme* aus der abgeschlossenen, vollendeten gesellschaftlichen Wertschöpfung. Sie wirkt damit lähmend auf die Entfaltung der individuellen Initiative – und mindert damit ungewollt den gesellschaftlichen Wohlstand.

Die Konsumbesteuerung dagegen, die zunächst die Entfaltung des Leistungsbeitrages unbesteuert zustande kommen lässt, schafft schon durch ihre Anwendung ein Bewusstsein von der tatsächlichen Teilung des gesamtgesellschaftlichen Leistungsergebnisses zwischen dem einzelnen Bürger und der öffentlichen Hand. An dem Lebenspunkt, an dem der Einzelne selber etwas für sich empfängt, das heißt gesellschaftliche Leistungen in Anspruch nimmt, ist er viel aufgeschlossener dafür, dass auch andere, die für die Ordnung des gesellschaftlichen Lebens tätig sind, die dafür erforderlichen Mittel und den ihnen dafür gebührenden Anteil an der gesellschaftlichen Wertschöpfung erhalten. Er ist viel eher bereitwillig zu teilen!

Insgesamt wird so der Gesamtfinanzierungsvorgang unseres Gemeinwesens als Teilungsverfahren für das Volkseinkommen durchschaubar und für die Bürger verständlich. Denn die Bürger treten durch *jede* Art von Besteuerung einen Teil des von ihnen erarbeiteten gesellschaftlichen Wohlstands für Zwecke der ebenfalls von ihnen bestimmten öffentlichen Aufgaben an den Staat ab. Sie beauftragen damit ihre öffentliche Hand, diejenigen gesellschaftlichen Zwecke zu verfolgen und zu verwirklichen, die die Bürger vom Staat – nicht der Staat von den Bürgern! – erwarten. Das öffentliche Steuerwesen ist letztlich eben keine Form von »erlaubtem Raub«, sondern ein bürgerschaftliches Gestaltungsinstrument. So löst sich auch das Rätsel des ökonomisch überaus beschlagenen Romantikers Novalis: Die Beziehungen der Bürger in einer demokratischen Ordnung werden durch ein vernünftiges, transparentes Steuersystem in gleicher Weise befördert, wie jene zwischen Menschen, die sich öfter Blumen schenken.

Danksagung

Ein Sachbuch gleicht, anders als das individueller poetischer Einbildungskraft sich verdankende belletristische Werk, oft einer kleinen Firma, deren Wirken und deren Erfolg auf die Initiative vieler angewiesen ist.

Insofern es auf Ideen fußt, hat es mehr Beiträger als sein Verfasser nennen könnte. Bisweilen ist ihm nicht einmal bewusst, dass jemand ihn inspiriert, motiviert, im Denken präzisiert oder kritisiert hat. Insofern gilt mein erster Dank hier all jenen, mit denen ich in den letzten Jahren in lebendigem Austausch über die Ideen des bedingungslosen Grundeinkommens und der Konsumbesteuerung gestanden habe.

Namentlich möchte ich jenen danken, die verschiedene konkrete, allesamt gleich wichtige Beiträge zum Entstehen dieses Buch geleistet haben: Herbert Arthen, Christian Eichhorn, Wolfgang Eichhorn, Erich Harsch, Ludwig Paul Häußner, Michael Kolodziej, Enrik Lauer, Marco Mescoli, Regine Müller, André Presse und Christoph Werner.

Stellvertretend für alle Mitarbeiter des Verlags Kiepenheuer & Witsch, die sich in überragender Weise für das Zustandekommen des Buches und die möglichst große Verbreitung der in ihm entfalteten Ideen eingesetzt haben und weiterhin einsetzen, möchte ich dem verantwortlichen Lektor Lutz Dursthoff danken.

Einem Menschen schließlich fühle ich mich ganz besonders verpflichtet. Tatsächlich stehe ich mit ihm seit 24 Jahren in gedanklichem Austausch über wirtschaftliche und gesellschaftliche Fragen, die weit über die Themen Grundeinkommen und Konsumsteuer hinausreichen. Ohne seine geistige Anregung wäre nicht nur dieses Buch nicht entstanden – ich hätte manches vermutlich so nicht einmal denken, geschweige denn formulieren können. Mit ebenso großem persönlichem wie intellektuellem Respekt danke ich deshalb meinem Freund und Berater Benediktus Hardorp.

Weiterführende Literatur und Weblinks

Becker, Helmut: Auf Crashkurs. Automobilindustrie im globalen Verdrängungswettbewerb. Heidelberg/New York/Berlin (Springer) 2005

Dörner, Stephan: Die radikalste Form des Kapitalismus und Sozialismus, oder wie Götz Werner meinen uralten inneren Ideologiestreit beendet hat. Weblog, 2. Dezember 2005 (http://fuck-up.twoday.net/stories/1220475)

Engler, Wolfgang: Bürger, ohne Arbeit. Für eine radikale Neugestaltung der Gesellschaft. Berlin (Aufbau) 2005

Füllsack, Manfred: Leben ohne zu arbeiten? Zur Sozialtheorie des Grundeinkommens. Berlin (Avinus) 2002

Goehler, Adrienne: Verflüssigungen. Wege und Umwege vom Sozialstaat zur Kulturgesellschaft. Frankfurt/M. (Campus) 2006

Hardorp, Benediktus: Trennung von Arbeit und Einkommen. Anthroposophische Perspektiven zu einer zentralen Gegenwartsfrage. In: Gerhard Willke u.a. (Hrsg.): Arbeitslosigkeit. Stuttgart (Kohlhammer) 1984, S. 65

Hardorp, Benediktus: Kapitalverwaltung – eine Aufgabe des Geisteslebens. In: Karl-Martin Dietz / Wolfgang Kilthau (Hrsg.): Geisteswissenschaft und Gesellschaftsgestaltung. Dornach (Verlag am Goetheanum) 1987, S. 73

Hardorp, Benediktus: Konsumsteuer und Gesellschaft. Zum erforderlichen steuersystematischen Bewusstseinswandel. In: Manfred Rose (Hrsg.): Konsumorientierte Neuordnung des Steuersystems. Heidelberg/New York/Berlin (Springer) 1991, S. 85

Hardorp, Benediktus: Ware, Arbeit, Kapital – Drei Grundphänomene wirtschaftlichen Lebens. In: die Drei 11/1998, S. 24

Hardorp, Benediktus: Steuerreform im Zeitalter der Globalisierung. Die Bedeutung des gesellschaftlichen Bewusstseins für die Steuererhebung. In: die Drei 3/1999, S. 45

Hardorp, Benediktus: Das Kapital des Unternehmens und seine Bedeutung. In: Stefan Leber (Hrsg.): Eigentum. Sozialwissenschaftliches Forum, Band 5. Stuttgart (Verlag Freies Geistesleben) 2000, S. 211

Hardorp, Benediktus: 14 Thesen zur Reform des Steuerwesens. Papier zum Heidelberger Steuerkongress 2001 für den Kreis der Wirtschaftsjunioren Heidelberg (überarbeitet April 2005) Manuskript, http://www.unternimm-die-zukunft.de/ Ausgewaehlte_Texte/14_ Thesen_zur_Reform_des_Steuerwesens.pdf

Hardorp, Benediktus: Gerechte Steuern – wo und wie muss man sie erheben? In: Goetheanum 4/2005, S. 8

Hardorp, Benediktus: Was ist Kapital? – Grundlagen der wirtschaftlichen Wertschöpfung. In: Goetheanum 12/2005, S. 4

Hardorp, Benediktus: Das Steuerwesen auf dem Hintergrund der inneren Entwicklung des Menschen. In: Goetheanum 20/21/2005, S. 5

Hardorp, Benediktus: Arbeit, Einkommen, Besteuerung – Wir müssen unsere sozialen Einrichtungen neu justieren. In: Goetheanum 28/2005, S. 3

Patzlaff, Rainer: Kindheit verstummt. Sprachverlust und Sprachpflege im Zeitalter der Medien. In: Erziehungskunst 7/8/1999, S. 779

Schmid, Thomas (Hrsg.): Befreiung von falscher Arbeit. Thesen zum garantierten Mindesteinkommen. Berlin (Wagenbach) 1986

Steiner, Rudolf: Geisteswissenschaft und soziale Frage (1905/06). In: Gesamtausgabe, Band 34, S. 191. Dornach (Rudolf Steiner Verlag) 1987. Als Einzeldruck ebenda 1989

Steiner, Rudolf: Soziale Zukunft, Gesamtausgabe, Band 332a. Dornach (Rudolf Steiner Verlag) ²1977

Vanderborght, Yannick, Philippe Van Parijs: Ein Grundeinkommen für alle?. Geschichte und Zukunft eines radikalen Vorschlags. Frankfurt/M. (Campus) 2005

Vobruba, Georg: Entkopplung von Arbeit und Einkommen. Das Grundeinkommen in der Arbeitsgesellschaft. Wiesbaden (VS Verlag) 2006

Werner, Götz W.: Ein Grund für die Zukunft: das Grundeinkommen. Stuttgart (Verlag Freies Geistesleben) 2006

Werner, Götz W., André Presse: Grundeinkommen und Konsumsteuer. Karlsruhe (Karlsruher Universitätsverlag) 2007. Der Volltext dieses Tagungsbandes steht auch unter www.uvka.de/univerlag/volltexte/2007/186 zum kostenlosen Download bereit.

Weblinks

www.unternimm-die-zukunft.de
Website der von Prof. Götz W. Werner ins Leben gerufenen Initiative
für ein bedingungsloses Grundeinkommen, die am Interfakultativen
Institut für Entrepreneurship der Universität Karlsruhe (TH) gepflegt
wird. Umfangreiches Informationsforum mit vielen weiterführenden
Links.

www.freiheitstattvollbeschaeftigung.de
Homepage der gleichnamigen Initiative um die Soziologen Ute Fi-
scher (Unna), Stefan Heckel (Köln), Sascha Liebermann (Frankfurt),
Thomas Loer (Bergkamen) sowie den Amerikanisten Axel Jansen
(Frankfurt). Thesen, Texte, Termine, Newsletter und Links.

www.initiative-grundeinkommen.ch
Homepage der Schweizer Initiative Grundeinkommen. Statements
und Texte zum Thema, außerdem ein Newsblog, ein Diskussionsforum und weiterführende Links.

www.grundeinkommen.tv
Videoblog der schweizerischen Initiative Grundeinkommen. Zahlreiche Debattenbeiträge zum Thema als Videostream.

www.hardorp-schriften.de
Unter dieser Webadresse stehen die meisten Schriften von Benediktus
Hardorp zum kostenlosen Download bereit (automatische Weiter-
leitung zur sicheren Serveradresse https://www.hmp-wpg.de/index.
php?c=347&t=311&sub=65&subs=66)

www.grundeinkommen.de
Das Netzwerk Grundeinkommen wurde im Juli 2004 von Wissen-
schaftlerinnen und Wissenschaftlern, Studierenden, Mitgliedern von
Erwerbslosen- und Sozialhilfeinitiativen, kirchlicher Verbände und
verschiedener Parteien sowie weiteren Bürgerinnen und Bürgern ge-
gründet. Es befürwortet ein bedingungsloses, garantiertes Grundeinkommen, versteht sich als überparteilicher Anwalt der Grundeinkom-
mensidee in Deutschland und hat sich zum Ziel gesetzt, die Debatte
über den Grundeinkommensvorschlag in Wissenschaft, Politik und
Gesellschaft zu fördern.

www.archiv-grundeinkommen.de
Eine umfassende Sammlung von Links zu Materialien, Dokumenten
und Artikeln zum Thema bedingungsloses Grundeinkommen.

www.zukunft-grundsicherung.de
Weblog und umfangreiche Artikelsammlung zum Thema Grundeinkommen. Die Beiträge diskutieren das Für und Wider des Modells, außerdem finden sich dort Veranstaltungshinweise.

www.aktiongrundeinkommen.de
Das Forum »Aktion Grundeinkommen« ist eine Plattform zur Organisation und Koordination von Aktionen für ein bedingungsloses Grundeinkommen in Deutschland. Es dient nicht der Diskussion, sondern der Organisation von parteiunabhängigen Veranstaltungen, die eine solche Diskussion vor Ort ermöglichen oder der Forderung nach einem Grundeinkommen Ausdruck verleihen. Online-Terminkalender mit Veranstaltungen und Aktionen, der von verschiedenen Grundeinkommensinitiativen gespeist wird, sowie ein Verzeichnis regionaler Initiativen.

www.grundeinkommen.at
Webseite zum Thema Grundeinkommen der Katholischen Sozialakademie Österreichs in Wien. Materialien, Texte, Diskussionsforum, Newsletter und Termine.

www.basicincome.org
Website des internationalen Basic Income Earth Network mit Sitz in Belgien. Hier sind internationale Studien, Tagungsberichte, Statistiken und weiterführende Websites verlinkt.

www.bürgergeldportal.de
Homepage der Initiative Solidarisches Bürgergeld, die sich für das vom thüringischen Ministerpräsidenten Dieter Althaus (CDU) vorgeschlagene Konzept des Bürgergeldes einsetzt. Texte und Meinungen, FAQs sowie Rechenbeispiele und ein »Bürgergeldrechner«.

www.zukunft-grundeinkommen.de
Website der Berliner »Bürgerinitiative bedingungsloses Grundeinkommen«.

www.attac.de/genug-fuer-alle
Die Arbeitsgruppen »Genug für alle« und »Soziale Sicherungssysteme« der globalisierungskritischen Bewegung attac wollen »die Internationalisierung von Politik und Solidarität nach Kräften fördern, soziale Rechte global verteidigen und erkämpfen und damit eine internationalistische Perspektive in die Sozialpolitik und eine soziale in die internationale Politik einbringen«. Texte, Links und Diskussionen.

www.labournet.de/diskussion/arbeit/existenz/index.html
Debattenbeiträge zu den Themen Existenzgeld und bedingungsloses
Grundeinkommen auf der Website des linken gewerkschaftlichen
Informationsforums LabourNet Germany.

www.gegen-hartz.de
Umfangreiches, kritisches Informationsforum zu den Themen
Arbeitslosigkeit und Arbeitslosengeld II / Hartz IV. Leitfaden zum
ALG II, Musterwidersprüche, aktuelle Urteile, Diskussionsforum,
Newsletter.

www.ulmer-bge-modell.de
Homepage des Arbeitskreis Bürgergeld/Grundeinkommen an der Uni
Ulm.

www.mindesteinkommen.de
Website des Sozialforschers Klaus-Uwe Gerhardt mit Infos über seine
Publikation »Hartz plus«.

www.bedingungsloses-grundeinkommen.de
Videomitschnitt einer Podiumsdiskussion vom 14. Juli 2006 an der
Johann Wolfgang Goethe-Universität in Frankfurt am Main mit Prof.
Dr. Ulrich Oeverman (Soziologe, Frankfurt/M.), Prof. Dr. Philippe
Van Parijs (Philosoph, Louvain/Belgien, Prof. Dr. Georg Vobruba
(Soziologe, Leipzig) und Prof. Götz W. Werner.

www.waswuerdensietun.de
Blog mit persönlichen Statements zur Frage, was der Einzelne mit
einem bedingungslosen Grundeinkommen tun würde.

www.avinus-magazin.eu/html/grundeinkommen.html
Themenschwerpunkt »Grundeinkommen« des europäische Online-
Magazins für Medien, Kultur und Politik »Avinus«. Beiträge internati-
onal renommierter Experten, überwiegend auf Englisch.

AUDIOBUCH

Götz W. Werner
Das bedingungslose Grundeinkommen
Vision und Wirklichkeit: Ein Vortrag des dm-Gründers
1 CD (mit Überlänge), 82 Minuten
ISBN 978-3-89964-238-4
AUDIOBUCH Verlag, Freiburg